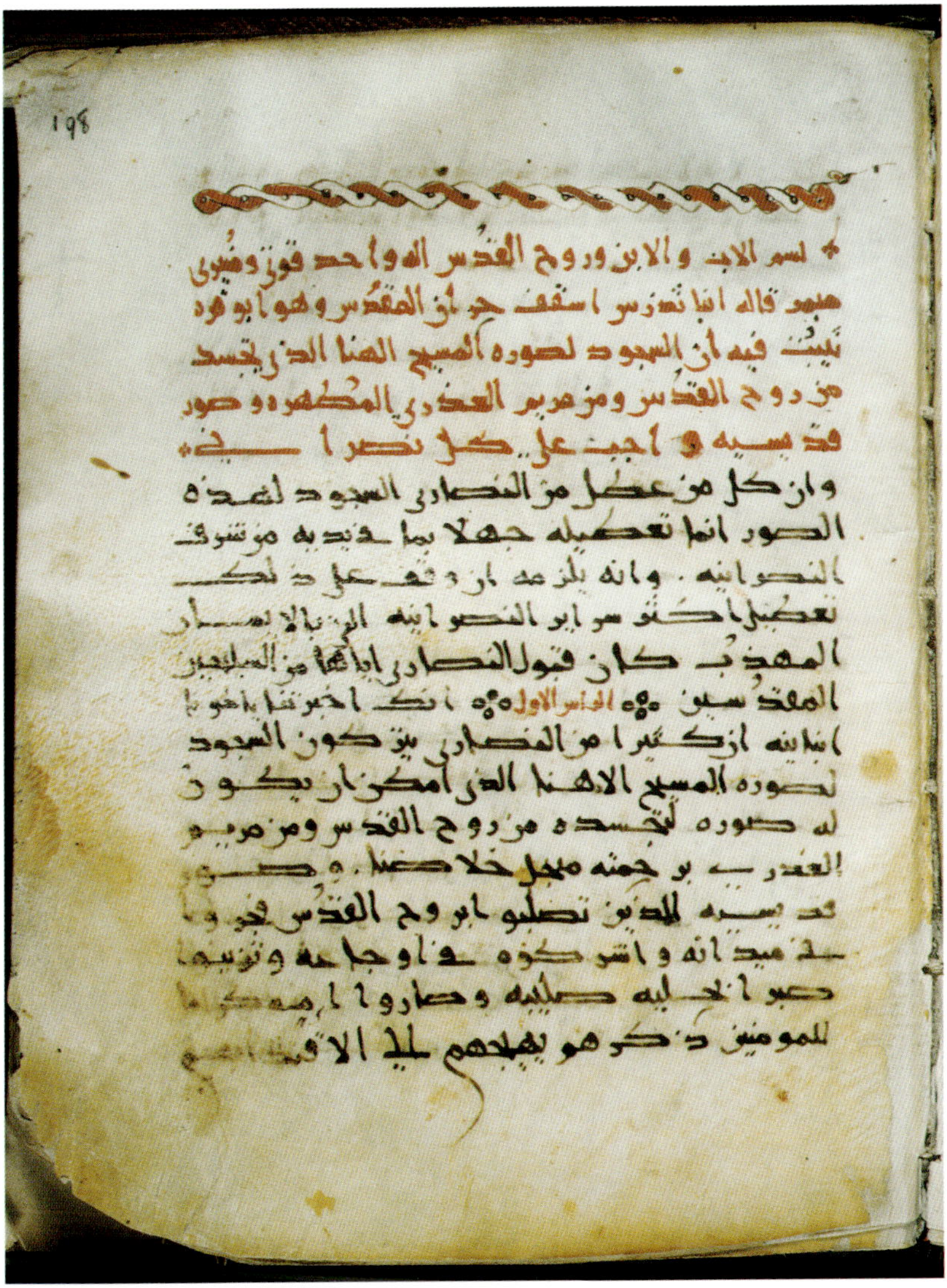

テオドロス・アブー・クッラ著『聖像画崇敬論』大英図書館所蔵写本の冒頭
ラムラのイスターファーナー・ブン・ハカムにより877年頃マール・ハリートン修道院にて書写
British Library Oriental MS 4950, f. 198r., 200mm×159mm

聖 母 子 像

聖母子の両側に聖テオドロスと聖ゲオルギオス，背後に天使を描く

板絵　6世紀　685mm×497mm　聖カテリナ修道院蔵

キリスト像

板絵　6世紀　840mm×455mm　聖カテリナ修道院蔵

東ローマ帝国の貨幣

The British Museum

1　ヘラクレイオス帝と息子コンスタンティノスⅢ世、ヘラクロナスを象ったノミスマ金貨（638-41年）

2　ユスティニアノスⅡ世による初めてキリストの肖像を刻印したノミスマ金貨（690年頃）

3　レオンⅢ世によるキリスト像が除去されたノミスマ金貨（717-41年）

4　ヘラクレイオス帝とその息子の群像を模したディーナール金貨（692-94年頃）

5　カリフの立像が描かれたディーナール金貨（693-97年）

6　アラビア文字のみを意匠とするディーナール金貨（696/697年）

7　ペルシア皇帝風の肖像の裏面にミフラーブと旗のついた槍の意匠を有するディルハム銀貨（694年頃）

イスラーム帝国の貨幣

4a

4b

5a

5b

6a

6b

7a

7b

聖サバ修道院の門（エルサレム郊外）

聖サバ修道院の内部

アンティオキアのシメオン修道院遺構（Qalʻah Simʻān）

聖カテリナ修道院（シナイ半島）

聖像画論争とイスラーム

聖像画論争とイスラーム

若林啓史著

知泉書館

凡　例

一　本文中、簡単な補足や註釈、語句の言い換えなどは（　）内に記述した。また、原典の引用及び翻訳箇所において、原文にはないが補うことが適当な語句は〔　〕の中に示した。

一　人名及び重要単語には原語表記を付した。その際、必要に応じ次の記号で言語名を表した。

Ar.＝アラビア語　Gr.＝ギリシア語　Syr.＝シリア語

なお、アラビア語の片仮名ないしはローマ字による表記に関しては、日本イスラム協会監修『新イスラム事典』（平凡社、二〇〇二年）の転写法に概ね依拠した。ギリシア語その他の言語の片仮名表記に際しては原語の発音を尊重したが、一部慣用に従ったものがある。

例　イオアンネス　⟶　ヨハネ

一　人名には初出の箇所に生没年を註記した。但し、東ローマ皇帝、イスラーム帝国カリフ等については在位年をもって代えた。

一　本書に引用した原典、翻訳、研究書・事典及び雑誌論文は巻末の「参考文献」に分類の上、編著者名のアルファベット順に列挙した。註においては「参考文献」に掲げた略称を使用して引用した。

緒　言

人間社会に日々生起する事象とそこに生きる人々の思索は、相互に規定し合いさらに新たな現実や発想を生み出しつつ細密な織物を構成している。そして両者は、多様な可能性の中から能動的・受動的な選択の網を通して不断に具現化している。このように、人間の営為は本来多彩で可塑的であり、一貫した理解を拒むものである。しかるに日々の事象や思索がいったん整序され固有の価値を獲得すると、確立した歴史や思想として規範力を持つようになる。この段階に到達するには、単に時間の試煉を経るだけでは足りず、特定の世界観に基づくと共にこれを支える制度が必要である。過去の事実や見解の記録者、祖述者、解釈者、保管者はいずれもこの場合の制度と見なされる。彼らの生計を支える手段もまた制度である。さらに時代を超えて価値観を固定させる条件が整えば、その教説はもはや盤石となって容易に疑念を寄せつけないであろう。こうして時の流れと共に生起する事象や思索が、再構成され拘束力を帯びた歴史や思想に転化する過程で、反面実に夥しい事実や見解が捨象され、忘却され、あるいは改変を被るのである。もっともこれには程度の差はあれ、何人の認識にも避けがたい側面がある。一つの見方に異論を唱える者は、自らの新たな見方を提示するに過ぎず、その立論が必ずしも事実や見解の正しさに依拠している保証はないはずである。もちろん、それが埋没した真理の解明を閑却したり、既成の価値観に安住したりすることの正当化にはならないが。

三つの主要な一神教として並び称されるユダヤ教、キリスト教、イスラームが近接した地域で発生し、それらの成立に際して先行宗教の強い影響を受けた事実は良く知られている。また、初期のキリスト教が東地中海沿岸地方で繁栄し、そこで多くの神学者たちが教義の形成に貢献した経緯は、教会史の書物においても説かれている。しかし、七世紀のイスラーム帝国による征服を機に、パレスティナ、シリア、エジプトのキリスト教徒は無関心の闇に覆い隠されてしまったかのようになる。宗教ではイスラーム、民族ではアラブ、言語ではアラビア語がそれぞれ優勢である地域に、イエスの生誕から今日までキリスト教徒の共同体が存続していると指摘すれば、少なからず意外の念をもって受け止められると思われる。なぜ彼らの存続が可能になったかという疑問に対しては、この地域のキリスト教徒がイスラーム帝国の版図に入った過程の歴史がその解明に資するであろう。そこで用いられる史料群は、一般の通念によるイスラーム理解とは異なる事実を示唆するかも知れない。また、彼らが信仰を単に墨守したり土着化させたのではなく、自らの置かれた状況下でキリスト教を深化させ、あるいはイスラーム教徒やユダヤ教徒の隣人との対話を通じてキリスト教のみならず相手方の思想をも発展させたこと、いわば受身の存続にとどまらず主体的に共有の文明を築いていった事実が、看過されがちな諸文献によって浮かび上がることも期待される。

従来自明とされた解説が自明ではなく、価値判断から中立とみなされていた記述に作為が潜んでいることは、これまでと異なる規準から光を当てることによって初めて浮き彫りにされる。この作業に伴って、我々がどのような枠組みで歴史を捉えてきたかの反省材料が得られるはずである。既述の通り、一つの固定観念に異論を唱えることは新たな固定観念を提供する行為にもなりうるが、史実の繊細な襞を可能な限り精密に再現しようとする努力は放棄されてはならないと考える。

目次

聖像画論争とイスラーム

序章　本書の課題と歴史的背景

本書は、アッバース朝イスラーム帝国（七五〇―一二五八年）初期のキリスト教神学者テオドロス・アブー・クッラ（Ar. Thāwdhūrus Abū Qurrah, Gr. *Θεόδωρος Ἀβουκαρᾶ* 七五五頃―八三〇年頃）の活動に光をあて、特にキリストや聖者の聖像画（イコン）の崇敬の可否を論じた彼の著作『聖像画崇敬論』を題材の中心として、東方キリスト教やイスラームにおける画像に関する思想の分析を試みたものである。

アブー・クッラはキリスト教の教義をアラビア語で表現し、本格的な著述を残した神学者の最初の世代に属する。アラビア語を媒体とする東方キリスト教神学の伝統は、今日まで途絶えることなく継承されている。アブー・クッラの生涯と作品の紹介を通じて、アラビア語によるキリスト教神学の成立とその歴史的意義を考察する。アラビア語は、ややもするとイスラームと不可分一体の如く受け止められている。コーランがアラビア語で記された事実を挙げるまでもなく、イスラームにおけるアラビア語の重要性は他に類を見ない。しかし、アラビア語の使用はムスリムに限られた訳ではなく、イスラーム帝国に服属したキリスト教徒やユダヤ教徒にも摂取され、彼らの思想を組み上げ伝達する手段となった。東方キリスト教世界では、アラビア語はギリシア語、シリア語、アルメニア語、コプト語、グルジア語、エチオピア語と並ぶ主要な古典言語である。成立年のはっきりした最古のアラビア語によるキリスト教文献は、七四〇年に書かれている。[1] 以来、正教会、単性論派教会、ネストリオス派教会など各宗派の教義や典礼、教会史をはじめとする多数の作品がアラビア語により著されている。

アラビア語によるキリスト教神学を別の言語との比較において論ずる際、その対象として要となるのはギリシア語である。キリスト教がパレスティナ地方で誕生した時、ローマ帝国東部で共通語の役割を果たしていた言語はギリシア語であった。新約聖書はギリシア語で著された。コンスタンティノス大帝（*Κωνσταντίνος* 在位三〇六－三三七年）がミラノ勅令（三一三年）によってキリスト教を公認し、同じ皇帝がコンスタンティノープルを建設して（三二四年）政治の中心を東方に遷すと、(2) キリスト教とギリシア語の関係はさらに深化した。コンスタンティノープルを都とするキリスト教ローマ帝国（＝東ローマ帝国）(3) は、正統信仰を支える地上の権威としての色彩を強め、統治機構が教会組織と機能分担を行いつつ教義の発展に主体的にかかわっていった。その最も重要な成果は、第一ニケア公会議（三二五年）に始まる七回の公会議である。これらの公会議は、東ローマ皇帝の召集に応じてローマ教皇を筆頭とするキリスト教の全主教が参加する建前により開催された。公会議によって正統なる教義が決定され、その記録にはすべてギリシア語が用いられた。また、教父と呼ばれる初期の指導的なキリスト教思想家達の多くは、ギリシア語の著作を残している。

ラテン語は、紀元前三世紀に共和政ローマが地中海世界に進出を開始して以来、その領域の東西を通じた支配階級の公用語であった。しかしギリシア語は、アレキサンドロス大王（在位紀元前三三六－三二三年）の遠征後ヘレニズム時代を経て地中海沿岸東部に深く浸透しており、ローマが帝政に移行して最盛期を迎えた時期ですらラテン語がこれに代わるような影響力を帝国東部において持つことはなかった。それでもローマ帝国の政治的一体性が保たれている間は、東西両地方間の言語・文化の共通性は維持された。しかしローマ帝国は東西に分割統治され、さらに五世紀に西ローマ帝国はゲルマン諸族の手に落ちて滅亡した。地中海世界を統一しようとする最後の試みは東ローマ帝国のユスティニアノスⅠ世（*Ἰουστινιανός* 在位五二七年―六五年）によって行われ、一時的に西方の旧領は回復されたが、結局西方の領土はまもなく再び失われた。六世紀前半より北方からバルカン半島方面にスラヴ人の圧力が高まった。また七世紀前半にアラビア半島でイスラームが成立し、アラブが南方から進撃してシリア・エジプトは征服された（六三六―四二年）。こうして東ローマ帝国と西方の間に政治的障壁が形成され、両者の文化的亀裂は決定的になった。東ローマ帝国ではラテン語が廃れ、西方でギリシア語を正確に解する者は激減した(4)。

アラブの攻撃を受けて滅亡したササン朝ペルシアと異なり、東ローマ帝国は小アジアとバルカン半島にまたがる領土を保持した。しかし、東ローマ帝国はイスラーム帝国と対峙してその圧力を受けることとなった。また、征服されたシリア・エジプトに多くのキリスト教徒が取り残され、イスラーム帝国内の少数派集団となる事態が発生した。

イスラーム帝国に取り込まれたキリスト教徒のうち、エフェソス公会議（四三一年）の結果異端の烙印を押されたネストリオス派は既にササン朝ペルシアに逃れて拠点を築いていた。また、カルケドン公会議（四五一年）の結果正教会と袂を分かったシリア・エジプトの単性論派は東ローマ帝国に留まっていたが、皇帝と対立関係にあった。そのためネストリオス派や単性論派は、イスラーム帝国への編入に抵抗感が比較的少なかった。一方、皇帝派ないしはカルケドン派と呼ばれる教派、すなわち正教会のアンティオキア総主教、アレキサンドリア総主教、エルサレム総主教の管轄下のキリスト教徒は、イスラーム帝国の征服によって東ローマ帝国と宗教的な紐帯は保ちながらも、政治的に対立する国家に服属するという微妙な立場におかれた。

地理的にみると、エジプトのキリスト教徒はカルケドン公会議の後ほとんどが単性論派に投じており、コプト教会として独自の発展の道を歩んでいた。コプト教会では、正教会との関係が断絶すると共にギリシア語の影響が薄れていき、エジプトの民衆語であった古代エジプト語に起源を持つコプト語の文化が開花した。シリアの東部はネストリオス派や単性論派の勢力が強かった。この地域ではアラム語の方言から文章語として発展したシリア語が用いられた。対照的にイスラーム帝国内の正教会信徒は、東ローマ帝国の旧領であるパレスティナやシリア西部を中心に分布していた。彼らは東ローマ帝国の支配者の言語であったギリシア語に通じていた。

イスラーム帝国内のキリスト教徒は、行政官、医師、学者等としてカリフに重用される者が少なくなかった。そのうち正教会信徒は、ダマスクスに都をおいたウマイヤ朝（六六一年–七五〇年）で活躍の機会が多く、八世紀初めまではイスラーム帝国の行政機構においてキリスト教徒官吏によるギリシア語公文書の作成が慣行化していた。正教会の内部では、一般信徒に増してギリシア語の影響は色濃かった。東方教会最後の教父とされるダマスクスのヨハネ（Ar. Yūḥannā al-Dimashqī, Gr. *Ἰωάννης Δαμασκηνός* 六七五頃–七四九年頃）はアラブの出自であるが、全著作をギリシア語で残している。特に聖地を擁するエルサレム総主教座ではコンスタンティノープル総主教座との結びつきが強固であった。そのためパレスティナの教会や修道院では、その後のアラブ諸王朝、オスマン帝国の支配を通じてギリシア語による教学の伝統が連綿と受け継がれていった。

西アジアで新たに支配者の言語となったアラビア語は、アッバース朝に入るとさらに各層への浸透の度を高めた。正教会を中心とするギリシア語文化、ネストリオス派やシリアの単性論派が担ったシリア語文化を受け継ぐキリスト教徒少数派の言語状況にも変化が生じた。キリスト教徒の側から見れば、この時代はアラビア語を支配者との意志疎通手段としてのみではなく、自らの社会的・文化的媒体としても自発的に受容し、新たな言語文化への適応を目指す転機となった。さらに、ギリシア語、シリア語に基づいた先行文明の哲学や自然科学の知識をアラビア語への翻訳を通じてイスラーム世界に導入し、キリスト教徒がイスラーム文明の発展に有機的に関与する可能性を開いた。
　アブー・クッラはしばしばキリスト教の思弁神学者と称される。思弁神学とはイスラーム思想史上、コーランやハディース（預言者ムハンマドの言行録）の中に様々な姿で現れる教説を、合理的思考による解釈を加えて抽出・整序し、それらの相互関係や根本原理を探究する学問を指す。その特質は、啓示や伝承として断片的にもたらされた教義を論理的に一貫した体系に集約し、自らの正当性を論証するため他の宗派や宗教に対する議論を辞さないところにある。アブー・クッラがキリスト教においてこれに比肩する思想を構築するに至った歴史的背景を概観したい。

　キリスト教の初期の教義史は、イエスの布教からローマ帝国による公認（三一三年）に至る迫害時代と、その後に続く第一ニケア公会議から第二ニケア公会議（七八七年）までの七回の公会議による正統教義確立の時代に大別される。さらに一連の公会議のうち、第一ニケア公会議と第一コンスタンティノープル公会議（三八一年）では三位一体の教義が主として議論され、エフェソス公会議から第三コンスタンティノープル公会議（六八〇―八一年）まではキリスト論が中心であった。第二ニケア公会議では、聖像画崇敬の問題に関心が集中した。

　キリスト教の迫害時代には、新約聖書の編纂をはじめ、信仰の要諦や異教への反駁などについての先駆的な神学思想が出現した。パウロの布教に明らかなように、キリスト教はローマ帝国の交通の網目を通って短期間のうちに広範に伝えられた。初期の教会は植物が種子のこぼれた土壌に応じて少しずつ形を変えるのに似て、キリスト教の伝来した地の文化に従い考え方に微妙な違いが生じていた。教会内部での意見の相違は、使徒行伝にあるギリシア語を話すユダヤ人とヘブライ語を話すユダヤ人の対立を例示するまでもなく、最も初期の教団においても存在したはずである。マルキオン（*Μαρκίων* 一六〇年頃没）やバルダイサン（Syr. Bar Dayṣon, Gr. *Βαρδησάνης* 一五四―

二二二年）ら異端の宣告を受けた思想家も現れていた。しかし、キリスト教そのものが過酷な弾圧下におかれていた状況では、教会が内紛に陥る危険を冒してまで教義統一のための大規模な論争を行う余裕はなかった。

キリスト教が公認されて迫害が終わり、ついに異教を排斥してローマ帝国の国教の地位を獲得すると事態は一変した。迫害時代にはある意味で自然であった地域的な教義の多様性は、帝国の秩序を担う統一的な規準に置き換えられる必要が生じた。従来は主教の一人一人に使徒の後継者としての権能と自律性が認められていたが、これを制度面でも組織化しなければならなかった。そこでコンスタンティノス大帝はすべての主教をニケアに招いて会議を開くことにしたのである。

七回の公会議を通じて、何が正統教義かを決する激烈な議論が行われた。議論に敗北し、皇帝の庇護を失った集団は異端とされ、キリスト教徒であることを否定された。アリウス派は四世紀の教会で大きな勢力を擁したが、第一コンスタンティノープル公会議で最終的な打撃を受け、東方キリスト教世界では急速に衰退した。ネストリオスはエフェソス公会議で破門され、彼に従う主教たちは東ローマ帝国の外へ逃れて独自の教会を組織した。五世紀以降、東ローマ帝国に最大の宗教的危機をもたらしたのは単性論問題であった。カルケドン公会議によって単性論は否定されたが、シリア・エジプトの多数のキリスト教徒が単性論派の主教に従って皇帝派教会と対立した。

教会は、大きな犠牲を払ってキリスト論を中心とする最も基本的な争点に解答を与えた。正統信仰は、アリウス派、ネストリオス派、単性論派などの異端を切り捨てた結果、これらの異端に属さないという逆説的な形でのみ認識された。正統なる教義を正面から定義しようとする試みは、宗教改革の影響が東方に及んだはるか後世までなされていない。

カルケドン公会議を経て、六世紀以降も東ローマ皇帝は単性論派を無視することはできず、弾圧と懐柔を交えて単性論派の帰順に腐心していた。七世紀には単性論派との妥協を図る目的で単意論が唱えられたが、これは新たな異端として断罪された。八世紀に入ると、コンスタンティノープルを中心とする皇帝派教会の内部で聖像画崇敬の可否を巡る争論（イコノクラスム論争）が勃発した。これに決着をつけるべく開催されたのが第二ニケア公会議である。カルケドン公会議以降の教義論争は、その重要性や激烈さにおいてそれ以前の議論に劣るものではなかったが、カルケドン公会議以前の論争から派生した副次的議論が再燃する様相を呈し始め、徐々に収斂の方向を示すようになった。七回に及ぶ公会議を経て正統とされる教義の核心部分はようやく安定したが、教会の動揺が沈静化したと言うにはほど遠く、イスラームの勃興やローマ教皇との対立など、より政治性の強い新たな困難が次々に待ち受けていた。

教義史上、おおむね新約聖書が成立した一世紀末頃から、八世紀末頃までを教父時代と呼んでいる。これは先に示したキリスト教の迫害時代と正統教義確立の時代にほぼ重なっている。正統教義確立の時代は教父文学の最盛期であり、教義を巡る論争が激しくなるに伴い多数の神学の書物が世に現れた。教父の著作は、聖書の註釈、異教・異端に対する護教論、信条の解説、信徒への説教、教会法、教会史など多岐にわたっている。これらの作品のほとんどは、書かれた時代の要請に応じて取り上げられた個々の主題の論証に終始しており、教義の全体像を体系的に構築する意図を欠いていた。八世紀までに、教義上の様々な問題を扱った神学者たちの著作は膨大な蓄積を形成した。また、相対立する立場の中から、正統とみなされる見解が公会議の積み重ねを経てかなり明確になってきた。さらに、正統とされる思想家の著作にも、表面上他の正統教義と矛盾するかのような部分が含まれている場合もあり、これらについては辻褄の合う解釈が必要であった。こうして教父時代の終焉に近づく頃に教義の体系化の機運が生じ、これに取り組んだのがダマスクスのヨハネであった。

教義の理論化の試みには、ギリシア哲学、特にアリストテレスの思想が影響を及ぼしていたと考えられる。初期のキリスト教思想家は、元来信仰と世俗の知識は相容れないものと考えており、ギリシア哲学を駆使してキリスト教を批判した多神教徒との対決が迫害時代の重要な課題であった。しかし、ローマ帝国のキリスト教化によって多神教は凋落の道を辿り、プラトンが創設したアテネのアカデメイアがユスティニアノスI世によって五二九年閉鎖された結果、多神教はその牙城を失った。ギリシア哲学はかえりみられなくなった訳ではなく、東ローマ帝国を中心とするギリシア語文化圏では、世俗の学問として受け継がれていった。ダマスクスのヨハネは哲学の有用な要素を神学に導入する姿勢を示した。これは、ギリシア哲学と異教が同一視された時代には受け容れられなかった思想であり、多神教が過去の宗教となった彼の時代に可能となったのである。

ダマスクスのヨハネが体系化した教義は必ずしも完全ではなく、言及されていない問題も多かったが、東方キリスト教世界では宗教改革の影響を受けるまでこれに代わる体系化を試みる者はいなかった。信仰に対する理性の関与はダマスクスのヨハネの提示した限度で十分であると考えられたのであり、むしろ教義を論理に依拠して語り尽くそうとする発想への警戒感が強かったからである。ローマ教皇を中心とする西方では、ダマスクスのヨハネの主著はラテン語に翻訳されて大きな影響を与え、中世スコラ哲学の出発点になった。西方ではキリスト教を法のような規範の集積と捉える傾向があり、緻密な論理的体系を整えた教義の発展が望まれていた。

七世紀後半から九世紀にかけて、シリア・パレスティナの神学の水準は非常に高く、ダマスクスのヨハネをはじめとする多くの人材を生んでいた。ダマスクスのヨハネは、ウマイヤ朝イスラーム帝国の領域から生涯外に出たことはないと考えられるが、多くのギリシア教父の作品を駆使して著作していた。彼の時代にはこれらのギリシア語文献がシリア・パレスティナの教会や修道院で読まれていたことがわかる。また、コンスタンティノープルで聖像画崇敬論争が開始されるとダマスクスのヨハネは直ちに反論に着手しており、イスラーム帝国内部から東ローマ帝国で行われていた論争を知ることができた。これは、東ローマ帝国の領土であったシリア・パレスティナがイスラーム帝国に征服された際、多くのキリスト教徒はその地に留まることを選択し、カリフの寛容な宗教政策と相俟ってキリスト教とギリシア語文化を保持することができたからであろう。この現象はウマイヤ朝時代に顕著であった。アッバース朝時代に入ると、政治の中心がダマスクスからバグダードに移り、またキリスト教徒のイスラーム改宗とアラビア語の一般化が進行したこともあり、シリア・パレスティナのギリシア語によるキリスト教文化は少しずつ衰退に向かった。

アブー・クッラはダマスクスのヨハネの一世代後に登場し、ダマスクスのヨハネが晩年を過ごしたパレスティナの修道院に入ったとされる。アブー・クッラは教父時代の蓄積を総合したダマスクスのヨハネの業績を継受する機会に恵まれたのであった。そしてアブー・クッラは、ダマスクスのヨハネの体系に従い、単性論や聖像画破壊論、イスラームへの対処など彼の時代の難問に立ち向かったのである。

ダマスクスのヨハネやアブー・クッラの属した正教会の特色を把握するには、次の諸点に着目する必要がある。

第一に、東ローマ皇帝と正教会の関係が挙げられる。コンスタンティノス大帝の治世に、皇帝の役割はキリスト教の迫害者から、地上におけるキリストの代理者、正教の保護者に転換した。皇帝と聖職者はキリスト教ローマ帝国を構成する不可欠の要素として、それぞれの機能を分担した。皇帝は公会議を召集し、その決定を執行する権限が認められた。一方、教義の正邪を決することができたのは、すべての主教の合議体とされる公会議に限られた。皇帝はいくつかの典礼上の特権を有し、また実際には教義の形成に影響力を行使したが、皇帝はあくまでも聖職者ではなく、俗人であった。すなわち、皇帝は聖職者と違い、秘蹟を行う権能を有しなかった。また、皇帝が直接教義の決定に参画することはできなかった。

東ローマ帝国では国家機構と教会組織が緊密に連携していたが、両者はそれぞれ独立していた。聖像画崇敬論争のように両者の見解が対立した際には、皇帝が教義問題で教会組織への容喙を試みたが、結局成功しなかった。従って、東ローマ帝国では皇帝が教皇の役割を果たしていたとの趣旨で「皇帝教皇主義（Caesaropapism）」なる概念を用いようとする学説は、正確ではない。ローマ教皇を中心とする西方では、教会が教会組織とほぼ同一視され、世俗権力と対峙するものと解された。しかし東方キリスト教世界では、教会とは単に聖職者から成る教会組織に限定されず、俗人を含むキリスト教共同体が教会であると捉えられていた。東ローマ帝国では、共同体としての教会における皇帝の役割は重大であったが、教会組織が担う機能を皇帝が統御することはなかった。そのため、皇帝は東ローマ帝国における教皇のような存在ではなかった。

第二として、正教会の基本的な制度を略述したい。聖職には、主教職、司祭職、輔祭職の三階梯があり、前二者が単独で秘蹟を執行する資格を持つ狭義の聖職者である。さらに、主教は公会議に参加して教義の決定に関与することができる。主教は原則として地理的な管轄を有し、その域内のキリスト教徒の司牧にあたった。主教の管轄は世俗権力が定めた行政区分に従うことが多く、主要な都市に置かれた主教は大主教や府主教と称した。主教の間には序列はあっても本質的には対等であり、上下関係は存在しなかった。

第一ニケア公会議では、都市の序列がローマ、アレキサンドリア、アンティオキア、エルサレムの順に定められた。ローマは古代以来の歴史ある首都である上、ペテロ、パウロの殉教地であった。アレキサンドリア、アンティオキアはヘレニズム時代に遡る大都市であり、それぞれ神学の中心地であった。エルサレムはカイサレイア府主教に従属していたが、イエスが受難し、復活した都市として特別の地位を認められた。コンスタンティノープルは第ニケア公会議の時点で建設途上にあり、未だヘラクレイア府主教の管轄下に置かれていた。

第一コンスタンティノープル公会議では、コンスタンティノープルが「新ローマ」として、ローマに次ぐ第二番目の序列を与えられた。この決定にはローマ教皇とアレキサンドリア大主教が反対した。彼らはコンスタンティノープルの抬頭によってその地位が脅かされたと考えたからである。

カルケドン公会議では、コンスタンティノープルの序列を確認した上で、エルサレムをカイサレイア府主教から独立させた。そして、これら五都市の主教に総主教の称号を付与して、当時知られていた全世界を五つの総主教座に従属させた。エフェソス公会議で独立の地位が認められたキプロス教会は、例外とされた。これによって、教会制度上は総主教が府主教や主教の上に立つ体制が成立した。この体制はユスティニアノスI世の時代に世俗法の裏付けを与えられた。ただし、公会議に参加し教義を議論する資格においては、すべての主教が対等であるとの建前は維持された。コンスタンティノープルに対し第二の序列を認めたことにアレキサンドリアのキリスト教徒の多くは不満であり、単性論が異端とされた事情も重なって正教会から去った。ローマ教皇はコンスタンティノープルの昇格に反対を続け、十字軍がコンスタンティノープルを占領していた時代に開催された第四ラテラノ会議（一二一五年）でようやくこれを承認した。東ローマ皇帝以下の正教会信徒は、ローマの首位権を承認していた。ローマ教皇にはあらゆる教会からの上訴を受理する権限が与えられていたが、基本的には儀礼上の首位権にとどまった。後に教皇が要求した、全教会を支配する法的な権限を伴う地位とは考えられていなかった。

第三に、ローマ教皇と東ローマ皇帝ないしはコンスタンティノープル総主教との関係に注目したい。

教皇（*Πάπας*）という称号は、ローマ教会の長に限定されるものではない。初期教会では、教会の指導者に対する敬称として一般に用いられた。四－七世紀にはアレキサンドリア大主教などの称号となった。現在でもアレキサンドリア総主教の正式な称号は、「教皇及び総主教」である。ローマ教会の長に対して教皇の称号が用いられるようになったのは四世紀以降であり、六世紀に入ると次第にローマ教会の長に固有な称号であるかの如く扱われていった。

ローマ教会は、ユスティニアノスI世による西方領土の回復後、八世紀まで東ローマ帝国の政治的・文化的影響下にあった。七世紀にシリア・エジプトがササン朝ペルシア、イスラーム帝国に相次いで征服されると、ギリシア語を話すキリスト教徒の中にはイタリア半島に避難する者も少なくなく、ローマ教会がギリシア語を話す聖職者で占められる現象が生じた。六七八年から七五一年までの一三代の教皇のうち、一一名がギリシア語文化圏の出身であった。

東ローマ皇帝と教皇の政治的対立の萌芽が生じたのは、聖像画崇敬論争の時代である。教皇はアレキサンドリア、アンティオキア、エルサレムの総主教と共に皇帝の聖像画破壊論に反対した。東ローマ帝国からの圧力に直面した教皇ステファヌスII世（Stephanus 在位七五二－五七年）は、七五四年フランク王国のピピンに援助を求めた。フランク王国の強大化に対応して、教皇は新たな後ろ盾としてフランク王に接近する政策をとった。教皇レオIII世（Leo 在位七九五－八一六年）は八〇〇年、シャルルマーニュ（Charlemagne 在位七六八－八一四年）を「ローマ皇帝」として加冠した。

八五〇年頃以降ローマ教皇が東方キリスト教世界から距離を置く姿勢が明確になった。聖霊の発出についての教義をめぐって教皇はコンスタンティノープル総主教と論争し、この問題は東西教会間の主要な対立点の一つに発展した。西方において教皇権が強化されると、ローマ教皇はすべての教会に対する統制権を主張するに至った。東西の間で典礼や慣習の面でも違いが目立つようになった。一〇五四年には東西教会の代表が相互に破門する事件が発生し、対立は深刻な局面を迎えた。しかし、この事件をもって東西教会が分裂したとみなすのは一面的であって、この時点では関係修復の余地は十分あった。むしろその後の十字軍の派遣、特にコンスタンティノープル占領（一二〇四年）を頂点とする長い過程にわたる軋轢を経て溝が広がり、相互の感情的対立が民衆まで浸透したのである。

次に、本書では東方キリスト教世界とイスラーム世界の関係に焦点をあてているため、予備知識としてイスラームの成立とイスラーム帝国の発展について概観したい。

イスラームの開祖であるムハンマドは、五七〇年メッカに生まれたとされる。当時のアラビア半島は、オリエントや地中海世界など古代文明の栄えた地からみて辺境に位置した。降雨が少ない厳しい自然環境のもとで、アラビアの民は遊牧や交易に従事していた。メッカはシリア、メソポタミア、エチオピア、南アラビアを結ぶ交易路の要衝であった。また、メッカにはカアバ神殿があり、木石や偶像を信仰する多神教の巡礼地でもあった。アラビアの民は部族社会を構成し、ムハンマドはクライシュ族のハーシム家に属していた。彼は貧しい孤児として成長し、隊商貿易に従事するなど比較的平穏な青年時代を過ごしていた。アラビア半島にはユダヤ教徒やキリスト教徒の部族もあり、ムハンマドは彼らを通じて一神教の概念に接していた。六一〇年頃、ムハンマドはメッカ郊外で最初の啓示を受けた。彼はアッラー以外の神を否定し、自らをアッラーの預言者であると説いて最初の教団を組織した。ムハンマドの率いる教団はメッカの民から迫害を受け、信徒の半数はエチオピアに亡命した。ムハンマドはついに六二二年、メッカを離れメディナに移住した。イスラーム暦（ヒジュラ暦）は、この年を紀元としている。メディナに本拠地を移したムハンマドは、バドルの戦い、ウフドの戦い、塹壕の戦いといったメッカの民との抗争を繰り返し、メディナを守り抜いた。その間、メディナのユダヤ教徒の部族を追放して、メディナの指導者の地位を固めた。六三〇年、ムハンマドはメッカを征服し、カアバ神殿の偶像を除去してイスラームの聖地に変えた。アラビア半島の諸部族は、続々とムハンマドの下に結集した。

六三二年ムハンマドが没すると、諸部族はイスラームから離反し、各地に偽預言者が出現した。メディナの民は、ムハンマドに従ってメッカから移住したクライシュ族の長老、アブー・バクルを「アッラーの預言者の代理（カリフ）」に選出した。カリフはまた、「信徒の長」とも呼ばれた。アブー・バクルは直ちにアラビア半島の偽預言者を征討した。アブー・バクルはアラビア半島を再統一すると、勢いを駆ってメソポタミア平原へ向け征服を開始した。アブー・バクルは六三四年没し、ウマル（'Umar 在位六三四－四四年）が第二代カリフに選出された。ウマルはアブー・バクルの征服事業を継続し、六三六年にはカーディシーヤの戦いでササン朝ペルシア軍を破った。また同年、イスラーム軍はヤルムークの戦いで東ローマ軍を破った。

六四〇年までに、イスラーム軍は南イラクと、シリアの大半を征服した。さらに六四二年には東ローマ帝国からエジプトを奪った。

ウマルが六四四年没し、ウスマーンが第三代カリフの座についた。六五一年にはヤズデギルドIII世が殺され、ササン朝ペルシアは滅亡した。カリフの支配領域は、イラン東北部のホラーサーン地方から北アフリカのマグリブ地方に及んでいた。しかしこの時期、イスラーム征服軍は各地で強い抵抗に直面し、進撃が行き詰まりをみせるようになった。ムスリムの一部にカリフへの不満が高まり、六五六年ウスマーンは暗殺された。ムハンマドの娘婿で従兄弟でもあるアリー（'Alī 在位六五六－六一年）が第四代カリフに選ばれた。アリーはイスラーム共同体の内部に表面化した矛盾に対処しなければならなかった。ムハンマドの妻アーイシャが反アリー軍を集めたが、これは直ちに平定された。ついでアリーは、ウスマーンの親戚でシリア駐屯軍の司令官であったムアーウィアと対立し、両者は干戈を交えるに至った。六六一年、アリーは別の反対派によって暗殺され、四代続いた正統カリフ時代は終わった。ムアーウィアはアリーの子ハサンと交渉してカリフ位を手にし、ダマスクスを首都とする新たな支配体制を樹立した。

ムアーウィヤ（I世、Muʿāwiyah 在位六六一－八〇年）以後一四代のカリフはすべてウマイヤ家によって世襲され、王朝の観を呈したカリフの帝国をウマイヤ朝と呼んでいる。ウマイヤ朝の統治は、正統カリフ時代の征服地支配を基本として、アラブが軍営都市を拠点にその地の原住民を支配する構造を有した。カリフは軍営都市の最高権力者である総督を任免し、総督は一族の戦士を軍務や徴税に従事させて自立的な支配集団を形成した。征服者と被征服民の区別は絶対的と考えられ、たとえ被征服民がイスラームに改宗してマワーリーと呼ばれる被護民になっても、支配者たるアラブと同等の権利を享受することはできなかった。

ウマイヤ家による統治への反抗は、ムアーウィヤの死後早くも表面化した。クーファの民はアリーの次男フサイン（Ḥusayn 六二五－八〇年）を招いてカリフへの擁立を図った。フサインは六八〇年、ウマイヤ朝第二代カリフ、ヤジードI世（Yazīd 在位六八〇－八三年）の軍によりカルバラーで殺された。ウマイヤ家に対抗してアリーとその子孫を支持した人々は、アリーの「党派」（shīʿah）として、後にシーア派として知られるイスラームの少数派を形成した。

また、六八三年にはメッカとメディナの民がイブン・アッズバイルをカリフに擁立してウマイヤ家に反旗を翻した。イブン・アッズバイルは一時ダマスクスのカリフと勢力を二分するほど強大化したが、六九二年ウマイヤ朝の第五代カリフ・アブド・アルマリク（ʿAbd al-Malik 在位六八五－七〇五年）の部将ハッジャージュにより平定された。

アブド・アルマリクから第一〇代カリフ・ヒシャーム（Hishām 在位七二四－四三年）の時代がウマイヤ朝の全

盛期である。外征は再開され、イスラーム帝国はイベリア半島から中央アジアにまたがる大帝国となった。

ウマイヤ朝末期には支配層の内紛やマワーリーの不満など、社会的矛盾が噴出した。預言者ムハンマドの属するハーシム家を共通の祖先とするアッバース家は、ムハンマドの血統にカリフ位を委ねるべしとする思想を鼓吹して、ウマイヤ朝打倒の運動を組織した。この運動はアリーの子孫をカリフに迎えようとするシーア派の支持を得て、密かに勢力を拡大した。アッバース家がホラーサーンに送り込んだアブー・ムスリムは七四七年挙兵し、七五〇年にはウマイヤ朝は崩壊した。

ウマイヤ朝の滅亡に先立つ七四九年、アッバース家のアブー・アルアッバース（Abū al-'Abbās 在位七五〇―五四年）がクーファでカリフ即位を宣言した。これはアッバース家の真意を知らずに手を結んできたシーア派にとって衝撃であった。シーア派の一部は、アッバース朝成立後反乱を起こしたが、徹底的に弾圧された。第二代カリフ・マンスール（al-Manṣūr 在位七五四―七五年）の時代に中央集権的支配体制が確立された。マンスールは七六二年から七六六年にかけてバグダードを建設してアッバース朝の首都とした。アッバース朝ではマワーリー出身のムスリムが官僚などとして登用される一方、アラブの特権的地位は撤廃されて不平等は解消した。非ムスリムの改宗は一層進行した。イスラームが帝国統合の理念として強調され、カリフ位の絶対性がイスラームによって正当化された。行政官と並んで法官や学者など、イスラーム法を専門に司る人々が支配階級の一翼を担った。第五代カリフ・ハールーン・アッラシード（Hārūn al-Rashīd 在位七八六―八〇九年）の治世がアッバース朝の最盛期であった。しかし既にこの頃、各地での反乱など内政の弛緩が顕在化していた。第八代カリフ、ムウタシム（al-Mu'taṣim 在位八三三―四二年）はトルコ人奴隷兵のマムルーク軍団を組織したが、かえって軍閥によるカリフの傀儡化を招いた。ムウタシムはバグダードの民と対立したマムルーク軍団を率いて八三六年サーマッラーに遷り、以後八九二年までサーマッラーが首都となった。一〇世紀半ばになるとカリフは政治的実権をほとんど失い、九四六年にはイラン系のシーア派王朝であるブワイフ朝がバグダードを占領した。アッバース家のカリフは名目的に存続し、時の軍事政権に正統性を付与したが、一二五八年にバグダードがモンゴル軍に征服されて終焉を迎えた。

アブー・クッラの生きた八世紀後半から九世紀前半は、政治、社会、文化の面で大規模な変動を伴う過渡期にあたることが分かる。しかしこの変化はその当時の思想に必ずしも破壊や束縛をもたらしたわけではなく、むしろ新たな担い手へ知識が伝達されたり、異種の思想が接触したりした結果、その闊達な発展が促された。東方キリスト教世界とイスラーム世界は地理的に重なり合うが、この時期に両世界にわたって横断的に思想家たちの関心を惹いたのは、宗教における画像の問題であった。東方キリスト教での聖像画破壊運動、イスラームでの像の否定の教義はそれぞれ個別に研究が進んでいる。本書ではアブー・クッラの著作を軸にして異なった複数の視点から総合的にこの問題を捉えようとした。本文においては可能な限り史料をして自ら語らしめる方針を採った。史料の選定に際しては、書かれた出来事と時間的に接近した原典を優先し、複数の信頼すべき史料の間で異同のある場合はそれらを並記した上で、その理由を解明するよう努めた。また、ムスリムの著者によるキリスト教に関する記述、あるいはキリスト教徒によるイスラームの記述に注目した。これらの多くは、異なる宗教を信じる人々が一定の制約に服しながらも、相互に正確な理解を得ようとしていた事実を反映する貴重な記録である。

本書は全七章と二点の翻訳より構成される。第一章において、アブー・クッラの生涯と業績を紹介する。アブー・クッラは本書全体の主題と関係しており、アブー・クッラの人物像をまず提示することが適当と考えられるからである。第二章ではキリスト教の教義史にアブー・クッラの著作を位置付けるため、聖像画崇敬論争を概観する。次に第三章で、アブー・クッラの先駆者であるダマスクスのヨハネについて述べる。彼は東方キリスト教世界とイスラーム世界の接点で生き、キリスト教教義史上大きな足跡を残した。時系列的には第三章の後に第一章が続く。アラビア語で記されたダマスクスのヨハネの最古の伝記を付録一として訳出した。第四章と第五章では、イスラームにおける画像の問題を理論と実態に分けて説明する。イスラーム帝国に服属したキリスト教徒の地位や、ムスリムのキリスト教に対する見解についても触れる。ダマスクスのヨハネやアブー・クッラが活動した時代の背景を、イスラームの視点から描写することになる。第六章では『聖像画崇敬論』に絞って、その文献としての解説を行う。第一章から第五章までの記述と照合することにより、アブー・クッラのこの著作の特徴が明らかにされるであろう。付録二には『聖像画崇敬論』の全文を訳出した。第七章では、『聖像画崇敬論』の思想史上の意義を取り上げた。アブー・クッラの著作が東方キリスト教とイスラームにどのような影響を及ぼしたか、理論面を中心に考察した。

第一章　テオドロス・アブー・クッラについて

一　略　伝[1]

アブー・クッラは七五五年頃、エデッサ（Ar. al-Ruhā）に生まれたとされる。出生地を推定する根拠は二つ存在する。第一に、シリア教会総主教ミハイル（Ar. Mīkhā'īl 一一二六－九九年）が著した年代記に、

「〔ギリシア暦〕一一二五年（八一三／八一四年）、テオドリクスという名でプグラ（Syr. Pūglā「蕪」という語に通じる）と綽名された、エデッサのカルケドン派教徒が、諸国を巡ってカルケドン派や正統派の人々の心を迷わせた。〔テオドリクスは、〕短期間ハッラーンの主教であったが彼に対する攻撃のため彼らの総主教テオドレトスによって解任されていた」

というアブー・クッラを名指ししたと考えられる記録がある。[2]

第二にアブー・クッラは『聖像画崇敬論』第二三章において、

「……祝福された我らの都市ルハーで、その画像は特にそれにちなんだ時節や祭日、参詣日に礼拝され、敬われているからである[3]」

と記しており、自らエデッサが故郷であることを示唆している。[4]

エデッサには初期教会時代に遡るキリスト教共同体があり、エデッサ王国のアブガルIX世（Abgar 在位一七九–二一六年）による正式なキリスト教の受容を契機としてシリア語を媒体とするキリスト教の中心地として繁栄した。エデッサに三六三年設立された神学校は四八九年、ネストリオス派的傾向を理由に閉鎖され、ニシビスに移転したが、エデッサは六四一年にイスラーム帝国の統治下に入った後も依然としてシリアにおける教会の重要拠点であり続けた。アブー・クッラが言及したキリスト像は、キリストが自らの顔に布を置いて作ったとされる聖蓋布で、エデッサの教会の象徴的な聖遺物であった。

アブー・クッラの生没年には明確な記録が存在せず、推定によらざるを得ない。シリア教会総主教ミハイルの年代記にあるハッラーン（Ar. Harrān）主教からの解任は、アンティオキア総主教テオドレトスの在任中の事件であった。テオドレトスの在位は現在七八五–九九年と考えられている。(5) 一方、後述するアブー・クッラとカリフ・マアムーン（al-Ma'mūn 在位八一三–三三年）の対話は八二九年頃のことであったと記録されている。従って、七八五–九九年のある時点まではハッラーン主教であったアブー・クッラは、その時点で主教職に相応しい年齢であったはずであり、八二九年頃には合理的な範囲での高齢に達していたと考えられる。こうして、七八五年に三〇歳、八二九年に七四歳となる七五五年がアブー・クッラの出生年と推測されている。(6)

アブー・クッラは長じてパレスティナの聖サバ修道院の修道士となったと考えられている。この修道院は、修道士聖サバ（Ar. Sābā 四三九–五三二年）によってエルサレムと死海の間の峡谷に四八三年創建されたと伝えられ、正教会エルサレム総主教座の修道・神学の中心として発展した。聖サバ修道院に滞在した神学者・著述家は数多く、中でもダマスクスのヨハネは没年（七四九年頃）まで約三〇年間著述に専念した。聖サバ修道院は、イスラーム帝国統治時代にあっても長くギリシア語文化を継承しただけでなく、アラビア語による神学の展開にも重要な役割を果たした。修道院は同じ場所に現存しており、院内には聖サバの遺骸が安置され、ダマスクスのヨハネの墓所がある。アブー・クッラと聖サバ修道院のつながりは多くの研究者によって言及されているが、その根拠は聖サバ修道院が当時のこの地域のキリスト教徒の間で占めていた文化的中心としての地位と、アブー・クッラがダマスクスのヨハネの神学を忠実に継承している思想的連関に求められている。アブー・クッラが聖サバ修道院の修道士であった時期は、アブー・クッラの著作に対するダマスクスのヨハネの圧倒的な影響より推測して、ハッラーン主教に任じられる以前の若年の頃とするのが妥当であろう。もっとも、ダマスクスのヨハネとアブー・クッラは一世代離れており、両者が生存中に会った事実はないであろう。一方、アブー・クッラが聖サバ修道院に所属していたことを示す直接の史料は乏しい。修道士聖ミカエルの殉教を伝える一〇世紀のグルジア語写本に、語り手バシルが殉教物語を聖サバ修道院のアブー・クッラから聞いたという記述がある。(7) この写本は元来九世紀頃アラビア語で成立したと推定されているが、アブー・クッラをめぐって史実とみなすに足る具体的な情報を提供しているとは考えられていない。

アブー・クッラはついで故郷エデッサの南東約四〇キロメートルに位置するハッラーンの主教に叙せられた。ハッラーンは、アブラハムの召命の地として旧約聖書にその名が現れている（創世記一二章一－三節）。ハッラーンはエデッサと対照的に、ローマ帝国がキリスト教を受容した後も長らく異教の中心地であった。特に月の神シンなどを祀った神殿で有名であり、三六三年に「背教者」ユリアノス帝（*Ἰουλιανός* 在位三六一－六三年）は遠征の途上ハッラーンに立ち寄って供犠を行ったといわれる。ハッラーンの主教は三六一年まで置かれた記録がなく、しかも当初は実際に主教が居住した形跡がなかった。(8) ハッラーンの異教徒は東ローマ帝国の激しい弾圧を生き延び、イスラーム帝国の版図に入った後もハッラーンには異教徒の共同体が存続した。

文献学者イブン・アンナディーム（Ibn al-Nadīm 九九五年没）の『目録の書』（*al-Fihrist*）によれば、カリフ・マアムーンは東ローマ帝国への遠征に際しディヤール・ムダル（ハッラーン近郊）を通過し、奇妙な装束を着けたその地の異教徒の集団に遭遇した。カリフは異教徒に、遠征の帰途再度立ち寄るまでにイスラームに改宗するか、コーランに記載されたいずれかの「啓典の民」にならなければ皆殺しにすると警告した。彼らは長老の知恵を借りて自らをコーランにある「サバ人」であると称するに至ったという(9)。『目録の書』の中で天文学者として言及されている者にはイスラーム教徒であってもハッラーン出身者が少なくない。ハッラーンの異教徒による星辰信仰が自然科学の発展に貢献したのであろう。アブー・クッラが主教であった頃のハッラーンは、東ローマ帝国と接するイスラーム帝国の周辺部に位置し、イスラーム、キリスト教、ユダヤ教、異教の混在した独特の思想的土壌を提供していた。

アブー・クッラは年代記の記述によると「短期間ハッラーンの主教であったが彼に対する攻撃のため」アンティオキア総主教テオドレトスにより解任された。解任の理由はこれ以上明らかではない。おそらくテオドレトスと何らかの教義上の意見対立があったものと推測される。アブー・クッラはテオドレトスの後任のアンティオキア総主教ヨブ（Ar. Ayyūb 在位七九九頃－八四三年）の時代にハッラーン主教の地位を回復した(10)。カリフ・マアムーンとの対話を伝える史料にはアブー・クッラがハッラーン主教であると紹介されており、没年までその職にあったと考えられる。

アブー・クッラは、アッバース朝初期の開放的思想政策の下でエジプトからアルメニアまでイスラーム帝国内外を遍歴して各宗派と教義論争を行い、思弁神学者（Ar. mutakallim）として名声を高めることとなる。アブー・クッラは著作の中でエジプト訪問に言及し、「ところで、私はある日ナイル河のほとりを通りかかった。その森から伐り出され、河を運ばれていく多くの木材を見た。[11]」と記している。

また「ヤコブ派」の友人ダウードに宛てた書簡では、

「有徳なる兄弟ダウードよ、汝はエルサレムの街で我らを知り、その地に神の配剤によって偕にあり、我らが主イエス・キリストのいます聖蹟において祈りを捧げた。[12]」

とエルサレムでの滞在に触れている。

エルサレム総主教トマス（Θωμᾶς 在位八〇七－二一年）は、『アルメニア人への書簡』[13]を送ってアルメニアの正教信仰への回帰を呼びかけた。この書簡の標題によれば、アブー・クッラが総主教トマスのために書簡をアラビア語で起草し、総主教顧問（σύγκελλος「僧房同居者」）ミカエル（Μιχαήλ 七六一頃－八四六年）がギリシア語に翻訳したという。この書簡とは別に、アブー・クッラがアルメニア人独特の典礼を批判したアラビア語の論考が一八世紀に作成された写本によって伝えられている。[14]ミカエルは、八一一年頃にエルサレムの総主教顧問に就任し、八一一年から八一三年にかけてエデッサに滞在した後、八一四年頃にはエルサレムを離れてコンスタンティノープルに移ったため、アブー・クッラがエルサレムに滞在してミカエルと共に書簡の作成にかかわったのは八一四年頃と推定されている。[15]この直後にアブー・クッラは自らアルメニアに向かい、おそらく『アルメニア人への書簡』を携行したのではないかと考えられている。シリア教会総主教ミハイルの年代記は、次のように伝えている。

「彼〔「テオドリクス」〕はアレキサンドリアに赴き、詭弁家でありまたサラセン人の言葉を知っていて自らの議論をもって異教徒と論争したために、単純な人々の間で賞讃を呼び起こした。しかし彼はアレキサンドリアで成功しなかったので、アルメニアに向かった。彼は公アショートの面前に現れ、最初の謁見以来公を唆し、好意を抱かせた。……総主教キリアコスは、彼がアルメニア人を欺かないよう彼の異端思想を暴露するために、ニシビスの長輔祭ノンヌスを派遣した。[16]」

「公アショート」はバグラト朝のアショート・ムサケル（Ashot Msaker 在位八〇六―二五年）に比定されている。アショートはアブー・クッラに理解を示したが、単性論に従うシリア教会との友好関係に配慮してシリア教会から神学者を招き、彼と対談させることにした。当初アブー・ラーイタ（Abū Rāʾiṭah 八二八年以降没）がその任にあたることとなったが、アブー・ラーイタは自らの代理として親戚に当たる長輔祭ノンヌスを推薦した。アブー・ラーイタの現存するアラビア語の著作では、しばしばアブー・クッラの名が「学者」、「賢者」、「哲学者」の語を冠して言及され、彼との論争に備えてノンヌスに与えたとされる書簡も伝えられている。[17] シリア教会総主教ミハイルは、ノンヌスとアブー・クッラの対談の結果「彼〔「プグラ」〕は聖書を読んだことも、聖者たちの智恵を学んだこともなく、ただ詭弁家の教説のみ〔を知っていること〕が明らかになった。[18]」と記している。アルメニア側の史料である『ヴァルダン年代記』（一二七一年成立）によれば、ノンヌスはアブー・クッラに「聖霊の力によって打ち勝って公は彼〔アブー・クッラ〕を追放した。そして聖グレゴリオスの信仰を一層揺るぎないものとした[19]」とある。

ノンヌスをアルメニアに派遣したシリア教会総主教キリアコス（Syr. Qūryāqōs）の在位は七九三年から八一七年であり、総主教ミハイルの年代記、総主教トマスの書簡と照合するとアブー・クッラのアルメニアへの旅は八一五年の可能性が高い。[20]『ヴァルダン年代記』ではアブー・クッラとノンヌスの論争は東ローマ皇帝レオンV世の死（八二〇年）からアルメニア公アショートの死（八二五年）の間とされている。

アブー・クッラの活躍した九世紀前半は折しも正教会とラテン教会の政治的・宗教的対立が表面化した時期に合致していた。アブー・クッラの同僚であったエルサレム総主教顧問ミカエルの活動は西方キリスト教世界に及んでいる。従ってラテン教会との関係はアブー・クッラの念頭にもあったはずであり、当時の状況に触れてみたい。ローマ教皇レオIII世は八〇〇年、フランク王シャルルマーニュを「皇帝」として加冠した。東ローマ皇帝はこれを自らの権威を損う裏切り行為とみなしたが、撤回させる力はなかった。また、この頃までにラテン教会では、教皇の全教会に対する支配権の根拠とされた偽書『コンスタンティノスの定め』が作成されている。

八〇七年には聖サバ修道院を舞台とした東西教会の摩擦が発生した。元来旧西ローマ帝国領にはキリストの神性を軽視するアリウス派の勢力が根強く、ラテン教会はアリウス派対策に悩まされていた。そこでラテン教会の間からはキリストの神性を強調するあまり聖霊が父なる神からのみでなく子なるキリストからも発出するという考え方が出現し、第一回・第二回公会議で確定したニケア＝コンスタンティノープル信条における「聖霊は父から発出する」という文言に「子からも（filioque）」という語を挿入する慣行が生じた。東ローマ皇帝コンスタンティノスV世（在位七四一－七五年）の使節が七六七年、ラテン教会の代表に対して「子からも」の語句の挿入を非難した事件がこの問題をめぐる最初の対立であるとされる。フランク人の神学者たちは七九四年のフランクフルト会議において、第二ニケア公会議（七八七年）の決定が「子からも」の語句を削除した信条を含んでいると攻撃したが、教皇ハドリアヌスI世（Hadrianus 在位七七二－九五年）はこの主張を拒絶した。しかし七九八年を過ぎると「子からも」の追加された信条はフランク王国全体に浸透していた。[21] カリフ・ハールーン・アッラシードは八〇七年、シャルルマーニュの宮廷に使節団を派遣し、その中にはエルサレムのオリーブ山に住む二名のベネディクト会のフランク人修道士が含まれていた。彼らはフランク王国から帰ると、その地で広まっていた「子からも」という語句の加えられた信条を唱道したので、八〇七年、聖サバ修道院の修道士達が信条の改変に反対して争論となった。エルサレム総主教ゲオルギオスII世（*Γεώργιος* 在位七九七－八〇七年）とオリーブ山のベネディクト会士はそれぞれ教皇レオIII世に抗議の書簡を送った。オリーブ山のベネディクト会士は教皇に対し、シャルルマーニュにこの件で諮問していずれの信条が真正か調査するよう要請していた。当時教皇は「子からも」という語句を教義としては受け容れても、信条の公然たる改変に対しては反対していた。しかし、シャルルマーニュは八〇九年にエクス・ラ・シャペルで宗教会議を開催し、「子からも」の語句の追加された信条を正統化しようとした。[22] 次のエルサレム総主教トマスはローマ教皇に対する新たな書簡を作成し、総主教顧問ミカエルに託したという。総主教顧問ミカエルは、八一四年頃コンスタンティノープルに到着した。しかし、既に八一二年に東ローマ皇帝ミカエルⅠ世ランガーベ（'Ραγγαβέ 在位八一一―一三年）とシャルルマーニュの間で妥協が成立してシャルルマーニュは東ローマ皇帝から「皇帝」として追認され、「子からも」の語句をめぐる紛議はとりあえず凍結されていた。また、東ローマ帝国の政変によって即位した皇帝レオンⅤ世（Λέων 在位八一三―二〇年）は聖像画破壊を容認しない総主教顧問ミカエルを拘束したので、彼のローマ行きは頓挫した。[23] なお、コンスタンティノープル総主教フォティオス（Φώτιος 在位八五八―六七年、八七八―八六年）の時代になると東西教会の対立の中で聖霊の発出の問題は再燃し、さらに一一世紀以降決定的となる両教会の分裂の際には教義上の主要争点の一つにまで発展している。アブー・クッラが西方との交渉にどの程度関与していたかは明確ではない。アブー・クッラの著作や関連史料から推測する限り、彼の護教論の対象はシリア、エジプト、アルメニアのネストリオス派や単性論派、東ローマ帝国内外の聖像画破壊論者、さらにはイスラーム教徒やユダヤ教徒であり、主たる関心は「東方」に向かっていたと考えられる。

特筆すべきは、アブー・クッラがマアムーンの面前でムスリム神学者達と行った論争である。シリア語の『エデッサ年代記』（一二三四年成立）はマアムーンが東ローマ帝国に向け遠征する途上立ち寄ったハッラーンでの出来事を次のように伝えている。

「ギリシア暦一一四〇年、アラブ暦二一四年（八二九年）、……マアムーンはハッラーンに到着した。アブー・

クッラと呼ばれたハッラーン主教テオドロスは、マアムーンと対談した。そしてキリスト教徒の信仰に関する大議論が両者の間でたたかわされた。この議論は、読むことを希望する人のために個別の書物にまとめられている。[24]」

『エデッサ年代記』にあるアブー・クッラとマアムーンの対談録に該当する書物は、パリ国立図書館のアラビア語写本 MS70 他として現存している。[25]

『エデッサ年代記』の記事は八二九年の時点でアブー・クッラがハッラーン主教であったことを示すものと読め、一度解任された後再びハッラーンの主教に叙任されたという説を補強する。[26] アブー・クッラが諸国遍歴の後、聖サバ修道院で晩年を過ごしたという説には明確な根拠が見られない。むしろマアムーンとハッラーンで会見した時その地の主教であって既に高齢であったと考えるならば、故郷エデッサに近いハッラーンで没したとみるのが自然であろう。アブー・クッラの没年は、マアムーンとの会見から間もない八三〇年頃と推定されている。

二　著　作

アブー・クッラは、正教を擁護するためキリスト教の異端各派、ユダヤ教徒、イスラーム教徒と論争し、多数の書物を著した。生まれ育ったエデッサは当時シリア語文化の中心地であり、彼の母語はシリア語であったと考えられる。アブー・クッラは自ら、

「我らはあらゆる類似の〔議論〕に基づき、聖なる教父たちと同様の言葉を三十の論考（maymar）にまとめ、それらをシリア語で著した[27]」

と書いているが、このシリア語の論考は現存しない。「三十の論考」は三〇の書物ではなく、三〇章からなる単一の書物ではないかとの指摘がある。[28]アブー・クッラの著作として伝わっている写本は、ギリシア語、アラビア語、グルジア語で書かれている。グルジア語の写本は翻訳である。アブー・クッラがギリシア語で原本を書いたことがあるかどうかについては、説が分かれている。[29]アブー・クッラはダマスクスのヨハネらの著作をギリシア語で読んでいた可能性は高い。しかし、彼が自らギリシア語で著作していたと考えると、『アルメニア人への書簡』をアラビア語で起草して総主教顧問ミカエルがギリシア語に翻訳したという記述は不自然となる。やはり、ギリシア語の写本は、パレスティナの同僚修道士が翻訳して、東ローマ帝国に流布させたのではないかと推定される。

ギリシア語で残っている著作は四三篇あり、ミーニュ（Jacques Paul Migne 一八〇〇－七五年）が編集した『ギリシア教父著作集』の第九七巻[30]と第九四巻（ごく一部[31]）に収められている。

（1）『アブー・クッラと呼ばれるハッラーン主教テオドロスが、我らには五つの敵があり、救い主は我らをそれから助けたことを問答で示した論考』

（2）『同じくアブー・クッラによる、哲学者達が関心をもつ議論の分析と解説、並びに〝首のないセヴェロス派（グノーシス派）〟すなわち心を破壊する宗派であるヤコブ派への駁論』

（3）『アブー・クッラと呼ばれるハッラーン主教テオドロスが、神は存在するという命題の証明を与えるよう求めたエメサ（ヒムス）の〔民政長官と〕と公に行った対話』

（4）『アブー・クッラと呼ばれるハッラーン主教テオドロスがアラビア語で書き起こし、使徒の玉座（エルサレム）の長老で総主教顧問のミカエルが翻訳しまた彼によって送られ、祝福された教皇エルサレム総主教トマスからアルメニアの異端者達あてに出された書簡。カルケドンで召集された公会議の、我らの神キリストにおける信仰について決定された言葉である決議に従った唯一真正で正統かつ無垢の信仰を含む』
(5)『同じくハッラーン主教テオドロス・アブー・クッラの論考〔問。何ゆえに我らは、キリストの人性がペテロやパウロ、またそれぞれの人の人性に等しいと言い、我らの与り知るキリストの肉体が、ペテロやパウロ及びすべての人々の肉体と等しいとは言わないのか〕』
(6)『アダムの罪の汚れがいかにすべての人類に及んだかを示す例』
(7)『同じくアブー・クッラによる、キリストと悪魔の格闘についての論考』
(8)『キリスト教徒に対するアラビア人の問』
(9)『同じく〔キリスト教徒に対する〕ハガル人（イスラーム教徒）の問』
(10)『同じく〔キリスト教徒の〕ユダヤ教徒との対話』
(11)『テオドロス・アブー・クッラによる、ネストリオス派に対する論考』
(12)『ネストリオス派に対する問』
(13)『〔ネストリオス派に対する〕他の問』
(14)『ネストリオス派との他の対話』
(15)『ネストリオス派とのさらなる対話』
(16)『同じく〔アブー・クッラに対する〕不信仰者の問』
(17)『不信仰者からアブー・クッラに対する問』
(18)『サラセン人に対する、ダマスクスのヨハネの議論を用いた彼（アブー・クッラ）の諸論争より』(t. 94, coll. 1595–1598)

(19)『ムハンマドは神から〔遣わされた〕のではないという問』
(20)『ムハンマドは神の敵であって、悪鬼によって禍をなしていたという、例を用いた他の問』
(21)『より小さい者の宣教からキリスト教徒の教義は確立しているという問』
(22)『祝福された麵麭はキリストの肉体であることを示す他の問』
(23)『人であるキリストは真の神であるという他の問』
(24)『単婚制についての他の問』
(25)『神は本質において等しく、共に永遠で唯一の子を有することの証明』
(26)『同じく〔アブー・クッラによる〕、父は常に生成せしめ、子は常に生成されることを証明する対話』
(27)『哲学者ハッラーン主教テオドロス・アブー・クッラによる神の名についての論考』
(28)『神と神性に関する異端者と正統信仰者の対話』
(29)『同じく〔正統信仰者と〕ネストリオス派の対話』
(30)『同じく〔正統信仰者と〕ヤコブ派の他の対話』
(31)『信仰者に対するオリゲネス派の問』
(32)『神難論者サラセン人に対するハッラーン主教テオドロス・アブー・クッラの論考』
(33)『同じく〔アブー・クッラによる〕ネストリオス派との他の対話』
(34)『同じく神学者アブー・クッラによる時間についての論考』
(35)『同じく〔アブー・クッラによる〕他の問』(善悪の根元について)
(36)『他の問』(主の御言葉は被造物か否か)

(37)『他の問』(神母は死んだのか、生きているのか)
(38)『他の問』(浄めた者と浄められた者のいずれが偉大か)
(39)『アブー・クッラによる、彼に対する問についての論考』(食物の浄不浄について)
(40)『同じくハッラーン主教テオドロスのアダムについての論考より。フォティオスによる』
(41)『死とは何か。また死者はいかに死んでいるか。何となれば教会はそれを〃また見よ、我らは死している〃と考える』
(42)『神の名、三者の共通性、そして三者それぞれの個別性についての教義概要』
(43)『統合と受肉について。〔キリストの〕位格は受肉し、神の御言葉の位格において神性と人性は統合されている』
(44)『最も特徴的な差異について』(t. 94, coll. 594-595 の断簡)

アラビア語で知られている著作のうち、公刊されたものは次の通りである。[32]

(1)『ハッラーンの神聖なる主教聖テオドロス、すなわちアブー・クッラの著した論考。その中で聖霊と清らかな処女マリアから受肉した我らの神キリストや諸聖者の画像を崇敬することがすべてのキリスト教徒にとっての義務であること、すべてのキリスト教徒にとってこれらの画像に対する崇敬を怠れば、その怠慢は自らの手にあるキリスト教の栄光についての無知に過ぎないこと、そしてもしそれを止めてしまえば、聖なる使徒の時代から洗練された信仰によってキリスト教徒が受容してきたキリスト教の諸秘蹟の多くを止めなければならないことを証明している[33]』

（2）『聖なるモーセの律法、キリストについて予言した諸預言者、及び処女マリアから生まれたキリストの弟子たちが諸民族に伝えた無垢なる福音書の正しさの証明、人々がカルケドン派と呼ぶ正統信仰の正しさの証明、並びにこの宗派以外でキリスト教を信奉すると主張するすべての宗派の否定についての論考。活動的な教師、完全なる哲学者にして高貴な神父であるハッラーン主教聖テオドロスが著した』

（3）『人にはその性質において神に由来する固有の自由〔意志〕があり、人の自由〔意志〕にはいかなる面からも決して強制の及ぶものではないことを証明する論考。教師たるハッラーン主教聖テオドロスが著した』

（4）『キリスト教徒が父が神であり、子が神であり、聖霊が神であると言ったとしても三つの神〔がある〕と言う必要はなく、父と子と聖霊はそれぞれのすべてが完全でありながら一つの神であることを証明する論考。高貴な神父ハッラーン主教聖テオドロスが著した』

（5）『キリストの死についての論考。もし我らがキリストは我らから〔去って〕死んだというならば、太古父から生まれた無始なる子が、彼の神性においてではなく人性において我らから〔去って〕死んだと言っているに過ぎない。この死がいかに理解され、無始なる子について正教が語っている方向が正しいと言えるか。教師にして神学者ハッラーン主教テオドロスが著した』

（6）『福音書の正しさ及び福音書が証明しないすべてのものは否定さるべきことについて〔の論考〕。教師ハッラーン主教テオドロスが著した』

（7）『神の認識への道と無始なる子の〔真実性を〕証する論考。教師にして神学者ハッラーン主教聖テオドロスが著した』

（8）『人々のためにキリストが蒙った苦痛によらなければ、誰一人としてその過ちから赦されることがなく、この苦痛を信じ自らの罪から〔遠ざかって〕父に近づこうとしない者は、決してその罪から赦されないことについての論考。神父ハッラーン主教聖テオドロスが著した』
(9)『神には本質において等しく、絶えず共に存在する子のあることを証明する論考。教師にして神学者であるハッラーン主教聖テオドロスが著した』
(10)『聖者アブー・クッラが自分の友人に宛てて記したある問題への返答の書簡。友人はヤコブ派であったが、返答としての彼の反論に接して正教信徒となった』
(11)『神の受肉と、神の望まれた被造物への降臨を否定する者への反論に関する論考。天の玉座に座す代わりに清純なマリアから得た肉体に神は降臨した。ハッラーン主教聖テオドロスが著した』
(12)〔創造主の存在と正しき宗教について〕[34]
(13)『アブー・クッラの語った正教信条』
(14)『神の宗教とは、神が人々からそれ以外の宗教を受け容れず、これによって復活の日に彼らを吟味するものであり、我らの主キリストの使徒である弟子達がそれを信奉して地上の諸地方、この世のあらゆる民に向けて出発した宗教であることを証明する論考。ハッラーン主教テオドロスが著した』
(15)『我が拠り所、救い主であるキリストを私は信仰する。アブー・クッラ、すなわちハッラーン主教聖テオドロスは、キリストが望んで十字架にかけられたのか、望まずにかけられたのか質問を受けた』
(16)『テオドロスがアルメニアの人々に宛てて著した書簡の追補』
未公刊のアラビア語写本としては、四つの説教、現在所在不明となっている六つの小論が記録されている。[35]加えて、シナイ山の聖カテリナ修道院にアブー・クッラの著作と考えられる数種の写本が伝わっている。また、先に紹介したアブー・クッラとカリフ・マアムーンの対談録には、正教会の伝承とシリア教会の伝承の二種があり、それぞれの伝承にアラビア語とシリア語による複数の写本が存在する。[36]

現存するグルジア語の写本のほとんどはギリシア語の著作に対応しており、アラビア語の著作に対応するものは知られていない。[37]

三　文献・研究史[38]

アブー・クッラの著作については、古くから言及がある。イブン・アンナディームは、『目録の書』のキリスト教徒学者の項目で、

「ハッラーンの皇帝派主教であったアブー・イッザ（Abū ʻIzza）があり、彼はその著作の一つにおいて指導者アストゥロス（ネストリオス）を非難した。ある一派はこれについて彼を攻撃している」

と伝えている。[39]

「アブー・イッザ」をアラビア語の文字の形が類似している「アブー・クッラ」の誤記と見ることで研究者は一致している。[40] また、『目録の書』のムウタズィラ学派の著述家の章には、イーサー・ブン・スバイフ・アルムルダール（ʻĪsā b. Ṣubayḥ al-Murdār 八四〇／八四一年没）が『キリスト教徒アブー・クッラに対する反駁』という書物を著したという記述がある。[41]

ジャーヒズ（al-Jāḥiẓ 七七六頃－八六八／八六九年）は『動物の書』（*Kitāb al-Ḥayawān*）第一巻の中で、他の著

述家と並んで「イブン・クッラ」の名を挙げている。これに関しても、後代の「サービト・ブン・クッラ」(Thābit b. Qurrah 八三六－九〇一年) とは時代が合わず、アブー・クッラを指すとの説がある。[42]

正教会のアレキサンドリア総主教イブン・ビトリーク (Saʿīd b. Biṭrīq 八七七－九四〇年) は、アダムから九三八年までの出来事を記したアラビア語の『年代記』の中で、次のように伝えている。

「アブー・クッラもまた、画像に対する崇敬を正当化した者の一人であり、これについて『画像に対する崇敬についての諸論考』(*Mayāmir al-Sujūd li-l-Ṣuwar*) と名付けた書物を著した。[43]」

また、ムウタズィラ学派の代表的学者であるアブド・アルジャッバール (ʿAbd al-Jabbār 一〇二五年没) は、「……彼らの筆頭である皇帝派のクッラについて、同様に私は聞いている。」と述べ、三位一体に関するアブー・クッラの議論を要約している。[44]

シリア語の文献では、先に引用した総主教ミハイルの年代記及び『エデッサ年代記』に加え、イブン・アルイブリー (Ibn al-ʿIbrī 一二二七－八六年) の書物の中でダマスクスのヨハネと並んで「ハッラーンのテオドリキ」の名が言及されている。[45]

ギリシア語で残されたアブー・クッラの論考の出版が学問的研究の濫觴である。一五七五年に最初の教父著作集である『古代教父全集』がラテン語で出版されたとき、アブー・クッラの著作は既にこの全集に含まれていた。一五七五年の版と一五七九年の補遺において、ベネディクト会士ゲネブラルド (Gilbert Genebrard 一五三七－九七年) はアブー・クッラの一五作品をラテン語訳で紹介した。[46] ついで一六〇三年の『古典選集』の中でスペインのイエズス会士トゥリアヌス (Franciscus Turrianus 一五〇九－八四年) によるアブー・クッラの三作品のラテン語訳が「ハギオポリスのテオドロス」の名で公刊された。[47] イエズス会士グレツェル (Jacob Gretser 一五六二－一六二五年）は一六〇六年、アブー・クッラのギリシア語テキストを初めて校訂出版した。(48) ラテン語訳にはゲネブラルドの訳とトゥリアヌスの公刊された訳及び遺稿を用い、それ以外には自ら訳を付している。ミーニュの『ギリシア教父著作集』に収録されている四三篇のうち最後の一篇を除く四二篇がグレツェルの版からの転載である。ゲネブラルド、トゥリアヌスが用いたギリシア語写本のうち、グレツェルは三点を参照することができず、ギリシア語テキストを付さずラテン語訳のみを掲載していた。(49) これらについては一六七二年にコテリェ（Jean-Baptiste Cotelier 一六二九－八六年）が、一七一二年にル・キヤン（Michaelis Le Quien 一六六一－一七三三年）がそれぞれ一点ずつ対応するギリシア語写本を見出し、校訂出版した。(50) グレツェルの版以降に校訂されたアブー・クッラのギリシア語著作は一六八五年、アーノルド（Andreas Arnoldus 一六五六－九四年）がラテン語訳と共にテキストを発表した一点のみであり、ミーニュの版の最後に収められている。(51)

アブー・クッラのギリシア語著作を扱った初期の研究家の間では、著者の確定をめぐって様々な見解が提示されていた。グレツェルはアブー・クッラ著作集の序文で、アブー・クッラとは何者でいつ活動していたかについて疑問を投げかけており、彼自身はアブー・クッラをコンスタンティノープル総主教フォティオスと同時代のトラキア（北ギリシア）の「カリア」の主教に比定していた。(52) それはギリシア語で「ハッラーン」を転写する際、H. の音をKで標記した結果、ハッラーン主教が *Ἐπισκόπος Καρῶν* となったことに起因する誤解であった。一六七七年にリヨンで『教父全集』(53) が刊行された時もトラキア説は踏襲され、以後一九世紀末まで完全に捨て去られることはなかった。一方、アブー・クッラとダマスクスのヨハネ及びエルサレム総主教トマスとの関係を重視してシリアの「カラ」の主教であるという説も古くから行われていた。トゥリアヌスは、「カラ」がトランス・ヨルダンにあったと説いている。(54) 東方教会史研究に大きな足跡を残したル・キヤンは、シリア説に立ってダマスクス北方のシリア砂漠にある「カラ」という町の主教であると述べている。[55] アラビア語の写本に基づいてアブー・クッラがハッラーンの主教であると最初に指摘したのは、マロン派キリスト教徒の学者シムアーニー（Yūsuf b. Sham'ūn al-Sim'ānī 一六八七－一七六八年）であった。彼はサイダ（レバノン南部）主教でムハッリス修道院を創設したエウティミオス（Aftīmūs Ṣayfī 一六四八－一七二三年）の蔵書からアブー・クッラの著作を発見した。この写本は校訂されず、アブー・クッラのいかなる作品であったかは定かではない。[56]

アラビア語の著作が初めて刊行されたのは、一八九七年になってからである。この年ウエストミンスター大司教区の司祭アレンゼン（Ioannes Arendzen 一八七三－一九五四年）はボンにおいて、本稿で取り上げる『聖像画崇敬論』の大英図書館所蔵写本を校訂し、ラテン語の訳文を付して公刊した。[57] コンスタンティン・バシャ（Qusṭanṭīn Bāshā 一八七〇－一九四九年）はサイダ近郊のムハッリス修道院で新たに一〇篇のアラビア語論考を含む写本を発見した。この写本は、聖サバ修道院所蔵本をもとに一〇五一年マール・イリヤース修道院で作成された写本から、エウティミオスの弟子バシリオス・フィーナーンの手で一七三五年に書写されたものと記録されていた。聖サバ修道院所蔵本及び一〇五一年書写の写本は失われた。シムアーニーがエウティミオスのもとで眼にした写本は後者であったと推測されている。[58] バシャは一九〇三年にまず一篇を雑誌『東方』（*al-Mashriq*）に発表した。[59] さらに一九〇四年にはこの一篇を含む全一〇篇の著作を公刊した。[60] 翌一九〇五年、バシャは一九〇三年に『東方』に発表したアブー・クッラの論考をフランス語に訳している。[61] 一九一〇年にはグラフ（Georg Graf 一八七五－一九五五年）がそれまでに公刊された一一篇をドイツ語に翻訳した。[62]

一九〇八年、イエズス会士シェイホー（Lūyis Shaykhū 一八五九－一九二七年）はレバノンのシール修道院でアブー・クッラの五つの論考からなる写本を発見した。そのうちの四つの論考は既にバシャが発見した写本に含まれていた。[63] しかし、一篇はそれまでに知られていなかった論考であり、シェイホーは一九一二年、これを『東方』に『創造主の存在と正しき宗教について』の題名で紹介した。[64] この論考は翌一九一三年グラフによって直ちにドイツ語に訳された。[65] こうして一九世紀末から十数年の間に今日知られているアラビア語写本はほぼ出揃った。現在アブー・クッラ研究はアレッポのギリシア・カトリック教会のディーク（Ignāṭiyūs Dīk）、米カトリック大学のグリフィス（Sidney H. Griffith）、ベイルートのサン・ジョセフ大学のサミール・ハリール・サミール（Samīr Khalīl Samīr）らに受け継がれている。ディークは一九五九年、聖カテリナ修道院のアラビア語写本の中から新たにアブー・クッラの二点の著作を公刊した。[66] グリフィスは一九七九年、アブー・クッラ著と伝承のある短編を校訂している。これは、アラビア語による四福音書のうち、明示された作成年が最古の写本（シナイ写本 MS72、八九七年）に付属していた作品である。[67] またサミールは、一九九九年の論文でアブー・クッラに関する包括的な文献一覧を提示した。[68] さらに近年、『聖像画崇敬論』のイタリア語訳、[69] 英訳[70]が相次いで出版されている。

第二章　正教会における聖像画破壊運動（イコノクラスム）

一　聖像画の発生と発達

初期キリスト教は、ローマ帝国の支配的宗教であった多神教と対抗関係にあり、当時帝国の至る所に存在した様々な神像の使用を批判していた。多神教徒の哲学者の手になる反キリスト教論の中で、神像崇拝を弁護しているものがある。例えば哲学者プロティノス（二〇五年頃－？）の弟子ポルフュリオス（二三三頃－三〇一年頃）は、次のように述べている。

「神々に対し適切な崇敬を行っている者は、像を形作っている木石や青銅の中に神があると信じている訳ではない。……なぜなら彫像や神殿は、そこを訪れる者が世俗から離れ、心を清め、神について考えたり、あるいは像に近づいてそれぞれの願い事が叶うよう祈願するために、祖先によって記念物として造られたからである。[1]」

コンスタンティノス大帝は、遷都にあたってコンスタンティノープルに建っていた多神教の神殿や神像の撤去を命じた。その代わりに「聖書の素養がある者には身近な、良き牧人やダニエルと獅子の金箔で飾った真鍮像」を公共の広場に建てさせた。[2] エウセビオス（*Εὐσέβιος* 二六〇頃－三四〇年頃）もまた、何者にも類似することのない神を異教徒が行うように人間の形に象ることは禁じられており、受肉した神の姿を造ることも旧約聖書の定めにより許されていないと主張している。(3) こうした考え方に対し多神教の復活を図ったユリアノス帝は、

「我らの父祖は彫像や祭壇、不滅の燈火を建立したが、総じてすべてこの種のものは神々の存在の象徴であり、我々はこれらが神であるとみなしてはならず、これらを通じて我々は神々を崇敬することができるのである。」

と反論している。(4)

しかし、多神教が衰えキリスト教が東ローマ帝国に定着すると、むしろキリスト教を新たな主題とするローマ時代の装飾芸術の伝統に立脚した画像の作成が盛んになっていった。四世紀までに顕著になった十字架や聖遺物への崇敬や、異教時代に遡る皇帝の肖像崇拝がその背景にあった。五世紀初めには教会堂で宗教的画像が崇敬される風習が存在していた。六世紀後半から七世紀になると、聖像画の使用は奇蹟をもたらすものとして市民生活に浸透した。この現象は東ローマ帝国の当時の政治的・社会的危機を反映しているといわれる。(5) この過渡的時代において、旧来のキリスト教徒による多神教の神像批判と、キリスト教徒自身による聖像画作成の正当化を調和させる試みが現れてきた。テッサロニケ主教ヨハネは六三〇年頃、多神教徒の神像擁護理論を一部受容し、キリスト教徒もまた像自体を崇拝しているのではなく、像を通じてその原型を崇敬しているという説を唱えている。ただし、多神教徒のように神の姿を勝手に造り上げることは許されず、キリスト教徒には実在したイエスや聖者などの像を製作することだけが認められると主張した。彼は聖者に関し「我々が死すべき人間、肉体を有する聖なる神の僕たちの画像を彼らの記念と賞讃のために製作することは、生前に肖像を描くのと同様非合理ではない」と説き、キリストについては「我々は彼〔キリスト〕を、人々の間で生きていてこの世で見られた通りに描くのであって、彼の神としての性質を想像して描いているのではない」と述べている。また天使について、

「彼ら〔天使〕は神の性質と違って完全に非物質的存在であるとは言えないことが証されており、天使を描き神としてではなく、霊的被造物として崇敬しても誤りではない。」

と記している。この考え方が、後の聖像画擁護論の出発点となっていく。(6)

七世紀末になると、聖像画の使用にはさらに公的な根拠が与えられた。ユスティニアノスⅡ世（在位六八五－九五年、七〇五－一一年）は、六八五年に登極するとまもなく東ローマ帝国における貨幣の意匠を改革して、初めてキリストの肖像を刻印し、伝統的に用いられてきた皇帝の肖像をその裏面に移した。貨幣改革の思想的な裏付けがトルルス会議（六九二年）であり、教令第八二条は、次のように定めている。

「崇敬に値する像の中には、先駆者が指さしている小羊が描かれているものがあり、これは律法を通じて我々に予告されている恩寵、すなわち真の小羊である我らの主キリストの象徴であると認められている。古来の象徴や形象は、教会に伝承されてきた徴であり前兆であるが故にこれらを受容するものであるが、我々は律法の完成として受け取った恩寵及び真実により重きを置いている。従って、画像においてもすべての者の眼に成就したことが表されるべく、この世の罪を浄めた我々の神キリストたる小羊は、今後伝統的な小羊に代わって人間の姿をとった像によっても表現されなければならないと我々は命ずる。なぜならそれによって我々は神の御言葉が身をやつされたことの偉大さを理解し、肉体を有したキリストの生涯、その受難、犠牲としての死、その時より世に広まった贖罪への想起に導かれるからである。(7)」

聖像画崇敬の正当化を理論面ばかりでなく伝統に求める者もあり、例えば六世紀に遡る記録によれば、エデッサ王アブガルⅤ世（在位前四－七年、一三－五〇年）に仮託された聖蓋布（μανδύλιον）伝説が流布されるようになる。病に冒されたアブガル王は、キリストに治療を懇願するが、キリストは自分の顔に布を置いて「人手によらない」

（ἀχειροποίητος）聖像画を作り、彼に送った。アブガルはこの聖像画の奇蹟により癒されたという。なお、この聖蓋布は九四四年までエデッサに伝えられ、同年コンスタンティノープルに遷されたとされている。[8] アタナシオス（二九六頃―三七三年）の伝えるベイルートのキリスト像の奇蹟譚も有名であった。このキリストの聖像画をユダヤ教徒が嘲って槍で突いたところ、傷口から血や水が溢れ出した。多くの人々がこの奇蹟に接して癒され、キリスト教徒に改宗したユダヤ教徒もいたという。[9] 他にも聖像画にまつわる多くの奇蹟が伝承され、キリスト教徒の信仰を集めていた。

二　事件の経過

聖像画破壊運動は、概ね七二六年から八四三年までの長きにわたって、コンスタンティノープルを中心とする東方正教世界を政治的・宗教的に震撼させた事件である。まず政治的側面を概観する。

聖像画破壊運動は第一次（七二六頃―八七年）、第二次（八一四―四三年）に区分される。いずれの場合も、聖像画破壊論者（εἰκονοκλάστης）の中心となって論争の口火を切ったのは時の東ローマ皇帝であり、聖像画擁護論者の側に立って事態を収束したのは摂政として実権を握った時の皇妃であった。

第一次聖像画破壊運動は、シリア朝のレオンⅢ世（在位七一七―四一年）によって始められた。テオファネス（Θεοφάνης　八一八年没）の年代記は、七二四／七二五年にレオンⅢ世が聖像画批判を開始したと伝えている。[10] 七二六年に宮殿の正門に飾られたキリストのモザイク像を撤去させた事件を契機に彼の思想が誰の眼にも明らかになった。さらに七三〇年にレオンⅢ世は勅令を発してすべての聖像画の破壊を命じた。[11] この勅令への署名を拒否し、非を教皇に訴えたコンスタンティノープル総主教ゲルマノスは七三〇年罷免された。聖像画破壊運動の衝撃は、瞬く間にキリスト教世界に広がった。ダマスクスのヨハネは聖像画崇敬を正当化する三つの論考を著し、これらは東ローマ帝国にもたらされて後代の聖像画擁護論に大きな影響を与えている。[12] 七三一年、教皇グレゴリウスIII世はローマにイタリアの主教たちを集めて会議を開き、聖像画破壊に反対する態度を固めた。

レオンIII世が聖像画破壊運動を開始した動機を解明するにあたり、しばしば指摘されるのは八世紀初めより画像への批判を強めたイスラームの影響である。レオンIII世は北シリアのゲルマニケア（マルアシュ）に生まれ、帝位に就く前の名をコノンといった。ゲルマニケアはイスラーム帝国との境界の最前線に位置していた。レオンIII世自身アラビア語を話し、イスラームに関する知識を有していたと推測される。[13] テオファネスはレオンIII世を「サラセン人の思考を持つ」人物と形容している。[14] レオンIII世の人格形成という間接的影響に加えイスラーム帝国からのより直接的な影響の証拠とされるのは、ウマイヤ朝のヤジードII世（Ar. Yazīd, Gr. *Ἔζιδος* 在位七二〇－二四年）による聖像画破壊を命ずる勅令である。テオファネスの年代記は、七二二／七二三年の項でヤジードII世の勅令に言及している。

「この年、フェニキア海岸地方のラオディケイア（ラタキア）出身のユダヤ教徒の魔術師がヤジード〔II世〕のところにやって来て、キリスト教会で崇敬されている聖像画を彼の全領土で破壊すれば、彼はアラブ人を四〇年間支配するであろうと約束した。思慮に欠けるヤジードは説得されて聖像画に対する一般的な禁令を出した。しかし、我らの主イエス・キリストの恩寵とイエスの清純なる母やすべての聖者の取りなしによって、同年ヤジードは彼の悪魔的な命令が多くの人々の知るところとなる前に死んだ。[15]」

ヤジードII世の勅令はいくつかのギリシア語史料において、「テッサラコンタペクス（*Τεσσαρακοντάπηχυς*, 「身の丈四〇キューピッド」の意)」の名で知られる伝説的なユダヤ教徒と結びつけて語られている。七八七年の第二ニケア公会議において、エルサレムのヨハネは次のように報告している。

「ウマル(II世 Ar. 'Umar, Gr. Οὔμαρος, 在位七一七—二〇年)が死に、空虚でたやすく唆される人物であるヤジード〔II世〕が跡を継いだ。そしてティベリオスにはテッサラコンタペクスという名の呪われたユダヤ教徒たちの首領にして魔術師、魂を破壊する悪魔の手先、神の教会の邪悪な敵がいた。この最も邪悪なユダヤ教徒は支配者ヤジードの空虚さを知ると彼に接近し、いくつかの予言を行って彼に語りかけようと試みた。これらの結果彼(テッサラコンタペクス)は受け容れられ、支配者と親密になると言った。『カリフよ、私の貴方様に対する敬意をもちまして、貴方を今たやすく満足させる方策をお教えしましょう。もし私の言葉を実行されるなら、貴方の寿命は延び、三〇年権力の座に留まることができます。』するとその愚かな暴君は長寿への望みに簡単につられて答えた。『汝が何を勧めようと、わしはそれを実行しよう。もし効果があれば、最高の褒美を与えよう。』ユダヤ教徒の魔術師は彼に言った。『キリスト教徒のすべての教会で見出される画布であれ、モザイクであれ、壁画であれ、聖杯であれ、祭壇の覆いであれすべての彩られた画像、あるいは貴方の帝国の様々な都市のこれに類するすべての装飾として形造られたものを完全に破壊して投げ捨てるよう命ずる勅令を書き、貴方の全領土に公布するよう直ちに遅滞なく命じて下さい。』偽予言者は悪魔的な邪悪さによって『類するすべて』と付け加え、かくして我々に対する敵意を気付かれずに表そうとした。そして罪深い暴君は、このような空虚な考えに踊らされて彼の統治下のすべての地方で聖像画や他の類似のすべてのものを破壊し始めた。……この仕業の後二年半経たない内に先のカリフ・ヤジードは死んで永劫の火に入れられた。画像は元通りの場所に戻され崇敬されることになった。彼の息子ワリードは大変怒って、偽の予言に対する相応しい罰として父を殺したという理由でその魔術師を死刑に処した。[16]」

エルサレムのヨハネの発言に従えば、ヤジードII世の聖像画破壊令は七二一年頃出されたことになる。第二ニケア公会議の議事録によれば、エルサレムのヨハネの上述の発言の直後、メッサナ主教が「サラセン人たちのカリフが画像を破壊したとき、私は少年でシリアに住んでいた」と語ったと伝えられる。[17] ヤジードII世の勅令が何らかの形で実行に移されたことを示す証言となっている。

「テッサラコンタペクス」伝承は、レオンIII世の聖像画破壊運動がユダヤ教徒に教唆されたヤジードII世の政策に倣って開始されたという外的原因論の根拠として援用されている。確かに、ウマイヤ朝イスラーム帝国と東ローマ帝国で聖像画破壊はほぼ前後して発生した。しかし、「テッサラコンタペクス」はおそらく実在の人物ではないし、両帝国の聖像画破壊の因果関係は実証されていない。テオファネスの年代記では、七二二／七二三年の先に引用した箇所に続いて次の記事があるが、ヤジードII世の勅令とレオンIII世の聖像画破壊が直接関係あるとは断言していない。

「皇帝レオンも嘆かわしく不法な同じ誤りを犯し、我々に多くの災難が降りかかる責任を負うこととなった。彼はベセルと呼ばれる男をこの邪な行為の仲間とした。〔ベセルは〕シリアで捕虜となっていた元キリスト教徒で、キリスト教の信仰を捨てアラブ人の教義に染まり、少し前に彼らへの隷属から解放され〔東〕ローマ帝国に戻ったのである。彼は肉体的強靭さと共通の誤った心によって、同じレオンに重用された。そしてこの男はこの大いなる悪における皇帝の味方となった。[18]」

九世紀頃のあるイスラーム教徒が原作者とされるライデン大学所蔵のアラビア語写本に、この「ベセル」に擬せられる人物が登場する。[19] 東ローマ帝国の貴紳出身の若者がイスラーム教徒によって捕らえられ、ウマイヤ朝のカリフ（写本の余白に「アブド・アルマリク」と註あり）は彼に「バシール」という名を与えてイスラームの教育を受けさせた。バシールはイスラームに通じメッカ巡礼まで行ったが、しばらくして父祖の宗教に回帰して東ローマ帝国に逃げ帰った。東ローマ皇帝はバシールを厚遇して高い地位を与えた。ある時、東ローマ帝国が捕虜としたイスラーム教徒の中に、ダマスクスから来たワーシルという名の男があり、バシールはワーシルと教義論争を行った。ワーシルはバシール及び次に招かれた司祭とキリストの両性や磔刑、洗礼などについて議論し、相手を論破してしまった。ワーシルはついに皇帝と対話することになった。物語の末尾近くに、偶像崇拝を巡るやりとりがある。

「長老〔ワーシル〕は言った。『王よ、啓典の民は偶像崇拝の民の何を咎めたのですか。』〔王は〕言った。『彼らの手で作った物を崇拝したことだ。』〔ワーシルは〕言った。『それでは、あなた方は教会にあるこうしたあなた方の作った物を崇拝するのですか。もし、聖書にあれば議論は要しますまい。もし聖書になければ、なぜあなたの宗教を偶像崇拝の民の宗教に似通わせるのですか。』王は言った。『本当だ。聖書に見つかるか。』司祭は言った。『いいえ。』王は言った。『なぜ我が宗教を偶像崇拝の民の宗教に似通わせるのだ。』そして〔王は〕教会の〔装飾を〕除去するように命じ、〔司祭たちは〕泣きながらそれらを削り落とした。」[20]

ワーシルは結局釈放されてダマスクスに帰った。皇帝は主教や司祭たちを殺そうとしたので、彼らは迫害の及ばないシリアの地に逃れたとある。この物語には東ローマ皇帝やカリフの実名はなく、レオンIII世の時代の両帝国の交渉、特に聖像画破壊運動にかかわる何らかの史実が含まれているのか、あるいは単なる符合に過ぎないかは速断できない。

レオンIII世の子コンスタンティノスV世は七四一年に皇位に就き、聖像画破壊運動を継承した。七五四年、彼は聖像画を偶像とみなす教義の徹底を図るため、カルケドンのヒエリア宮殿で会議を開催した。このヒエリア会議

（Ἱερία 七五四年二月一〇日－八月八日）には三三八名の主教が参加したが、東ローマ帝国の外にあって聖像画擁護の立場をとる教皇、アンティオキア総主教、エルサレム総主教、アレキサンドリア総主教はいずれも出席しなかった。また、コンスタンティノープル総主教は当時空位であった。

一〇世紀に天地創造から九四一年までの歴史をアラビア語で書き記した北シリアのヒエラポリス（マンビジ）の正教会主教アガピオス（Agapios of Hierapolis, Maḥbūb b. Qusṭanṭīn al-Rūmī al-Manbijī 九四一年以降没）は、ヒエリア会議について次のように記録しており、イスラーム帝国内のキリスト教徒もこの会議についてある程度の知識を有していたと推測される。

「この年（ヒジュラ暦一三六年、西暦七五三／七五四年）、〔東〕ローマ皇帝コンスタンティノスは、教会内の画像の件でおよそ三〇〇名の主教をコンスタンティノープルに召集して会議を開催した。彼らは画像に対する崇敬が義務か否かを探究し、画像に対する崇敬は義務でなく全くの誤謬であるという考えで一致し、教父たちの証言を提示し、イーヤーヌス・ブン・マンスール・アッディマシュキー（Īyānus b. Manṣūr al-Dimashqī, ダマスクスのヨハネのこと）とグリーグール・アルクブルシー（キプロスのコンスタンティア主教グレゴリオス）を破門し、多くの教令を定め、第七回公会議と称した。[21]」

ヒエリア会議が開催された時の教皇はステファヌスII世であった。この教皇の下でそれまでのローマ教皇が採ってきた東ローマ帝国への政治的従属の姿勢を転換し、フランク王国に接近する重大な決定がなされた。直接の契機となったのはロンバルド王国からの脅威である。七五一年、東ローマ帝国領であったラヴェンナがロンバルド王国の手に落ち、フランク王は七五六年にラヴェンナを奪取するとこれを教皇領とした。教皇はローマとラヴェンナに対する東ローマ帝国の宗主権を認める用意はあったものの、これらへの直接的な行政権（dicio）の保有には固執した。東ローマ皇帝コンスタンティノスV世は対抗措置としてシシリア、カラブリア（イタリア半島南部）、イリリクム（バルカン半島西北部）の管轄権を教皇から奪ってコンスタンティノープル総主教に移したのであった。

七六〇年頃になるとコンスタンティノスV世による聖像画擁護派攻撃の矛先は修道院に向けられ、多くの修道士が弾圧の犠牲となった。一方、東ローマ帝国の外側では、東方の主教たちが七六〇年、七六四年、七六七年に会議を開いてそれぞれ聖像画破壊論を弾劾した。[22] コンスタンティノスV世の子で次の皇帝となったレオンIV世（在位七七五―八〇年）の時代となると迫害は下火となり、さらにレオンIV世の死後、その子コンスタンティノスVI世（在位七八〇―九〇年）の摂政となった皇妃イレーネは従来の政策を一変させた。聖像画崇敬を支持するイレーネは七八四年、聖像画擁護派の官僚タラシオスを異例の手続で総主教に任命した（在位七八四―八〇六年）。イレーネとタラシオスは教皇ハドリアヌスI世に協力を求め、ハドリアヌスは彼らへの返書の中で聖像画崇敬再確立の試みを歓迎し、二名の使節を東ローマ帝国に派遣することを約した。しかし教皇は同じ書簡で総主教タラシオスの異例の抜擢と彼の「全地上の総主教（*οἰκουμενικὸς πατριάρχης*）」という称号を批判し、シシリア、カラブリア、イリリクムの管轄権の返還とイタリアの東ローマ帝国領内の教皇領の復活を要求しており、その後の東西教会の政治的対立の萌芽が現れていた。

総主教タラシオスがアレキサンドリア、アンティオキア、エルサレムの総主教に送った書簡とこれに対するアレキサンドリア総主教ポリティアノス（*Πολιτιανός* 在位七八七―八〇一年）、アンティオキア総主教テオドロス（在位七五七―八五年頃）、エルサレム総主教エリヤII世（*Ἠλίας* 在位七七〇―九七年）の連名による返簡は第二ニケア公会議で読み上げられ、記録に残っている。東方の三総主教は正教信仰の復活に賛意を表すると同時に、イスラーム帝国内のキリスト教徒が東ローマ帝国と通謀していると疑われることのないようタラシオスからの使節派遣を謝絶している。[23] 八世紀後半にはコンスタンティノープルとシリア、エジプトのキリスト教徒の交流が次第に困難になっていった事情が推測される。

皇妃イレーネが聖像画崇敬の復活を目指して七八六年七月召集したコンスタンティノープルの主教会議は、聖像画破壊派の軍隊により解散を余儀なくされた。翌年ニケアに会場を移し、教皇と東方の三総主教の代理を含む三六五名の主教からなる公会議が開催された（七八七年九月二四日－一〇月一三日）。この第二ニケア公会議はヒエリア会議の決定をすべて否定した上で、聖像画の復興と聖像画崇敬の必要を決議した。しかし、東ローマ帝国においても、第二ニケア公会議の決定がすべての勢力に徹底した訳ではなく、軍人を中心とする聖像画破壊論者は根強く残存し、不安定な状態が続いた。

教皇ハドリアヌスI世は第二ニケア公会議の決定を承認した。ところがフランク王シャルルマーニュは政治的思惑からこれに反対した。教皇の使節二名が出席した七九四年のフランクフルト会議はヒエリア会議と第二ニケア公会議の決定の両方を非難した。西方教会で第二ニケア公会議の決定が最終的に受け容れられたのは八八〇年のことであった。

第二ニケア公会議は、その重要性にもかかわらずイスラーム帝国内のキリスト教徒一般には少なくとも一〇世紀半ばまでその存在すら知られていなかった。イスラーム教徒の学者マスウーディー（al-Masʿūdī 八九六頃－九五六年）は、『提言と再考の書』（*Kitāb al-Tanbīh wa-l-Ishrāf*）の中で詳細にキリスト教の歴史を紹介しており、第六回公会議（第三コンスタンティノープル公会議、六八〇－八一年）について以下の通り言及している。

「マスウーディー曰く、彼（コンスタンティノスⅣ世、在位六六八－八五年）の治世、第六回公会議（al-Sinhūdus）があった。これはビザンツの邦（bilād Būzanṭīyā）のコンスタンティノープルにおける会議であった。……

これは最後の公会議であり、我らの書物が記されたこの時、すなわちクスタンティーン・ブン・ラーウン・ブン・バシール（コンスタンティノスⅦ世、在位九一三―五九年）が〔東〕ローマの王である三四五年（九五六／九五七年）まで彼ら〔キリスト教徒〕の会議は存在しなかった。それは我ら〔マスウーディー〕が彼らの領土に接近し、彼らの情報を調査し、シリアの前線地域（al-thaghr al-Shāmī）、アンティオキア、シリア、エジプトを巡って得られた知識に基づいている。そして、皇帝派教会（al-Malakīyah）はこれら六つの会議をその典礼、すなわち日々の聖餐の礼拝の中で唱えている。[24]」

第二次聖像画破壊運動は、八一四年「アルメニア人」レオンⅤ世（在位八一三―二〇年）によって開始された。八一二年から翌年にかけてブルガリア人によって蒙った敗北の痛手から立ち直るため、レオンⅤ世はシリア朝の皇帝たちの軍事的成功にあやかることを願っていたといわれ、新たな聖像画破壊運動は軍人や一部市民の支持を集めた。レオンⅤ世は八一四年一二月頃、コンスタンティノープル総主教ニケフォロス（*Νικηφόρος* 在位八〇六―一五年）を呼んで次のように語ったと伝えられる。

「民衆は画像を攻撃し、言っている。『我々が画像を崇敬したのは誤りであった。そのため蛮族が我々を打ち負かしたのである。民に対し少し妥協し、融通（*οἰκονομία*）を利かせよ。我々に低く掲げられた画像を取り除かせよ。[25]』」

聖像画の除去に抵抗したニケフォロスは八一五年退位し配流された。聖像画は再び教会や公共建築から撤去された。レオンⅤ世は新総主教にテオドトス（*Θεόδοτος* 在位八一五―二一年）を指名し、八一五年の復活祭の直後聖ソフィア大聖堂で聖像画破壊運動の再興を目指す会議を開催した。この会議において七五四年のヒエリア会議の決議が基本的に受容されることとなった。聖像画擁護論の立場から会議への出席を拒否したストゥディオス修道院長テオドロス（七五九－八二六年）は同年流刑となった。

レオンⅤ世が八二〇年に暗殺され、ミカエルⅡ世（在位八二〇－二九年）が即位すると、聖像画破壊運動は沈静化に向かった。ミカエルⅡ世は第二ニケア公会議と聖ソフィア会議の双方を承認せず、聖像画についての議論を禁じた。ニケフォロスやテオドロスら流刑に処せられていた聖像画擁護論者は呼び戻された。八二九年にテオフィロス（在位八二九－四二年）が皇帝となると迫害はまたも激しさを加えた。テオフィロスの師で後にコンスタンティノープル総主教となったヨハネⅦ世グラマティコス（在位八三七－四三年）は、熱烈な聖像画破壊論者であり、また八三〇年頃にはカリフ・マアムーンの宮廷に使者として派遣されていた。テオフィロスは師の影響で聖像画破壊運動を推進し、アッバース朝カリフとの抗争にもかかわらずイスラーム文化、特にその美術に傾倒したといわれる(26)。聖像画擁護論者に対する弾圧が停止したのはテオフィロスの没した八四二年のことである。遺児の摂政となった皇妃テオドラは八四三年三月、コンスタンティノープルで主教会議を開催して聖像画崇敬を最終的に復活させた。正教会ではこの出来事を記念して復活祭前の大斎の最初の日曜日を正教勝利の日としている。

第二次聖像画破壊運動は、イブン・ビトリークがアラビア語で記録しており、イスラーム帝国内のキリスト教徒にも不正確ながら知られていたことを裏付ける。

「〔東〕ローマの王ミーハーイール・ブン・タウフィール（ミカエルⅡ世）が死去し、その後息子である〔東〕ローマ王タウフィール（テオフィロス）が統治した。彼は教会から聖像画を除去してそれらを消したり破壊したりし、教会に聖像画を決して置いてはならぬと命じた。彼が聖像画を教会から除去するに至った理由は、大臣たちのある者が彼に、〔東〕ローマ領のある場所に聖マリアに捧げられた教会があってそこに画像があり、マリアの祭日になると像の胸から乳が滴り出すと報告したからである。王タウフィールはこれを否定し、その件を調べた。するとその教会の堂守（qayim）が画像の後ろから壁に穴を開け、穴を像の胸まで通して微細な鉛の管をそこに導き、その場所を粘土と石灰で塗って分からなくし、聖マリアの祭日になるとその穴から乳を注いで像の胸からわずかな滴が出るようにしていることを発見した。人々はその教会に参詣し、執事（al-aqlūm）はそれによって大金を得ていた。王タウフィールは人をやって画像を破壊し、その場所を修復し、教会に画像を決して置かないよう命じ、その教会の執事を打ち首にし、諸教会の聖像画を除去したのであった。彼は言った。『画像は偶像に等しく、画像を崇敬する者は偶像を崇敬するようなものである。』〔東〕ローマ人の間で聖像画について紛議が発生し、互いに他を不信仰者扱いした。ある者は『画像を崇敬する者は不信仰者である』と言い、他の者は『画像を崇敬しない者は不信仰者である』と言った。[27]」

聖像画破壊運動の原因については諸説あり、結論は出ていない。前述のようにユダヤ教、イスラームがどの程度影響を及ぼしたかを客観的に立証できる史料は知られていない。旧約聖書やコーランの偶像崇拝禁止の章句は、ユダヤ教、イスラームの他の教義と同様直ちにキリスト教徒が受け容れるものとはならないし、聖像画破壊を唆したとされるユダヤ教徒の伝承は、史実というよりも論争の文脈で誇張された性格のものである。テオファネスは聖像画破壊論者を批判するに際し、イスラームの影響を示唆している。しかし、論難する相手をキリスト教とは異質の思想に結びつけることは教義論争における常套手段であって、文字通りに評価することはできない。聖像画破壊論者自身は当然ながら外的要因を明確に否定している。[28]また、東ローマ帝国での聖像画破壊と、イスラームにおける画像の禁止は一見類似の現象であるが、両者の思想的構造は章を改めて述べる通りかなり異なっており、相互に影響があったとしても模倣という意味での外的原因として単純化することは適当ではない。

聖像画破壊論者の多くが皇帝と軍人であったのに対し、聖像画擁護論者は修道士を中心としていた。この事実をもって、政治権力からの自立を強めた修道院に対する皇帝の介入が聖像破壊という教義上の旗印を掲げていたという社会的要因を強調する説がある。しかし、修道士が弾圧の主要な対象となるのはヒエリア会議の後であり、聖像画破壊運動が当初から修道院の統制を目的にしていたとの説明は困難である。[29]また、皇帝は宗教運動を起こさずとも他の手段で容易に修道院の抑圧が可能であった。

六世紀後半から七世紀にかけて帝国の危機を背景として民衆の間に聖像画崇敬が急速に流行する一方、支配者の間にはむしろ聖像画崇敬が帝国の危機を招いたと解釈する者もあっただろう。偶像崇拝への危惧など純然たる教義上の問題が聖像画破壊運動の本質をなしていることは否定できない。ただし、キリスト論など聖像画をめぐる議論の多くは論争の過程で精緻化したものであり、逆にキリスト論における見解の相違などによって聖像画破壊運動が発生したと理解すべきではない。また、聖像画破壊運動は教会内部に起源をもつという指摘があるが、[30]これが事実としても皇帝の主導権なしにはこれほどの事件には発展しなかったはずであり、政治的側面にも留意する必要がある。

三　聖像画をめぐる教義の発展

聖像画に関する神学論争は、聖像画破壊運動の第一次、第二次の時代区分にほぼ対応して展開している。第一期は、第一次聖像画破壊運動の前半、すなわちコンスタンティノスⅤ世の治世の前までの時期である。この時期は、「古典的聖像画擁護論」の確立期であり、代表的な神学者はダマスクスのヨハネである。聖像画破壊論者は旧約聖書の、

「汝自己のために何の偶像も彫んではならない。また上は天にあるもの下は地にあるものならびに地の下、水の中にあるものの何の形をも作ってはならない。これを拝んではならない。これに仕えてはならない。」（出エジプト記二〇章四・五節）

という偶像崇拝禁止規定や同旨の教父の言説を引用して、聖像画は偶像に他ならないと主張した。最も有力な典拠の一つとして用いられたのは、サラミスのエピファニオス（三一五頃－四〇三年）による次の文章である。

「貴方は私に教父たちが異教徒の偶像を嫌悪したと言うであろう。しかるに我々は聖者たちの像を彼らの記念として作成し、聖者への礼をもってこれらを崇敬している。正にこうした臆測に基づいて貴方がたの中にはあえて神の家の内壁に漆喰を塗り、様々な色を用いた肖像——絵描きが愚かにも独自の好みにより描いたこれら偽物の像それぞれの銘文によれば、ペテロ、ヨハネやパウロと見受ける——を表す者があった。そこで先ず、こうして使徒たちを尊崇していると信じている人たちに、彼らはむしろ使徒を貶めていることを知らしめよ。[31]」

旧約聖書そのものの中で、預言者たちが神以外を崇敬する多くの例があることを指摘したのはキプロスのネアポリス主教レオンティオス（七世紀）であった。ダマスクスのヨハネは、レオンティオスの次の章句を引用している。

「ユダヤ教徒よ、もし汝が私を神に対して行うと同様、十字架の木を崇敬していると言って非難するならば、なぜヤコブがヨセフの杖の柄の前に拝したことを非難しないのか。彼が木ぎれを崇敬しているのではなく、木を用いてヨセフの前で拝していたことは明らかである。我々も同様、木そのものではなく十字架を通じてキリストを讃えているのである。[32]」

エピファニオスの聖像画批判の言説に対し、ダマスクスのヨハネはこれを偽作であると断じている。[33] さらに彼は絶対的崇拝（*λατρεία*）と相対的崇敬（*προσκύνεσις*）を区別し、前者は神にのみ向けられるが、後者は聖書に多

くの例があるように、尊敬に相応しい人々や場所、物に対して向けられるとした。そして、

「モーセはイスラエルの子らが頑固なことを知っており、彼らがたやすく偶像崇拝に陥るとみていたので、彼らが像を造ることを禁じたのであった。しかし我々は違う。」

と述べ、旧約聖書の偶像崇拝禁止規定は、物に対して絶対的崇拝を行ったユダヤ教徒を戒めるものであって、相対的崇敬を禁止したものではないと論じた。[34] ダマスクスのヨハネは像について考察し、次のように記している。

「像は類似物、雛形、ないしはある物の姿であり、それ自体で象る物を表している。像は必ずしもその原型とすべての点において等しくはない。[35]」

像の種類として、父なる神と子なるキリストの関係にみられる「自然像」、神がこの世の一切をあらかじめ決定した「宿命」、神が自らをまねて創造した「人間」、人が形而上について知るための「寓喩」、これから起きることを示す「予兆」、過去の出来事を表す「記念」の六つをあげている。[36] また画像は原型に類似性を持っているがゆえに、画像に対して向けられる崇敬は画像の材質ではなく、画像を通じて原型に向けられる。丁度文字を解する者にとって書物が果たすような働きを、画像は文字の読めない者に対して行うのである。[37] さらに、キリストを画像に表現することは、眼に見えない神が受肉によって眼に見えるキリストになったのであるから、キリストに人性がある以上正当であるとした。[38] 聖像画についての言及が聖書にないとの批判に対しては、キリスト教には聖書に記されている教えの他に、教会の伝統として伝えられている教えがあると反論した。[39] エルサレム総主教ソフロニオス（*Σωφρόνιος* 在位六三四－三八年）の名で『霊魂の楽園』の聖像画に関する一節が、当時真実と信じられた物語として引用されている。[40]

「修道院長テオドロス・アイリオテスはよく次の話をしていた。昔オリーブ山に一人の隠修士があり、欲望の

悪魔に精神的な戦いを挑んでいた。ある時、悪魔がその長老に猛烈に襲いかかり、彼は自制心を保とうと格闘していた。彼は涙ながらに悪魔に語りかけた。『これから私のところにもう姿を現さないでもらいたい。』……すると悪魔は彼に言った。『あの聖像画に礼拝するのはもう止せ。そうすればお前を虐げはすまい。』というのは、長老はそこに我らの主イエス・キリストを生んだ我らの貴婦人聖なる神母マリアの姿をとった聖像画を持っていたからである。その隠修士は悪魔に向かって言った。『私はお前が何者か知っている。私のところから立ち去れ！』[41]」

ダマスクスのヨハネは、この引用箇所について次のように註釈している。

「我々は描かれたマリアの像の前で礼拝しなければならず、崇敬を拒絶することはいかに大いなる悪であり、欲望の悪魔ですらこの長老が不浄の罪を犯すより彼が聖像画への崇敬をやめる方が悪魔をより喜ばせるという面からこのことを知っていたことが分かるだろう。[42]」

こうしてダマスクスのヨハネは、キリストや聖母、聖者たちの画像を作って聖像画として崇敬することは正しく、むしろキリスト教徒にとっての義務であると説いたのであった。

第二期は第一次聖像画破壊運動の後半すなわちコンスタンティノスV世の治世、特に七五四年のヒエリア会議以降の時期に重なる。コンスタンティノスV世は聖像画論争にキリスト論を初めて導入した。聖像画擁護論の側で第二期から次の第三期にかけて活躍した神学者は、ストゥディオス修道院長テオドロスと、コンスタンティノープル総主教ニケフォロスであり、第一期の聖像画擁護論を継承した上で、キリスト論を用いたコンスタンティノスV世の主張に対抗した。そのため第二期の教義は「キリスト論的聖像画擁護論」と呼ばれることがある。[43]コンスタンティノスV世は、「我らの受ける〔聖餐の〕麵麭が彼〔キリスト〕の体の像であり、彼の体の型として彼の肉体の姿を表している」と述べ、聖餐のみがキリストの像であるとして画像を否定した。[44] コンスタンティノスV世によると、キリストの神性は描くことができないのであるから、キリストの画像を描く者は人性のみを描いているか、神性を人性と共に描いているかいずれかである。人性のみを描いているならば、神性と人性を分離したネストリオス派であることになる。神性を人性と共に描いているとするならば、神性と人性を混同して描くことのできないはずの神性をも描いているのであるから、キリストの神性と人性を混同した単性論の誤りにつながる。こうして、コンスタンティノスV世は、聖像画擁護論者は所詮ネストリオス派または単性論派に過ぎないという定式を立てたのであった。[45]

これに対しテオドロスは、もしキリストの画像を描くことができないと言うのであれば、キリストは人性を欠いているか、あるいは人性が神性に混じっているかいずれかである。従って、聖像画破壊論者もネストリオス派または単性論派ではないのかという結論になる。これはそもそもコンスタンティノスV世の定式に欠陥があるからであって、キリストの画像は人性という性質（φύσεις）を取り出して描いているのではなく、神性と人性を備えたキリストの位格（ὑπόστασις）を描いているのである。この位格においてキリストは特定の人間の容姿をとっているのであり、これは眼に見えるものであると同時に描くこともできると反論した。

ヒエリア会議では聖像画崇敬が主として三つの面から批判されていた。上述のキリスト論が最も特徴的であったが、聖像画は偶像であるという議論も第一期に続いて行われた。また、第二期に出現して第三期に受け継がれたのは、聖像画の製作が生命を与える神の力を侵害し、描かれた聖者の栄光を損なうという主張であった。すなわち、ヒエリア会議の決議に従えばキリスト教徒の画像崇拝は異教徒の習慣に端を発している。異教では死者の復活の望みはなく、いなくなった者をいるかのように見せる細工が案出されたのである。しかし、キリスト教徒は死者の復活を信じ、聖者は神の下で永遠の生命を享受すると考えている。従って死者の肖像を作ることは真の生命を与える神の権能を侵そうとする試みであり、特に聖者の像を生命を与えることのないつまらぬ技術で作ろうとするのはその神聖さを汚すことになると非難された[46]。聖像画破壊論者のこの三番目の指摘には、二つの要素が含まれている。第一は、像の製作が生なき物に生命を与えようとする行為であるという批判であり、後述するイスラームで発達した考え方に共通する。像を崇敬する以前に、製作すること自体が神の権能を侵すというのは、従来の聖像画破壊論者の議論をも踏み越える主張である。聖像画破壊論者が認めてきた皇帝の肖像など、世俗的画像の製作すら否定されることになりかねない。この見解に対してテオドロスは、

「人が神の像でかつ似姿として創造された事実は、聖像画の製作が神的な行為であることを示している[47]」

と述べ、神による創造を人が聖像画製作によって模倣することに積極的な意義を見出している。第二は、聖者の像はその神聖さを貶めるという議論であって、これは像とは何かという設問を発展させたものと解釈できる。聖像画破壊論者は、真の像は原型と本質において等しい（*ὁμοούσιος*）ものでなければならず、キリストの画像はキリストの真の像ではありえないと主張した[48]。像と原型の関係についてテオドロスはアリストテレスのカテゴリー論を援用し、像は「関係的なもの」[49]（*πρός τι*）であって本質においては等しくない。像は類似性によって原型に導くものであり、聖像画への崇敬が本質において等しくないからといって否定されるのであれば、聖像画破壊論者も崇敬の対象として認めている十字架や聖書はすべて崇敬してはならないことになると主張した[50]。

第三期は、第二次聖像画破壊運動の時期である。この時期はアリストテレス哲学の援用が進んで専門化した術語によって議論されるようになったことが特徴であり、「スコラ哲学的聖像画擁護論」と称される[51]。第三期に入ると聖像画破壊論者は画像を単に偶像と見なす考え方を放棄し、画像は装飾や記録として有用であると認めるようにな

った。しかし、依然画像への崇敬は否定し、香を焚いたり燈明を供えたりして崇敬の対象とすることのないよう、画像を高所に掲げておくべきであると主張した。聖像画破壊論者は、画像への崇敬を拒否するため尊敬（*τιμή*）と崇敬（*προσκύνησις*）の概念を区別する議論を提唱した。キリストの画像を高所に掲げて尊敬するのは良いが、低い所に置いて崇敬してはならないと言うのである。テオドロスは尊敬と崇敬の両概念は同一範疇（*ὁμόστοιχον*）に属し同一作用（*ὁμοδύναμον*）を有しており、崇敬なき尊敬はありえないと反論した。[52]

第三期の聖像画破壊論を代表する八一五年の聖ソフィア会議の結論は、ニケフォロスの著作から復元可能である。ヒエリア会議の決議のうち聖像画は偶像であるという見解は、聖ソフィア会議において有害なものにもその程度の差があるとの理由で落とされている。ヒエリア会議から継受されているのは、キリスト論及び聖像画の製作に係る批判である。[53]テオドロスはキリスト論を発展させ、キリストの画像はキリストと本質（*οὐσία*）において異なるものの位格（*ὑπόστασις*）においては異ならず、相対的崇敬を向けるに値すると論じた。[54]また、ニケフォロスは原型と画像の関係にアリストテレス流の原因と結果の概念を導入し、キリストの画像は受肉したキリストそのものの姿に接近するために存在するのであるから、聖像画を不要とし、これを損なう者はキリスト教徒ではないと述べた。[55]聖像画破壊論者は、原型と本質において等しい像が真の像であるという考え方から、像の倫理的側面を強調した。真の像とは、キリストや聖者を物質的な色彩によって象ったものではなく、その徳を自らの魂の中に再現することにより形成されると主張した。[56]聖像画擁護論者は像の倫理的側面を否定しないが、これは必ずしも画像を不要とする結論に導くものではないとの立場であった。[57]

このように、聖像画をめぐる教義は時代が下るにつれて専門化したが、キリスト教世界一般に受容されたのは「古典的聖像画擁護論」であった。ストゥディオス修道院長テオドロスと、コンスタンティノープル総主教ニケフォロスの議論は当時東ローマ帝国の外まで広く伝わったか否かは疑問である。第三期の論争に至っては、難解さのあまり帝国内においてすら一部の者しか関与していなかったと推測され、また聖像画破壊論と擁護論の差異は極小化していった。

第三章　ダマスクスのヨハネ

ダマスクスのヨハネは、聖像画崇敬についての著作をはじめとする神学上の貢献によりアブー・クッラに決定的な影響を与えた。加えてダマスクスのヨハネの祖父の代まで遡って一族の活躍をみると、イスラーム帝国の急速な拡大という過渡期にあって、キリスト教徒とイスラーム教徒の関わり方を基礎づける政治的な役割を果たしていたことが知られる。

一　ダマスクスのヨハネの一族

ダマスクスのヨハネは、在俗の名をマンスール（Manṣūr）といい、アラブの出身である。ヨハネの名は、彼が修道生活に入ってから専ら使われている。父はサルジューン（Sarjūn）、祖父はマンスールであり、曾祖父の名はサルジューンと伝えられる。シリアが東ローマ帝国領であった頃、ダマスクスのヨハネの先祖はダマスクスの民政長官（*λογοθέτης*）として現地の徴税などにあたっていた。史書に活動が記されているのは祖父マンスールからであり、彼はマウリキオス帝（*Μαυρίκιος* 在位五八二－六〇二年）に仕えていた。その後、帝位を簒奪したフォカス（*Φωκᾶς* 在位六〇二－一〇年）の時代の混乱、ササン朝ペルシアのホスローII世（Khusrau 在位五九〇－六二八年）

によるダマスクス支配、ヘラクレイオス帝（Ἡράκλειος 在位六一〇―四一年）による失地回復、さらにはイスラーム軍による征服（六三五年）という変転の時代を迎えることとなる。イブン・ビトリークの『年代記』に、次の記述がある。

「……ダマスクスにマンスール・ブン・サルジューンという人があり、マウリキオス帝のためにハラージ（地租の一種）徴収の仕事をしていた。（六三〇年、ダマスクスに入城した）ヘラクレイオス帝は、〔東〕ローマ人がコンスタンティノープルで包囲されていた年月の分の貢納を彼に要求した。彼は、ダマスクスの富はキスラー（ササン朝ペルシアの王宮）に運んでいたと述べた。ヘラクレイオス帝は彼を打ち、投獄して強硬に要求し、十万ディーナールを納めさせた上で職に留めた。マンスールはヘラクレイオス帝に対し憎悪の念を抱いた。(1)」

六三五年にイスラーム軍がダマスクスを包囲したとき、ダマスクスの引き渡しについてイスラーム教徒側と交渉したのはマンスールであった。イブン・ビトリークは伝える。

「ムスリムたちがダマスクスに現れ、ハーリド・ブン・アルワリードはシャルキー門に、アブー・ウバイダ・ブン・アルジャッラーフはジャービヤ門に、アムル・ブン・アルアースはトゥーマ門に、ヤジード・ブン・アビー・スフィヤーンはサギール門からキーサーン門にかけてそれぞれ陣取った。彼らは六か月に一日満たない期間、ダマスクスを包囲した。〔東〕ローマ軍は門から毎日彼らの方へ出撃して闘った。彼らはウマル・ブン・アルハッターブに戦況を書き送り、ウマル・ブン・アルハッターブは書簡を送ってハーリド・ブン・アルワリードに代えて、アブー・ウバイダ・ブン・アルジャッラーフを司令官に任命した。ダマスクスの人々が包囲に疲れ切ったとき、ダマスクスの官吏であったマンスールはシャルキー門に登りハーリド・ブン・アルワリードに話しかけ、ダマスクスの門を開けるかわりに自分とその家族、〔東〕ローマ軍を除くダマスクスの民に対し安全を約束するよう求めた。ハーリド・ブン・アルワリードは彼の要求に応え、このような内容の安全を約束する文書を書いた。『これはハーリド・ブン・アルワリードがダマスクスの民に送った書簡である。汝らの血、住居、財産、教会の安全を約し、汝らの意に反して破壊、収用、引き渡しを行うことはない。』〔ハーリドはマンスールに〕文書を届け、マンスールはハーリド・ブン・アルワリードに対しシャルキー門を開放した。ハーリドは市街に入り、仲間に向かって剣を鞘に収めるよう叫んだ。ハーリド・ブン・アルワリードの軍勢が市街に入ったとき、彼らは『アッラーは偉大なり』と叫び、門ごとに駐屯していた〔東〕ローマ軍はそれを聞いてマンスールが門を開け、城内にアラブ軍を引き入れたことを知った。そして彼らは門を放棄して逃げ出した。すると、アブー・ウバイダ・ブン・アルジャッラーフはジャービヤ門から、ヤジード・ブン・アビー・スフィヤーンはサギール門から、アムル・ブン・アルアースはトゥーマ門からそれぞれ剣を抜いて突入し、しばらくの間激しい戦闘が起こった。(2)」

マンスールはダマスクスをイスラーム教徒に引き渡した功績により、引き続き民政を委ねられることになったが、やがて老齢を理由に子サルジューン・ブン・マンスールにその地位を譲った。ウマイヤ朝が開かれてダマスクスが首都となると、サルジューン・ブン・マンスールは書記（al-kātib）として徴税実務の管理を任されただけでなく、カリフの側近として宮廷で大きな力を振るった。イブン・アブド・ラッビヒ（Ibn ʻAbd Rabbi-hi 九四〇年没）、ジャフシヤーリー（al-Jahshiyārī 九四二年没）、マスウーディーらイスラームの著述家たちは、サルジューン・ブン・マンスールがムアーウィヤⅠ世、ヤジードⅠ世、ムアーウィヤⅡ世（在位六八三年）、マルワーンⅠ世（Marwān 在位六八三－八五年）、アブド・アルマリクの五代にわたって書記として仕えたと記録している。(3)サルジューン・ブン・マンスールの宮廷における信任のほどを示す逸話が残っている。

「ハラージ徴収庁では、サルジューン・ブン・マンスールが彼〔ヤジードI世〕の書記を務めていた。フサイン——神が彼を嘉せられんことを——がクーファに向かったという報がヤジードに達すると、彼はこれを憂慮した。そしてフサインに対抗すべく誰をイラク総督に任命するか、サルジューン・ブン・マンスールに諮問した。サルジューンは彼に言った。『ウバイド・アッラー・ブン・ジヤードはいかがでしょう。』ヤジードはウバイド・アッラーを嫌っていたので言った。『彼は良くない。他の者を示せ。』サルジューンは言った。『貴方のお考えでは、もしムアーウィヤがご存命のとき、ウバイド・アッラーを貴方に指名されたならば、従われますか。』ヤジードは言った。『然り。』するとサルジューンはムアーウィヤがウバイド・アッラーをクーファの総督に任じるという彼の印璽が押された任命文書を取り出し、ヤジードに示して言った。『これが私の手元にございます。私は貴方がウバイド・アッラーを快からず思われていると承知しておりましたが、彼を貴方に推薦することに初めから躊躇しませんでした。』ヤジードは言った。『それを彼に送ってやれ。』ウバイド・アッラーはムスリム・ブン・アムル・アルバーヒリーと共にバスラの統治にあたっていた。

そしてサルジューンはヤジードの命を受けて次の手紙をウバイド・アッラーに書き送った。『さて、讃えられし者はある日謗りを受け、謗られし者はある日讃えられる。汝は古人が語った如き地位に任じられた。

高知らす公《きみ》が司《つかさ》は雲過ぎて　天《あま》翔ける日輪のみを標《しるべ》とす[4]

他ならぬ汝の時代、汝の国土はフサインにより試され、諸将を措いて汝が彼の難にあたる。汝は自由の身たるか、奴隷が隷従する如く僕となって戻るかいずれかである。平安あれ。[5]』」

これとほぼ同趣旨の話が、タバリー（al-Ṭabarī 八三九–九二三年）の『歴史』（*Taʾrīkh al-Umam wa-l-Mulūk*）に採録されている。[6] フサインは、第四代正統カリフ・アリーの次男で、シーア派の第三代イマームと称される。フサインは六八〇年クーファ近郊のカルバラーでウマイヤ朝軍に敗れ、悲劇的な戦死を遂げる運命にあったが、ヤジードI世にとって彼を首領とするシーア派の動向は王朝の存続を脅かす危険をはらんでいた。サルジューン・ブン・マンスールはフサインを追討する将軍の人選に関与した訳であり、いかにウマイヤ朝政権の枢要に通じていたかを物語っている。

サルジューン・ブン・マンスールがユスティニアノスII世を動かしたことを示す記事が東ローマの史料であるテオファネスの年代記にみられる。

「(六九〇／六九一年、)アブド・アルマリクはメッカの神殿を改修する指示を出し、聖ゲスセマネ教会の石柱を〔転用するため〕除去しようとした。すると、民政総監（γενικὸς λογοθέτης）でアブド・アルマリクと親しかった佳きキリスト教徒サルジューン・ブン・マンスールと、彼と同等の地位にあってパレスティナのキリスト教徒の有力者であるクラウシスと呼ばれたパトリキオスが、アブド・アルマリクにこれを中止するよう懇請した。彼らはユスティニアノス〔II世〕にこれらの柱の代わりに別の柱を送るよう懇願し、実際その通り事は運ばれたのであった。[7]」

しかし、サルジューン・ブン・マンスールは晩年に徴税を担当する書記の地位を失うことになる。これは、アブド・アルマリクがシリアの行政実務に用いられていたギリシア語を、アラビア語に切り替えようとする試みの一環であった。ジャフシヤーリーは伝えている。

「アブド・アルマリクのシリアの官署ではギリシア語が用いられており、その筆頭はキリスト教徒サルジューン・ブン・マンスールであった。ある日アブド・アルマリクは彼にある命令を下したが、彼はそれをなかなか実行しなかった。アブド・アルマリクは再度命令し、着手するよう督促した。アブド・アルマリクは彼が増長し、怠慢に陥っていると考えた。そこで、アブド・アルマリクは自分の右筆であったアブー・サービト・スライマーン・ブン・サアド・アルフシャニーに、『サルジューンは余に対し思うがままに振舞っていると思わぬか。彼は自分自身やその技能が余にとって不可欠であると思い込んでいるのではないか。何か良い知恵はないだろうか。』と言った。アブー・サービトは、『御意ならば、帳簿をアラビア語に切り替えましょう。』と言った。アブド・アルマリクは、『しからば、左様にせよ。』と言い、〔アラビア語への〕変更が実施された。アブド・アルマリクはアブー・サービトにシリアのすべての行政実務を所掌させた。[8]」

イブン・アブド・ラッビヒは同様の記事を残しているが、[9]著作の別の箇所では、

「……〔アブド・アルマリクの〕ハラージ徴収と州政（al-jund）を司る書記はサルジューン・ブン・マンスールであった。……アブド・アルマリクの治世に、行政文書はギリシア語及びペルシア語からアラビア語に変更された。ギリシア語からの変更を担ったのはフシャイン配下のスライマーン・ブン・サアドである。[10]」

と伝え、アブド・アルマリクとサルジューン・ブン・マンスールの間の個人的な要因に加え、より一般的なアラビア語化政策の流れが背景にあったことを示唆している。

バラーズリー（al-Balādhrī 八九二年没）は、行政文書のアラビア語化について逸話としての色彩がより強い説明を与えている。

「人曰く、アブド・アルマリク・ブン・マルワーンの治世までシリアの行政文書はギリシア語で書かれていた。〔ヒジュラ暦〕八一年（七〇〇／七〇一年）、彼はアラビア語への切り替えを命じた。というのは、ギリシア語の書記の一人が何かを書き記す必要があって、水が見つからず墨壷に放尿したことがあり、報告を受けたアブド・アルマリクはその男を懲らすと同時にスライマーン・ブン・サアドに行政文書の切り替えを命じたのであ

った。アブド・アルマリクは彼に一年の間ヨルダン州のハラージ徴収に携わるよう求めた。彼はヨルダン州の行政を任されると一年もしないうちにアラビア語への切り替えを完了した。アブド・アルマリクはスライマーン・ブン・サアドを召し出し、自分の書記サルジューンを呼んでこのことを示し、彼を悲しませた。彼はアブド・アルマリクの許から打ちひしがれて退出した。ギリシア語の書記の一団がサルジューンに会うと、彼は『この職以外に生活の糧を求めよ。神はお前たちから仕事を奪われた。』と言った。[11]」

行政文書のアラビア語化は、次のような社会の変化を象徴していると考えられる。軍事的征服者として現れたアラブがウマイヤ朝時代に恒常的支配者として定着し、征服地の旧来の行政機構への依存から脱却しつつあったこと。ウマイヤ朝の内部で行政実務を担当しうるムスリムの文官層が成長したこと。被支配者の側でもイスラームへの改宗やアラビア語の浸透が進んで、アラビア語による行政が受容される素地が整ってきたこと。

アラビア語化は、アブド・アルマリクの命令である日一律に完了したのではなく、混乱を伴う移行期が続いたことが史料から読みとれる。イブン・アルイブリーはワリードⅠ世（Walīd 在位七〇五－一五年）についての記述の中で、「彼はキリスト教徒の書記たちに対して、帳簿をアラビア語でなくギリシア語で記すことを禁じた。」と伝えている。[12] テオファネスの年代記によれば、ギリシア語による文書作成の禁止はワリードⅠ世がダマスクスの大聖堂（現ウマイヤ・モスク）を接収した七〇六／七〇七年であった。

「この年（七〇六／七〇七年）、ワリードはダマスクスの最も神聖な大聖堂を接収した。……彼はまた、官署の帳簿をギリシア語で記すことを禁じ、かわりに数字以外はアラビア語で表記するよう命じた。なぜなら、彼らの言葉では一組、二組、三組の数字、すなわち8½や8⅓を表すことが不可能であったからである。そのため、彼らはキリスト教徒の書記を今日まで用いている。」

とあり、アラビア語への切り替えが漸進的に実施されたことを示している。[13]

また、アッバース朝時代の七五八／七五九年の項にも、

「この年、アラブ人は悪意をもってキリスト教徒をしばしの間官署から追放した。しかし、彼らは数字を書くことができなかったので、再びキリスト教徒に同じ職務を任せざるを得なかった。[14]」

という記事がある。

ここでもキリスト教徒の書記の役割が否定されたことにはなっていないが、サルジューン・ブン・マンスールの活躍を頂点として、後継者であるキリスト教徒の政治的影響力が低下していった事情を窺うことができる。

ダマスクスのヨハネの一族に関する記録は、彼の祖父、父にとどまるものではない。テオファネスの年代記には、「この年（七三三／七三四年）、マンスールの子テオドロスが砂漠地帯に追放になった。」という文章がある。[15]この「テオドロス」という人物が誰を指すのか定説はないが、年齢より推定してダマスクスのヨハネの兄弟とも考えられる。「マンスールの子」という表現は、必ずしもダマスクスのヨハネの祖父マンスール・ブン・サルジューンの実子という意味ではなく、マンスールを代表とする一族という、姓に近い用法での「イブン・マンスール」と解することもできる。[16]

また、ダマスクスのヨハネにはグレゴリオスとステファノスという二人の甥があり、いずれも聖サバ修道院の修道士となった。グレゴリオスは讃美歌作者として知られる。ステファノスは別名をマンスールといい、七二五年頃ダマスクスに生まれ、八〇七年聖サバ修道院で没した。彼も多くの讃美歌を残し、また遊牧民によって七九七年に殺された聖サバ修道院の二十人の修道士の殉教伝を書いたと伝えられる。[17]ステファノスはダマスクスのヨハネの晩年聖サバ修道院で生活を共にし、後に同じ修道院でアブー・クッラに会っていることになる。ダマスクスのヨハネ

とアブー・クッラを人的に橋渡しする役割を果たした訳である。

さらに、イブン・ビトリークは次のように伝えている。

「ダマスクスの征服の時イスラーム教徒を助け、世の隅々で呪詛されたマンスールの子サルジュス（Sarjus b. Manṣūr）がカリフ・ワーシク（al-Wāthiq 在位八四二－四七年）の治世の第二年目、エルサレム総主教となり、一六年間位にあった。[18]」「ダマスクス征服の際イスラーム教徒を助け、全世界で呪詛されたマンスールの子イーリヤー（Īliyā b. Manṣūr）が、カリフ（ムウタミド al-Muʻtamid bi-Allāh 在位八七〇－九二年）の治世の第十年目、エルサレム総主教となり、二九年間位にあって没した。[19]」

これらは、エルサレム総主教セルギオス（在位八四二－五八年）、エリヤⅢ世（在位八七八－九〇七年）を指している。もちろん彼らがマンスールの実子であるはずはないので、「イブン・マンスール」という表現は、マンスールの子孫を意味している。すなわち、ダマスクスのヨハネの一族が一〇世紀に至るまで活躍していた足跡を示しているのである。

二　略　伝

ダマスクスのヨハネは、一般に六七五年頃生まれ七四九年頃死去したとされるが、生没年いずれも確証はない。没年は次のように推定されている。七九四年に没した「聖サバ修道院のステファノス」がダマスクスのヨハネの甥ステファノスと同一視され、前者のステファノスの弟子であるダマスクスのレオンティオスによる伝記には、次のようにある。

「彼〔ステファノス〕の地上で永らえた齢は六九歳であった。そのうち九年は彼の祝福された村で〔過ごし、〕一〇年目に彼の伯父と共に修道院に来た。そして完き服従のうちに一五年間伯父と過ごした。[20]」

そこで、ステファノスの生年は七二五年頃であり、彼の伯父、すなわちダマスクスのヨハネが没したのは七四九年頃であると考えられたのである。しかし、聖サバ修道院のステファノスがダマスクスのヨハネの甥と同一人物ではないことを示唆する史料が存在するため、ダマスクスのヨハネの没年は推測の域を出ない。[21]

彼の出生年に関する情報はさらに乏しい。アスバハーニー（al-Aṣbahānī 九六七年没）の『歌の書』（*Kitāb al-Aghānī*）の中で、キリスト教徒の詩人アフタル（al-Akhtal 六四〇頃－七一〇年以前）とダマスクスのヨハネの親交が記されているという理由で後者が六五五年から六六〇年頃に生まれたという説も提示された。[22]『歌の書』には、「ヤジード・ブン・ムアーウィヤはイスラーム〔の歴史〕において歓楽の場を設け歌手を庇護し、破滅と飲酒を露わにした最初のカリフであった。彼と享楽を偕にしたのは彼の家来でキリスト教徒のサルジューンと、アフタルであった。[23]」「……アフタルは、アブド・アルマリクの御前に参上した。すると〔アフタルはその前にアブド・アルマリクの〕書記イブン・サルジューンを訪ねてきたところであったが、アブド・アルマリクは『お前は誰のところに行ってきたのだ。』と言った。[24]……」という記事が見える。

ダマスクスのヨハネが六七五年に生まれたと仮定すると、ヨハネの年齢が若すぎてこれらの記述と調和しないと指摘されたのである。しかし、上記二例のうち前者の「サルジューン」は、ダマスクスのヨハネではなく、彼の父に比定すべきであろう。後者の「イブン・サルジューン」もヨハネの父である可能性が高いが、文言通りサルジューンの子と解してヨハネ本人であるとみても、必ずしも彼とアフタルの年齢差を縮めるまでの根拠にならないと思われる。一方ダマスクスのヨハネの『知識の泉』には、後述のように七四三年以降に著されたと考えられる献辞が含まれるところから、ヨハネの生年を早めると彼が非常に長命であったという帰結となり、やや不自然である。

現在伝わっているダマスクスのヨハネの最古の伝記は、シメオン修道院のミハイル（Mīkhā'īl al-Sim'ānī al-Anṭākī）が一〇八四／一〇八五年にアラビア語で書いたものである。[25] ギリシア語では、一二世紀にエルサレム総主教ヨハネⅧ世（在位一一〇六－五六年）ないしはヨハネⅨ世（在位一一五六－六六年）によって、ミハイルの著作から翻訳された伝記が最古である。[26] ミハイルはダマスクスのヨハネ伝の前書きで、

「私はその聖者（ヨハネ）の物語を聞こうと求めた。私はすべての人々から、ギリシア語にせよアラビア語にせよ完全な物語のないことを知った。[27]」

と記しており、没後三百年余り経てから初めて伝記がまとめられた事情を裏付けている。そのため、この伝記はややもすれば伝説に傾き、史実としての正確さに欠ける点がみられるのは止むを得ない。ミハイルによるダマスクスのヨハネ伝の概略は次の通りである。[28]

マンスールが生まれ、教育を受けたのはダマスクスであった。ミハイルは、「イブン・サルジューンとして知られたマンスールの息子[29]」と述べているが、これまでに引用した史料から明らかな通り、正確にはマンスールの父はサルジューン・ブン・マンスールである。マンスールの父はダマスクスの有力者で、「バシリコス（bāsīliqūs）」、すなわち「その都市（ダマスクス）周辺のすべての郷邑（rustāqāt）及び財政の仕事」に携わっていた。[30] ギリシア語の伝記では、「管轄のすべての地方にわたる民政事項を司る行政官」と記されている。[31] サルジューン・ブン・マンスールは、実子マンスールの他にコズマー（Ar. Quzmā, Gr. Κοσμᾶς）と呼ばれる孤児を養子にしていた。ある時、外国船を襲った海賊が捕虜を奴隷として売るため、ダマスクスにやってきた。捕虜の中にカラブリア（南イタリアの東ローマ領）出身で、サルジューンの養子と同名のコズマーという哲学者の修道士がいた。彼は奴隷として

値がつかず殺されるところであったが、サルジューンの眼にとまった。サルジューンは哲学者コズマーを引き取って自由の身にし、息子マンスールと養子コズマーの教育にあたらせた。[32] マンスールと養子コズマーは、「論理、修辞、幾何、天文」をはじめ、ギリシア語による文学、神学その他諸学を身につけた。[33] 哲学者コズマーは二人の教育を終えると、サルジューンに暇を乞い、エルサレムへ巡礼の旅に出た。そして、聖サバ修道院に入って余生を送った。[34]

サルジューンが世を去ると、「彼の息子［ヨハネは］［ダマスクスの］〔信徒の〕長の書記となり、〔カリフの〕下で重用され、その機密と布告、命令と禁止に関与した。[35]」ギリシア語による伝記では、「サラセン人の首領」（*ὁ τῶν Σαρακηνῶν ἀρχηγός*）によって「首席顧問官」（*πρωτοσύμβουλος*）に任命されたとある。[36] 東ローマ帝国でレオンⅢ世が聖像画破壊運動を開始するとマンスールは、

「信仰に対する熱意と真直ぐな見解をもって聖大バシレイオスの『画像の崇敬は、その第一淵源に到達する』という［最も］善き言葉に範をとってより緻密な筆致とより踏み込んだ警告を用い、聖なるイコンの礼拝について諸教会が結束し正しい信仰を堅持するよう遠近あらゆる方向に倦むことなく書き送った。[37]」

レオンⅢ世は激怒したが、イスラーム帝国の宮廷にいるマンスールに対し直接介入する手段がなく、一計を案じて彼の失脚を図った。レオンⅢ世はマンスールの筆跡を真似た巧妙な偽書を作成させて、彼があたかも東ローマ帝国と通謀しているように見せかけ、カリフの疑念をかきたてた。[38] カリフはマンスールの弁明を受けいれず、彼の右手の切断を命じたことになっている。マンスールは切断された右手を返してもらい、マリアの聖像画の前で祈りを捧げたところ、奇蹟によって元通りに癒されたという。[39] カリフは後にマンスールを赦したが、彼は職を辞し、義兄弟のコズマーと共に聖サバ修道院に入った。

修道士ヨハネの名を受けたマンスールは、聖サバ修道院の長老から数々の試練を受けた。長老は、現世で高位を極め、世俗の学問に長けた人物が規律に服するか疑っていたのである。彼の敬虔さと修道生活への服従が本物であることが明らかになると、長老は彼に著述を許した。コズマーはやがてエルサレム総主教によってガザ近くのマーユーマー（***Μαιουμᾶ***）の主教に任じられ、ヨハネは同じ総主教の手で司祭に叙せられた。[40] ヨハネは数々の書物を著して活躍し、聖サバ修道院で生涯を終えた。

ダマスクスのヨハネについて言及した文献はシメオン修道院のミハイルによる伝記以前にも存在し、例えばコンスタンティノスV世が聖像画破壊論を確立するため召集した七五四年のヒエリア会議の決議に「マンスール」の名が現れる。ヒエリア会議の決議は、七八七年の第二ニケア公会議の議事録に引用され、これへの反論と共に記録に残っている。

「貴方〔コンスタンティノスV世〕は、ゲルマノス、グレゴリオス、マンスールの誤った信仰に基づく見解を打ち砕いた。……マンスール、忌まわしい響きの名と、サラセン人の思考を持つこの男に呪いあれ。イコン崇拝者、虚偽の著作をなす者マンスールに呪いあれ。キリストを侮辱し、帝国に対し陰謀を企むマンスールに呪いあれ。不信仰の教師、聖書の曲解者マンスールに呪いあれ。[41]」

この文章の直後に、第二ニケア公会議における輔祭エピファニオスの反論が続いている。

「彼らに侮蔑の念を込めて『マンスール』と呼ばれたヨハネは、すべてを擲ち、福音記者マタイに倣ってキリストに従った。なぜなら、彼はキリストのために蒙る苦痛の方が、アラビアの財宝より大きな富だと考えたからである。彼はまた、罪の移ろいやすい歓びを楽しむより、神の民と迫害を共に受けることを選んだ。かくして、彼はキリストの十字架と自らの十字架を背負ってキリストに従い、キリスト及びキリストに属するすべての人々のために東方より喇叭を吹き鳴らした。それは異国に由来する新奇な考えや不法な企み、神の聖なる普遍教会に歯向かいつつある狂気に彼は耐えられなかったからである。そして、彼がこの新奇な考えに打ち勝ったとき、彼は説諭と警句によって、誰しも無法を働く者どもと共に進むことはできないと確認したのである。……実にこれら哀れな人々は、神秘的犠牲の賞讃者で神の司祭であるゲルマノスを『心に表裏のある男』とか『木切れの崇拝者』と呼んだとき、彼らの舌は全く美徳を失い、全く無知だったのである。彼らがグレゴリオスやマンスールを嘲ったときも同様である。同僚信者に対し、これほどの冒瀆を行った者がかつてあっただろうか……」[42]

これらの記述は教義論争の修辞に彩られているが、概ねミハイルによるダマスクスのヨハネ伝と調和する内容と判断できるであろう。

さらに、テオファネスの年代記では七二八／七二九年の項にダマスクスのヨハネが登場する。

「……そしてシリアのダマスクスでは、長老にして修道士、最も優れた教師であるマンスールの子、『黄金の流れ』ヨハネが、その人生と弁論において燦然と出現した。[43]」

この年代記が書かれた時代には聖像画破壊論争はまだ決着していなかったが、第二次聖像画破壊運動の終結と共に、テオファネスにみられるダマスクスのヨハネへの積極的評価が定着することとなる。

三　ダマスクスのヨハネの神学

ダマスクスのヨハネの著作は、ル・キヤンが一七一二年に校訂出版したテキストを主体としたミーニュの『ギリシア教父著作集』に六二篇が採録され、その第九四巻から第九六巻を占めている。これらの著作の原文はすべてギリシア語で書かれた。内容は多岐にわたっており、いくつかに分類することができる。

（1）教義に関する著作[44]

代表的な作品は、ダマスクスのヨハネの主著である『知識の泉』（*Πηγὴ Γνώσεως*）である。[45] これにはマーユーマー主教コズマーへの献辞があり、義兄弟コズマーが主教に就任した七四三年より後に書かれたと推定される。[46]

『知識の泉』は「哲学的諸章」、「異端について」、「正統信仰の正確な解説」の三部に分かれている。

「哲学的諸章」（*Κεφάλαια φιλοσοφικά*）は「ディアレクティカ」（*Διαλεκτικά*）とも呼ばれ、キリスト教の教義を説くのに前提として必要な論理学及び哲学的諸概念が説明されている。[47] 主としてアリストテレスの『カテゴリー論』、ポルフュリオスの『エイサゴーゲー』に依拠している。異教の哲学者に対するダマスクスのヨハネの考え方は、

「蜜蜂のように、私は真実に合致するすべてを集めよう。たとえ敵の〔著作の〕手を借りてでも。[48]」「我々は、外部の賢人たちの言説さえも求めよう。同様に何か彼らの手になる便利なものがあれば見出し、何か魂に有用なものがあれば利用しよう。あらゆる職人は、仕事を完成するために何か道具を準備しなければならない。女王には優美な侍女たちが仕えることが相応しい。従って我々は真理の従僕たる言説を受け容れることとしよう。[49]」

という言葉に要約されている。論理学や哲学を信仰と相容れないものとみなして全面的に排除するのではなく、信仰に役立つ範囲で外的知識であっても取り入れようとする姿勢がみられる。

第二部「異端について」(*Περὶ αἱρέσεων ἐν συντομίᾳ, πόθεν ἤρξαντο καὶ πόθεν γεγόνασιν*)は、一〇三の異端を列挙した一種の教会史である。[50] これは、サラミスのエピファニオスによる『薬籠集』(*Πανάριον*)が下敷きになっていて、八〇の異端がそのまま引用されている。他はシロスのテオドレトス(三九三頃－四六六年頃)、コンスタンティノープルのティモセオス(五一七年没)、ビザンティウムのレオンティオス(五四三年頃没)、エルサレムのソフロニオス(五六〇頃－六三八年)らの著作に従っている。「イシュマエル派(イスラーム)」、「聖像画破壊論者」、「アポスキタイ(単性論ないしは単意論の分派)」は、ダマスクスのヨハネが同時代の課題として新たに加えた異端であり、本書の特色ともなっている。ダマスクスのヨハネはイスラームを独自の宗教と認識しておらず、キリスト教の一異端と位置づけていた。

第三部「正統信仰の正確な解説」(*Ἔκδοσις ἀκριβὴς τῆς ὀρθοδόξου πίστεως*)は、第一部、第二部に立脚した正教教義の体系化の試みであり、『知識の泉』の核心部分として広く東西教会に大きな影響を及ぼした。[51] 第三部は一〇〇章から成り、後世便宜上四巻に分かたれた。第一巻(一－一四章)は三位一体について論じている。第二巻(一五－四四章)は、神の御業についての考察であり、創造、天地、天使、人間について議論され、当時の哲学・科学に関する知見に及ぶ。第三巻(四五－七三章)ではキリスト論が展開され、特に単性論との対決に重点が置かれている。第四巻(七四－一〇〇章)の前半はキリスト論の続きであり、後半はキリスト教の典礼や教会の慣行にわたる様々な問題、具体的には洗礼、十字架信仰、聖餐式、安息日、マリア、聖者、罪の問題などをとりあげている。『知識の泉』は、それまで教父が個別の問題をめぐって論じてきた正統信仰の内容を総合し、西方におけるスコラ哲学への発展につながる著作となった。[52]

（2）異端論駁に関する著作[53]

ダマスクスのヨハネは、特定の宗派の主張に反駁する一連の著作を残している。これらには、『知識の泉』の第二部「異端について」を詳述する性格の概論的な作品と、対話形式を用いて正統信仰の優位を結論づける作品がある。議論の対象とされているのは、単性論派、単意論派、マニ教などであるが、本稿との関係で重要なのは聖像画破壊論者及びイスラーム教徒への反論である。

『聖像画破壊論者に対する反駁』（*Πρὸς τοὺς διαβάλλοντας τὰς ἁγίας εἰκόνας*）は三つの著作から成り、いずれも七二六年から七三〇年の間に書かれたとされる[54]。七二六年は東ローマ皇帝レオンIII世が聖像画破壊運動の口火を切ったとされる年であり、七三〇年は東方の主教たちが会議を開いてレオンIII世を呪詛した年である。ダマスクスのヨハネはレオンIII世に対する呪詛に言及していない[55]。

これら三つの著作は、聖像画を理論的に擁護する目的で著されたまとまった書物としては最初のものであり、その主張は古典的聖像画擁護論の中核となって以後の論争に決定的な影響を及ぼした。ダマスクスのヨハネの聖像画擁護論そのものの概説は第二章で既に扱ったので重複を避けることとし、ここでは三著作の構成とそれぞれの特徴についての言及にとどめたい。

第一の論考は、二七章及び付属の聖像画に関する教父の諸著作の抜粋から成っている[56]。三著作のうち最も早く書かれたと考えられているが、既に聖像画に関するダマスクスのヨハネの神学の特徴的な要素は盛り込まれている。まず、不信仰な者により教会の古来の伝統が危機に瀕していると執筆の動機を掲げ、ついで偶像崇拝を禁じた旧約聖書の章句をとりあげる。聖像画破壊論者が最も重要な論拠としていたのがこの章句であったからである。ここで、「崇拝」と「崇敬」の区別の議論が導入される。「像」の働きについても述べられているが、第一の論考では未だ十分に理論が展開されていない。むしろ、預言者が像を作成したり、神以外が「崇敬」の対象となった旧約聖書中の実例をあげて聖典解釈の面から聖像画の作成・使用を正当化している。また、書き物によらない使徒以来の伝統を強調して、聖像画を教会の伝統の一部に位置づけている。末尾に列挙された教父は、大バシレイオス（三三〇頃―三七九年）、ニュッサのグレゴリオス（三三〇頃―九五年頃）、イオアンネス・クリュソストモス（三四七頃―四〇七年）、偽ディオニュシオス・アレオパギテス（五〇〇年頃）、エルサレムのソフロニオスらであり、引用の後に解説が加えられている。

第二の論考は二三章と教父の著作の引用から成っている。(57) 冒頭、偶像崇拝禁止についての旧約聖書の章句が再び議論されている。ダマスクスのヨハネは、不可視である父なる神の像を造ることや、人や動物の像を「崇拝」の目的で造ることは許されないが、キリスト、マリアや聖者の像を「崇敬」することは認められると説いている。また、画像に対する崇敬を十字架などへの崇敬と同列に論じて正当化している。第二の論考に付属している教父の言説の引用は、第一の論考の付属とほとんど共通であり、ミラノ主教アンブロシウス（三三九頃―九七年、但し引用部分は偽作）、イオアンネス・クリュソストモス、アンティオキア大主教（総主教）アナスタシオス（五九八年没）の文章が加えられている。

第三の論考は、四二章と同様の付属から成っている。(58) うち、第一章から第九章までと、第一〇章のほとんどは前の二つの論考の再録であり、旧約・新約聖書の教典解釈や教父の著作を論拠とした証明が中心である。第一四章以降では、この論考の特色である像と崇敬についての哲学的な議論が深められている。第一六章から第二六章までは「像」が主題であり、（1）「像とは何か」、（2）「像は何のために造られるか」、（3）「像にはいくつの種類があるか」、（4）「像により表現することができるものは何か」、（5）「像を造るのは誰か」という問題について詳述されている。第二七章から第四一章までは「崇敬」が扱われ、（1）「崇敬とは何か」、（2）「崇敬にはいくつの種類があるか」、（3）「聖典中、崇敬の対象はいくつあるか」、（4）「すべての崇敬は、本質上崇敬に値する神のためにある」、（5）「像に対する崇敬はその原型に到達する」の各点について論じられている。第三の論考は、ダマスクスのヨハネの聖像画擁護論の集成であり、時期的には最後に書かれたものと推定される。特に後半の部分は、キリスト論を中心としたその後の聖像画擁護論の発展につながる重要性を有している。第三の論考の末尾にはエウセビオス（二六〇頃―三四〇年頃）、ナジアンゾスのグレゴリオス（三二九―八九年）、アレキサンドリアのキュリロス（四四四年没）らの著作が、論旨を補強するために引用されている。

イスラーム教徒に対する反駁には、『知識の泉』第二部「異端について」第一〇一章（写本によっては第一〇〇章）の概論的記述と、[59] 対話形式を主とする小品がある。「異端について」は元来一〇〇章から成っていたという説があり、[60] ミーニュの版で第一〇一章とされるイスラーム批判（「イシュマエル派異端」）が原本に含まれていたか否かは不明であるが、個別に著された論考が後に誰かの手で「異端について」の一部に組み込まれたとも考えられる。

ダマスクスのヨハネはまずイスラーム教徒に対する呼称について説き起こし、彼らを「イシュマエル人」、「ハガル人」、「サラセン人」と呼んでいる。これらすべてはアブラハムの妾ハガルと、ハガルから生まれた子イシュマエルを巡る旧約聖書の物語に由来するという。「サラセン人（*Σαρακηνός*）」の語源は、アブラハムの妻サラ（*Σάῤῥα*）が妾ハガルの子イシュマエルを無一物（*κενήν*）で追い出した故事によると説明されている。[61] イスラーム教徒はイシュマエルを祖とするという伝承がこれらの呼称の起源である。[62]

ダマスクスのヨハネはムハンマド（*Μαμέδ*）に言及し、

「その頃（ヘラクレイオス帝の治世）彼らの間に、旧約・新約聖書に日頃接し、おそらくアリウス派の修道士に出会っていたであろうマメドと呼ばれる偽預言者が現れ、独自の異端を開いた。……彼は天から自分に啓典が下ったという噂を広めた。」

と述べている。[63] ダマスクスのヨハネは、イスラームがキリストの神性を否定するアリウス派と関係があると考えたのである。そしてイスラームの教義を、次のように要約している。

「彼〔ムハンマド〕は、万物の創造者たる唯一の神が存在し、神は生みも生まれもせず、キリストは神の御言葉で霊力であって被造物たる僕であり、またキリストはモーセとアロンの姉妹であるマリアから種なくして生まれたと言っている。[64]」

キリストについては、次のように記述している。

「彼〔ムハンマド〕はこのように語っている。キリストが天に昇ったとき、神は彼に『イエスよ、汝は自分が神の子であり、神であると言ったのか』と訊いた。彼ら〔イスラーム教徒〕によれば、キリストは『主よ、私に御慈悲を。あなたは私がそのようなことを申さず、私があなたの僕であると誇ろうともしなかったことを御存知のはず。しかし道に迷った人々は、私がこう言ったと書き記し、私に対する嘘をついておりますが彼らは誤っています』と言った。彼ら〔イスラーム教徒〕によれば、神はキリストに、『我は汝がそのようなことを言わぬであろうと分かっていた』と答えた。[65]」

これは、コーラン五章一一六節のアッラーとイエスの対話に基づいており、ダマスクスのヨハネがイスラームについて正確な知識を有していたことを示している。

イスラーム教徒が、三位一体説をとるキリスト教徒に向かって多神教徒（Gr. *Ἑταιριαστής*, Ar. al-mushrik）と非難している点を巡って、ダマスクスのヨハネは反論している。

「汝ら〔イスラーム教徒〕はキリストが神の御言葉であり霊力であると言うのに、いかにして我らを多神教徒となじるのか。何となれば、御言葉と霊力はそれぞれその起源とするところから不可分であり、故に御言葉が神の裡にあるならこれ〔御言葉〕もまた神であることは明白だからである。反対に、もしこれ〔御言葉〕が神の外にあるのなら、汝らの考えでは神には言葉も霊もないことになる。従って、神に比肩するものを拵えないようにする一方で、汝らは神を分断してしまったのである。[66]」

また、キリスト教徒の十字架崇敬を理由に偶像崇拝と非難することに関して、ダマスクスのヨハネはカアバ神殿の石をイスラーム教徒は崇拝していると応じている。[67]

対話形式の著作には、『サラセン人とキリスト教徒の対話』(*Διάλεξις Σαρακηνοῦ καὶ Χριστιανοῦ*)をはじめとするいくつかの短編がある。その中にはアブー・クッラの著作と論旨の重複するものがある。[68]『サラセン人とキリスト教徒の対話』では神の御言葉としてのキリストの位置づけや、善悪の根源ひいては人間の自由意志に焦点があてられており、これらの問題は当時のイスラームの思想家の関心事でもあった。

(3) その他の著作

『聖なる対照』(*τὰ Ἱερὰ παράλληλα*)の名で知られる書物は断片しか現存しない。標題は美徳と悪徳を対比した第三部から校訂者ル・キヤンが仮に付したものである。これは、キリスト教徒の道徳や修養を主題として聖書の章句や教父の言説を編纂した浩瀚な書物であり、『知識の泉』に匹敵する重要な作品であった。

ダマスクスのヨハネはまた、キリストの変容や安息日などを題材にした文学的にも価値の高い説教、パウロ書簡への註釈、聖者伝、さらには多数の讃美歌・典礼文を残し、キリスト教文学の各方面にわたって活躍した。

真作か否かは疑問とされているが、『バルラアムとヨアサフの物語』（*Βαρλαάμ καὶ Ἰωάσαφ*）は興味深い作品である。(69) インドの王子ヨアサフが修道士バルラアムの導きでキリスト教に帰依して世を捨てるという筋書きはブッダの生涯と類似する点があり、仏教の影響があるといわれる。

第四章　画像に関するイスラームの教義

イスラームに対する通俗的理解によれば、人物などの画像は偶像として厳しく禁止されており、キリスト教の聖像画も例外なく破壊の対象となる。その結果イスラーム芸術においては植物や幾何学的文様、あるいは書による表現が発達を遂げたと説明されている。この見方がどこまで有効か、時代の制約を伴ったものかを解明するため、イスラームの成立期からアッバース朝初期にかけての画像に関する教義を概観する。

画像を巡るイスラームの教義に関しては、イスラーム教徒自身の画像に対する規範と、キリスト教徒など異教徒の画像に対する扱いについてのイスラームの立場に大別して考察しなければならない。また、「偶像」、「画像一般」、「聖像画」、「世俗的画像」のいずれの概念が言及されているかを区別する必要がある。

一　コーラン、ハディースの画像への態度

コーランには、「偶像」に相当する語として、wathan（複 awthān）が三例、ṣanam（複 aṣnām）が五例、nuṣub（複 anṣāb）が三例あり、以下の通りすべて禁止を含む否定的文脈で用いられている。[1]「それから、偶像神（al-awthān）の穢れを避け、嘘言を吐くことを厳につつしむよう。」（二二章三〇節）「お前たちアッラーをよそにして

木石（awthān）ばかり拝み、それでありもせぬものを造り出す。」（二九章一七節）「お前たちアッラーをよそにしてこのような木石（awthān）を神と崇め出した……。」（二九章二五節）「……最初に出遇ったのは、沢山の偶像神（al-aṣnām）を熱烈に奉ずる一種族であった。」（七章一三八節）「またどうか私も息子たちも、偶像（al-aṣnām）に仕えるようなことがありませぬよう守り給え。」（一四章三五節）「偶像（aṣnām）を本当の神とお考えになるのですか。」（六章七四節）「わしらは偶像神がた（aṣnām）を拝んでおるのじゃ。」（二六章七一節）「必ず私があの偶像神ども（aṣnām）に一泡ふかせて見せましょう。」（二一章五七節）「それに偶像神（al-nuṣub）の石壇で屠られたもの。」（五章三節）「偶像神（nuṣub）のお参りに馳せ参じたのと同じように……。」（七〇章四三節）「酒と賭矢と偶像神（al-anṣāb）と占矢とはいずれも厭うべきもの……。」（五章九〇節）

　コーランで禁じられている「偶像」は、人が造った像であれ自然の木石であれ、それ自体を崇拝する目的で用いる像であり、単なる画像・彫像より意味が狭いはずである。

　次にコーランにおける画像一般への言及に関しては、「像」を意味する語根ṣ-w-rの含まれた語が「汝らを見事な姿に作りなした」（四〇章六四節）、「これぞアッラー、万有を創造し、形成するお方」（五九章二四節）など若干あるが特に否定的に扱われていない。また、ṣūrahは「御心どおりの姿」（八二章八節）という文脈で一例あり、人間によって描かれた画像として用いられてはおらず、「絵」という意味でのṣūrahやtaṣwīrの語はコーランに見当たらない。「彫像」（tamāthīl）は二例存在する。「そうやって貴方がたが崇めたてまつっているその彫像は、一体なんです。」（二一章五二節）という例では「偶像」の同義語として用いられており、もう一つの「みなよく彼の言うことをきいて、せっせと働き、大広間だの彫像だの、水槽のような大皿だの、がっしり動かぬ大鍋などと、いろいろのもの造っていた。」（三四章一三節）という例では特に否定的な用法ではない。(2) 従ってコーランの明文に限定すれば、「偶像」は禁じられているが「画像」についての評価はなく、すべての「画像」が「偶像」に該当するかどうかについても言及されていない。

預言者ムハンマドの言行録であるハディースには、画像に焦点を当てた章句が散見され、これらはほとんど画像に対する否定的評価を示している。

マーリク学派の祖であるマーリク・ブン・アナス（Mālik b. Anas 七〇九頃－九五年頃）はハディース集『踏みならされた道』（*al-Muwaṭṭa'*）において次の話を伝えている。

「ウバイド・アッラー・ブン・アブド・アッラーがアブー・タルハ・アルアンサーリーを見舞ったところ、彼の所にサフル・ブン・フナイフがいた。するとアブー・タルハは人を呼んで、彼の下の敷物を取り除かせた。サフル・ブン・フナイフは言った。『なぜ、それを除いたのですか。』彼は言った。『なぜならそれに絵がついていたからだ。神の使徒――神が祝福と平安とを彼に与えられんことを――が絵について語ったことは知っての通りだ。』サフルは言った。『神の使徒は着物の柄を除くと言いませんでしたか。』彼は言った。『然り。しかし、自分の心にとっては、そうした方が良い。』」（これをハディースA_1と呼ぶ。以下同様）

マーリク・ブン・アナスからこのハディースを録取したムハンマド・ブン・アルフサイン・アッシャイバーニーは註釈している。

「このハディースにより我々は了解する。下に敷く敷物、毛布、枕に絵がついていても構わない。ただ、日除けや立てて使う物には避ける。これはアブー・ハニーファや法学者一般の意見である。[3]」

ハディース集の中で最高の権威が認められているブハーリー（al-Bukhārī 八一〇－七〇年）の『正伝集』（*al-Ṣaḥīḥ*）及びムスリム（Muslim 八一七－七五年）の同題の書『正伝集』には、より多様な伝承が記録されている。前掲のハディースA$_1$が『踏みならされた道』の中で画像に関する唯一の伝承であり、両『正伝集』に先だって編纂されていることから、より古層にあると仮定した上で、両『正伝集』の諸伝承を見るといくつかの系に分かれていることが看取される。ハディースA$_1$と最も近い伝承は両『正伝集』いずれにも見出される。例えばブハーリーは次のように記録している。

「……ブスルは語った。ザイド・ブン・ハーリドが病気になったとき、我々が彼を見舞うと、その家には絵のある幕がかかっていた。そこでわたしがウバイド・アッラー・アルハウラーニーに『描かれている像について伝えられているではありませんか』と尋ねると、彼は『着物の柄は別だ、ということを聞かなかったか』と言った。」(4)(A$_2$)

「着物の柄は除く」という表現と原則/例外の関係にある「描かれている像について伝えられている」ことの内容として、直前の部分にアブー・タルハが預言者から直接聞いたとされる「画像のある家に天使は入らない」(5)(B$_1$)という伝承がある。ハディースA$_1$には、これに対応する箇所はない。さらに、このハディースB$_1$に類似する別種の伝承が両『正伝集』に収められている。すなわち、預言者が約束の時間に天使ジブリールの来るのを待っていると、天使は預言者の寝台の下に犬が迷い込んでいたため家の中に入らず、預言者に向かって「画像のある家にも、犬のいる家にも我々は入らない」(6)(B$_2$)と語ったとされる。アブー・タルハを第一伝承者とする、「預言者は『犬のいる家にも、絵のある家にも、天使は入らない』と言った」(B$_1$・B$_2$)というハディースは、ブハーリーの『正伝集』に数か所出現する。(7)一方ムスリムの『正伝集』では、ハディースB$_2$の第一伝承者は預言者の妻アーイシャである。

さらに、両『正伝集』には、アーイシャを第一伝承者とする他の系Cがあり、画像に対し極めて否定的な反応を示している。例えば、

「信徒たちの母アーイシャは言った。或るときわたしは絵が描かれているクッションを買ったが、神の使徒はそれを見て家の戸口に立ち止まり、中へ入らなかった。……彼〔神の使徒〕は『この絵を描いた者は最後の審判の日に罰せられ、汝らが描いたものに命を吹き込んでみよ、と言われるであろう。そして、絵のある家には天使は決して入らないであろう』と言った。[8]」（C_1）

「アーイシャは言った。神の使徒が或る遠征から帰ったとき、私が部屋の片隅に懸けていた絵のある布を見るやいなや、それを引裂き、『復活の日、最もひどい罰を受けるのは神の創造を真似る者だ』と叫びました[9]」（C_2）

ハディースCの特徴は、「絵を描いた者は復活の日、最もひどい罰を受ける」、「汝らが描いたものに命を吹き込んでみよ、と言われる」という要素が入ってくることで、ハディースBにはこれらの要素はみられない。上述の要素を含んでおり、かつアーイシャが第一伝承者でないハディースを系C′として抽出すると、

「アブド・アッラー・ブン・ウマルによると、神の使徒は『これらの絵を描いた者は復活の日に罰せられ、お前たちの描いたものに命を吹き込んでみよ、と命じられるであろう』と言った。[10]」（C'_1）、

「サイード・ブン・アブー・アルフサインは言った。イブン・アッバースの所へある男が来て、『私はこれらの絵を描きました……』と言った。イブン・アッバースは……『私が神の使徒から聞いたことを汝に伝えてやる。神の使徒は、絵を描いた者はすべて火に投ぜられ、自分の描いたすべての絵に命を吹き込まされ、地獄で罰を受ける、と言った。』そして『もし汝がどうしても絵を描かなければならないなら、樹木や生命のないものを描け』と言った。[11]」（C'_2）

などがある。

シーア派による伝承は上述のハディース集とは区別されるのが通例であるが、画像に関する初期イスラームの考え方を反映する記事が第四代カリフ・アリーの言行録『雄弁の道』(*Nahj al-Balāghah*) にみられる。『雄弁の道』はシャリーフ・アッラディー (al-Sharīf al-Raḍī 九七〇―一〇一六年) が編纂し、特にシーア派において尊重される書物である。

「……〔預言者の〕家の戸に幕がかかっており、そこに絵がついていた。すると〔預言者は〕妻の一人に向かって『某女よ、私から〔絵を〕遠ざけてくれ。それを見ると現世の虚飾を想い出す。』と言った。〔預言者は〕現世を心底から遠ざけ、想念を断ち切り、その装飾を眼から隠すことを好んだ。それは現世の贅沢に染まらず、現世を永続的なものと思わず、現世に留まることを望まないためであった。〔預言者は〕現世を魂から追い出し、心から遠ざけ、視覚から隠した。何かを厭う者がそれを見たり考えたりしないようにするのと同様に。[12]」

「某女 (fulānah)」と呼ばれているのは明らかにアーイシャであろう。アリーはアーイシャと政治的に対立していたため、『雄弁の道』では名を伏せたと考えられる。この伝承は内容的には先のハディースA_1、人的構成の面で系Cと比較することができる。『雄弁の道』によれば絵自体が否定されるというより、現世への執着を避けるため絵が除去されており、ハディースA_1においてもアブー・タルハは同様の配慮で絵のついた敷物を取り除かせたと解釈可能である。登場人物の面では系Cに似ているが、画像に対する明確な敵意や宗教的な罰については言及がない。『雄弁の道』は編纂の時期が遅いのがやや難点であるとしても、シーア派という独立の集団により継承され、アリーによる伝承であるがゆえに注意深く伝えられたであろう点を考慮に入れて他のハディースと対照すれば、画像に対する否定の程度が軽い系Aはイスラームにおけるより初期の考え方として位置づけられると推定することが可能である。

以上を通じて要約すると、画像に関するハディースにはより古いと推定される系Aに加え系B及び系Cがある。系Aでは画像に関する否定の度合は軽く、系Bでは犬と並んで嫌悪が示されている程度であるが、系Cでは画像に対する明確な禁止が表現され、画像を作った者に対する宗教的な重罰が規定されている。系C′に至って「樹木や生命のないものを描け」という要素が入ってくる。こうして、主要なハディース集が編纂され、権威が確立する九世紀末頃までに画像一般に対する評価の方向が固まっていったと考えられる。

ハディースの画像否定には、大別して二つの理由が示されている。第一は、画像が現世の虚飾に対する執着を呼び起こすという理由である。これは画像の作成者よりも画像を見る者の方を戒めており、かつ画像は一例であって画像以外の虚飾をも去るべきであるとした点で、直ちに画像そのものを排撃する趣旨であったか否かは疑問である。第二は、画像の作成がアッラーによる創造を真似る行為であるという理由である。無から創造して魂を吹き込むことができるのはアッラーだけであって、樹木や生命のないものの画像を除き、人間が生命を与えることができないのに生き物を象ってみせるのは傲慢さの現れであるという警告であろう。ハディースや法学者の意見では第二の理由が中心になっていったと考えられる。こうした禁止は「画像一般」に及んでおり、また画像を崇拝の対象とすれば重ねて偶像崇拝の禁止にも触れることになる。

東ローマ帝国では、聖像画破壊論者はキリストや聖者の画像の作成やこれらの崇拝を攻撃したが、「世俗的画像」の禁止には及んでいなかった。彼らは皇帝の肖像を掲げ、崇敬することにためらいはなかった(13)。画像作成が神による創造の模倣となるという指摘について、ストゥディオス修道院長テオドロスら東ローマ帝国の聖像画擁護論者は第二章に引用した通り正反対の結論を導いている。これは、イスラームとキリスト教の神概念における超越性の認識の差異を示しているのであろう。

「像」を意味するアラビア語の語根 ṣ-w-r に関して、文法学者が議論している。コーランには共通な語根を持つ ṣūr という別の単語がある。この語は註釈家によって「角笛」（qarn）と同義とされ、例えば「やがて嚠喨と喇叭が鳴り響く。『さ、これがあの恐ろしい約束の日。』」（五〇章二〇節）と読まれている。コーランには ṣūr がこの例を含めて一〇回出てくる。そのすべてが「（息を）吹き込む」（nafakha）という動詞の受動態と組み合わされ、「嚠喨と喇叭が鳴り響く」（nufikha/yunfakhu fī ṣūr）という定型句として現れる。nafakha という動詞も、コーランでは ṣūr と共に用いられる場合に限られている。さらに、この定型句は必ず復活の日の描写の中で出現する。ṣūr はこのように特殊な単語であった。註釈家たちが初めから「角笛」の字義に一致した訳ではなく、文法学者の間で論争があった。

イブン・マンズール（Ibn Manẓūr 一二三二―一三一一年）が編纂した『アラビア語辞典』（*Lisān al-ʿArab*）の ṣ-w-r の項目に、ṣūr を巡る論争が記録されている。

「（その語について）註釈家たちは〝嚠喨と喇叭が吹き鳴らされてしまえば〟（コーラン二三章一〇一節）などの至高なる〔アッラーの〕言葉を註釈している。アブー・アリー（・アルファーリシー　九八七年没）にとって、ここでの ṣūr とは ṣūrah（「像」、「絵」）の複数形である。それについては後述する。アブー・アルハイサム（九世紀前半頃の文法学者）は、『ある人々は反対して、ṣūr が角笛であることを否定し、……ṣūr とは ṣūrah の複数形であると主張した。ṣūf（「羊毛」）が ṣūfah の、thūm（「大蒜」）が thūmah の複数形であるのと同様である。』またこれは、アブー・ウバイダ（七二八―八二五年）による伝承として語られている。アブー・アルハイサムは言った。『これは甚だしい誤りで、至高至尊なるアッラーの言葉をその〔正しい〕位置付けからねじ曲げるものだ。なぜなら至高至尊なるアッラーは、〝お前らを見事な姿（ṣuwar）に作りなした〟（コーラン四〇章六四節）と言われた。ワーウ（ṣ-w-r の第二語根 w）の母音はファタハ（a）である。』〔アブー・アルハイサムは〕言った。『我らは〔その章句を〕〝見事な姿（ṣūr）〟と誦んだ〔コーラン〕読誦家を誰一人知らない。』同様に言った。『〝嚠喨と喇叭が吹き鳴らされ〟というのを〝像（ṣuwar）に〔命が〕吹き込まれ〟と誦んだり、〝見事な喇叭（ṣūr）〟と誦む者は、虚言を弄しアッラーの書物を改竄する者だ。』……ファッラー（七六一頃－八二二年）は言った。男性単数の形態を持つすべての複数形〔名詞〕は、その複数形が単数形の元になっており、単数形は〔複数形に〕hā'〔の文字〕を加えたものである。……もし仮に、ṣūfah（「羊毛」）が ṣūf の元であったとしたら、〔単数〕ṣūfah、〔複数〕ṣuwaf と言っていただろう。……〔単数〕ghurfah（「室」）、〔複数〕ghuraf と言うのと同様である。……ṣūr すなわち角笛については、これは〔元々〕単数形であり、その単数形が ṣūrah であると言うことはできない。人の姿（ṣūrah）が複数化して ṣuwar となるのみである。なぜなら、〔ṣūrah という〕単数形が複数形の元になっているからである。……ジャウハリー（一〇〇五年没）はカルビー（七六三年没）からの伝承として、〝嚠喨と喇叭が鳴り響く日〟という至高なる〔アッラーの〕言葉について伝えている。『それは busr（「ナツメヤシの未熟な実」）と〔その複数形〕busrah の如く、像（ṣūrah）の複数形であり、すなわち下僕の像（ṣūwar）に魂が吹き込まれるのである。』〔カルビーは〕言った。『ハサン（六二四－七〇年）は、〝像（ṣuwar）に〔命が〕吹き込まれる日〟と誦んだ。』」[14]

ṣūr という語の意味について文法学者たちが議論していた時期は、アブー・クッラの活躍や主要なハディース集の編纂時期とほぼ重なっている。「嚠喨と喇叭が鳴り響く」というコーランの章句に「像に〔命が〕吹き込まれる」という異なった解釈が存在し、それが「この絵を描いた者は最後の審判の日に罰せられ、汝らが描いたものに命を吹き込んでみよ、と言われるであろう。」というブハーリーらの伝えるハディースの根拠とされていた可能性はある。そして、コーランの章句の解釈に一定の方向が示された後も、それらのハディースは真正なものとして残り、画像の否定という教義に発展するきっかけとなったのかも知れない。『聖像画崇敬論』に見える「生命のあるものの像を形作った者は、その像を作ったことに関してそれに魂を吹き込んだ廉で復活の日に責められる」[15]という文章の原文に、「(息を)吹き込む」(nafakha)という動詞が用いられている点にその痕跡があるとも考えられる。

イスラーム思想史上、アッバース朝初期において伝承の収集や編纂と並ぶもう一つの成果は、思弁神学の発達である。特にカリフ・マフディー(al-Mahdī 在位七七五―八五年)からムタワッキル(al-Mutawakkil 'alā Allāh 在位八四七―六一年)の治世にかけては、学問が奨励され、各学派が比較的開放的な環境の中で活発に議論をたたかわせた。中心的な役割を果たした学派は合理的思弁を特徴とするムウタズィラ学派であり、八二七年マアムーンにより教説が公認されてから八四八年にムタワッキルにより公認が取り消されるまでその勢力は極に達した。イスラーム世界におけるムウタズィラ学派の隆盛と、東方キリスト教世界における聖像画破壊運動の出現は時代的に符合しており、カリフや東ローマ皇帝という政治権力の役割が大きかった点にも共通性がみられる。また、思想的にも神の絶対性、超越性を強調し、感覚的な神の諸属性の排除やコーランの神格化の否定(「コーラン被造物説」)を主張したムウタズィラ学派は、聖像画破壊運動と通じる発想をもっている。[16]いいかえれば、カリフと東ローマ皇帝は教学への統制を強めるに際し、共に高度に抽象的な神概念に依拠して当時一般的であったより具象的な神概念を抑圧し、後者から論理的に正当化される聖像画やコーランの超越性を攻撃したのである。ムウタズィラ学派と聖像画破壊論者は、神の認識を理性だけでなく、伝統や感覚にも立脚せしめることを承認する思想家たちの反撃に遭い、その主張が一般信徒に浸透することなく結局正統派の地位を明け渡すことになった。

ムウタズィラ学派が隆盛を極めた時代に、イスラーム教徒とキリスト教徒の間で最も熱心に議論されたのは三位一体や受肉の教義の可否であった。東方キリスト教世界で中心的な争点となった画像の問題は、直接イスラーム世界の思想家の関心を引いたとは言い難い。それは、眼に見えぬ父なる神と共に人間の姿をとったキリストを信仰するキリスト教徒に対し、イスラームにおいては預言者も天使も所詮被造物であり、そもそも「聖像画」という概念の立脚する余地がなく「画像一般」の扱いに還元されてしまうという構造上の違いにもよると考えられる。

偶像崇拝については、当初からムスリムの間で禁止の立場は一貫していた。例えばアブド・アルジャッバールがムウタズィラ学派の見解を体系化した書物では、次のように理論づけられている。

「アッラーは像を有する物体ではあり得ないから、アッラーに像があり、偶像その他で象ってそれらをアッラーに対するかの如く崇拝することが相応しいと言う者は誤っている。それは、崇拝はアッラー以外に向けてはならず、アッラー以外を崇拝してはならないからである。」

もっとも、人が象った像（aṣnām）を拝むことが全く許されないかとの問に対して、像そのものの崇拝は認められないが、キブラ（礼拝の方向）を示す物を作って礼拝の助けとするようなことは、カアバ神殿に向かってアッラーに礼拝するのと同様、支障はないと付言している。(17)

しかし一方で、ハディース集の編集過程で次第に強調された画像表現への抑圧は、後代の学説において一層拡大解釈されることとなった。こうした考え方の延長にあるのがイスラームの代表的思想家の一人であるガザーリー（al-Ghazālī 一〇五八－一一一一年）の画像に対する見解である。ガザーリーは『宗教諸学の甦生』（*Iḥyā' 'Ulūm al-Dīn*）の浴場に関する章で、

「〔浴場についての禁忌として〕浴場の門や内側にある絵があり、浴場に入る者はすべて可能な限りこれらを除去しなければならない。もし絵のある場所が高く手が届かなければ、やむを得ない場合を除いてそこに立ち入

ってはならない。他の浴場の方が適当である。なぜなら、禁止された物を見ることは許されないからである。顔の部分を壊せば十分であり、それで絵は無効になる。動物の絵を除く樹木その他の生物の絵は禁じられない。(18)」と述べている。画像に対する否定は製作の禁止に留まらず既存の絵画を見ることの禁止に及び、さらに顔を中心としたこれらの破壊を命ずるに至っている。

二　イスラームにおけるキリスト教徒の扱い

イスラームが三位一体の教義を採用しないからといって、三位一体を信ずるキリスト教徒を直ちに多神教徒と同列に取り扱ったのではないのと同様、イスラームの画像に対する評価が否定的に確立していったことをもって、直ちにイスラーム帝国内のキリスト教徒の聖像画崇敬が干渉にさらされることになったと結論づけることはできない。

イスラーム帝国内部の非ムスリムの処遇は、特別の規範体系により規律されている。支配者が服属した異教徒に宗教的寛容をもって臨んだのはイスラームに特有な現象ではなく、諸帝国が興亡を繰り返した古代オリエント以来の歴史に先例がみられた。一例として、紀元前四七五年頃ペルシア王アルタクセルクセスII世は、預言者エズラに対しイスラエルの民の宗教と財産の保持を認めた書簡を与えたとされる(エズラ記七章一二―二六節)。イスラームにおける非ムスリムの取扱いに関する制度はムハンマドの時代に遡るとされ、帝国の拡大に伴う実際の必要に応じた慣行の積み重ねにより規範化していったものである。預言者がナジュラーンの民にあてた書簡では、年二回の貢納やムハンマドの使者の歓待などの義務が課された代わりに、

「ナジュラーンとその近郊にはアッラーの善隣の誼、預言者にして神の使徒ムハンマドの保護が与えられ、彼

らの財産、生命、土地、在不在の者を含む共同体、一族郎党、教会その他彼らの所有物は大小となくすべて保護される。主教はその主教区から遷されることはなく、修道士、司祭についてもその職から追われることはない」

とされた。[19]

アラブ軍によるダマスクス攻略(六三五年)に関しては、イブン・ビトリークの『年代記』の記録を裏付けるイスラーム側の史料が存在する。バラーズリーによると、ハーリド・ブン・アルワリードは、次の書簡を送って講和を促したと伝えられる。

「慈悲深く慈愛あまねきアッラーの御名において。これはハーリド・ブン・アルワリードがダマスクスの民に与えた。もしダマスクスに入城すれば、彼らの生命、財産、教会、城壁は保護される。彼らの住居は一軒たりとも破壊されたり収用されることはない。このことについてアッラーの契約並びにアッラーの使徒――神が祝福と平安を彼に与えられんことを――、歴代カリフ、イスラーム教徒の保護が与えられる。もし彼らがジズヤを支払うならば、彼らには善意ある対応のみ行う。[20]」

ワーキディー(al-Wāqidī 七四七―八二二年)はダマスクスの征服について、アラブ軍の間で開城が和睦によるものか実力によるものか紛議が生じたという異なる伝承を残している。

「アブー・ウバイダは彼ら〔ダマスクスの民〕に講和及び安全の保証の文書を出したが、自分の名前を記したり証人を立てたりはしなかった。それは彼が信徒の長ではなかったからである。……そして、アブー・ウバイダはジャービヤ門から入城した。しかし、ハーリド・ブン・アルワリードは戦闘が激しかったため、そのことを知らなかった。[21]」「ハーリド・ブン・アルワリードと麾下のムスリムたちは突入して〔東〕ローマ軍に斬りかかった。……〔マリア〕教会のところでハーリドの軍とアブー・ウバイダの軍の両陣営は合流し、彼〔アブー・ウバイダ〕のすべての仲間とすべての修道士たちは彼らの前にいた。アブー・ウバイダの仲間のうち、剣を抜いていた者は一人もいなかった。[22]」「するとアブー・ウバイダは人々に向かって、自分は和睦によって入城したと言い、ハーリドの仲間とアブー・ウバイダの仲間の間で内紛が起こりそうになった。そこで彼らの意見は、この件についてアブー・バクル・アッシッディーク——神が彼を嘉せられんことを——に手紙を書くことにまとまった。ダマスクス開城の時に彼〔アブー・バクル〕が没していたことを彼らは知らなかったのである。[23]」

第二代カリフ・ウマルがアブー・ウバイダに与えた返書は、「……汝とハーリドとの間の和睦か戦闘〔による奪取〕かについての対立であるが、汝が責任者として決定権を持っており、汝による和睦は有効に行われた。[24]……」というものであった。バラーズリーとワーキディーの記述を比較すると部将の立場に異同はあるものの、ダマスクスがアラブ軍に平和裡に引き渡されたとみなされ、ダマスクスのキリスト教徒民衆に安全を保証する何らかの約束が交わされたという大筋は動かないものと考えられる。

ウマルはエルサレムを征服（六三八年）するに先立って、ジャービヤの地からイーリヤー（エルサレム[25]）の民にあてて講和に関する次の書状を送っている。

「慈悲深く慈愛あまねきアッラーの御名において。これは神の僕ウマル、信徒の長がイーリヤーの民に与えた安全の証である。彼らの生命、財産、教会、十字架、病人、健康な者、共同体すべてに保護が与えられる。彼らの教会が住居にするため収用されたり、破壊されることはない。教会が減らされたり、その領域、十字架及び彼らの財産のたとえ一部でも侵害されることはない。彼らの宗教を理由に嫌悪の対象となることはなく、彼らの誰一人として危害を加えられることはない。イーリヤーには彼らと共にユダヤ教徒が住むことはない。イーリヤーの民はマダーインの民と同様、ジズヤを支払わなければならない。また彼らは、イーリヤーから〔東〕ローマ人と盗賊を追放しなければならない。〔東〕ローマ人らのうちイーリヤーから出て行く者は、安全な場所に到達するまで生命と財産が保護される。彼らのうち留まる者の安全も保証されるが、その者はイーリヤーの民と同様ジズヤを支払わなければならない。イーリヤーの民のうち、〔東〕ローマ人とその一身・財産を伴って去り、教会や十字架を放棄しようと欲する者は、安全な場所に到達するまで彼らの生命、教会、十字架は保護される。イーリヤー近郊で某の殺害前に耕作に従事していた者は、留まることを希望すればイーリヤーの民と同様、ジズヤを支払わなければならない。〔東〕ローマ人と共に去ることを希望する者、一族のもとへ戻ることを希望する者は、彼らの収穫が終わるまで何も支払う必要はない。この書簡にあることについて、ジズヤを支払うべき者が義務を果たすならば、アッラーの契約並びにアッラーの使徒、歴代カリフ、イスラーム教徒の保護が与えられる。この件についてハーリド・ブン・アルワリード、アムル・ブン・アルアース、アブド・アッラフマーン・ブン・アウフ、ムアーウィア・ブン・アビー・スフィヤーンが証人となった。〔ヒジュラ暦〕一五年（六三五／六三六年）に書き記す。[26]」

この分野の教説を集成した一典型がアブー・ユースフ（Abū Yūsuf 七三一－九八年）の『租税の書』（*Kitāb al-Kharāj*）にみられる。イスラーム帝国内の非ムスリムは、「被保護民」（ahl al-dhimmah）として生命、財産を保証されるが、そのためには理論上キリスト教、ユダヤ教など一神教徒として神から聖典を受け、コーランにも言及のある「啓典の民」でなければならず、しかも和睦など平和的形態によってイスラーム教徒の支配下に入った者でなければならない。また、被保護民には人頭税であるジズヤ（jizyah）の負担をはじめとする義務が課された。アブー・ユースフは次のように説いている。

「ムスリムと被保護民との間でジズヤの支払いについて和議が成立して都市が引き渡されるにあたっては、我々は都市の内外にある彼らの会堂や教会を破壊しないこととし、彼らは生命を保証され、攻撃してくる敵に対して彼らは戦って防衛することとする一方、この条件のため彼らにはジズヤを課すこととした。そしてこれに関する講和が成立し、この条件を記した文書を作成し、会堂や教会の新築はしないこととなった。このようにしてシリア全土とヒーラのほとんどは服属したのであった。」

教会が破壊されない条件としてキリスト教徒側には、「……イスラーム教徒の集まっている所で十字架を掲げたり、彼らの家からイスラーム教徒の公共の場所に豚が出ていかないようにすること、……イスラーム教徒のアザーン（礼拝の呼びかけ）の時刻の前に〔教会の〕木鐸を打たぬこと、彼らの祭日に旗（al-rāyāt）を持ち出さぬこと」等が要求された。

ムスリム側でこの交渉に当たったアブー・ウバイダに対しキリスト教徒側は、「一年に一日、我々の最大の祭りの日には旗のつかない十字架を外へ持ち出して良いようにして欲しい」と要請し、認められたと伝えられている。(27)

被保護民は日常生活において、着衣などの規制を受けることになっていた。アブー・ユースフは記している。

「これらに加え、彼らの頭数に課せられるジズヤを徴収する時期になると、彼らの首に封印をつけておき、賦課が終わるとウスマーン・ブン・ハニーフが彼らに封を壊すよう求められてそうしたのと同様、封泥を破壊しなければならない。さらに彼らの誰一人として着衣や乗り物、外貌においてムスリムと似ることがないようにしなければならない。彼らは腰のところに紐——太い縄のようなもので一人一人腰を結わえる——を着用し、彼らの帽子はまだら模様とする。彼らの鞍の輪の部分に石榴型の木片をつける。彼らの履物の紐は二重にし、ムスリムの真似をしてはならない。彼らのうち女性は、乗り物に乗ることを禁じられる。彼らは新規に聖堂、教会を建ててはならない。彼らと和議が成立して保護の対象となった都市においては、彼らの所有する聖堂、教会はそのままにし、破壊されることはない。拝火殿も同様である。ムスリムの軍営都市や市場に住んだり、そこで売買を行ってもよいが、軍営内で酒や豚を売ることや十字架を掲げることはできない。彼らの帽子はまだら模様とする（重複）。使用人に対して被保護民としてこの衣類を着けるよう命じなければならない。このようにウマル・ブン・アルハッタープ――神が彼を嘉せられんことを――は配下の者に対し被保護民がこの衣類を着けるよう命令し、『彼らの衣類がムスリムの衣類と区別できるようにせよ』と言った。[28]」

ジズヤの徴収に際して首に封印をつけるという記述に関しては、キリスト教徒による史書を含め裏付けが見られない。被保護民の社会生活についてアブー・ユースフが記したような厳格な規定は、必ずしも文字通り実行されてはいなかったのではないだろうか。むしろタバリーが次のように記録しているような、簡潔な規制が実態に近かったと考えられる。

「この年（八〇六／八〇七年）、〔ハールーン・〕アッラシードは〔東ローマ帝国との〕前線地域（al-thughūr）にある教会の破壊を命じた。また、シンディー・ブン・シャーヒクに文書を送り、バグダードの被保護民が着衣や乗物に関しムスリムの外見を装う違反への取締を行うよう命じた。[29]」

ムスリムによる被保護民の扱いは、概して同時代のキリスト教徒の支配者による異教徒への扱いに比して寛大であった。厳格なハンバル学派を継承したイブン・タイミーヤ（Ibn Taymīyah　一二五八－一三二六年）の『キプロス書簡』（*al-Risālah al-Qubruṣīyah*）にその一端が現れている。以下はイブン・タイミーヤがキプロス王セルギオスに書き送ったとされる文章である。

「そして王は、我らの世界におけるキリスト教徒が安全を保証された被保護民であり、アッラー以外は彼らの人口を数え上げたりせず、彼らに対する我々の待遇は好意的であるということを御存知ないのであろうか。ならば彼らがムスリムの虜囚たちを、人間性や信仰を備えた者が満足しないような仕方で扱っているのはいかなることか。私は王やその一族、兄弟たちについて語っているのではない。なぜなら、アブー・アッバースは王とその一族が自分に与えた厚遇を認め、彼らに深く感謝しているからである。私は一般民衆について語っているのである。虜囚も王の臣民に属し、キリストやあらゆる預言者の契約は、善意や親切を命じているのではないだろうか。これはどうなったのであろうか。(30)」

こうした枠組みにおいてイスラーム教徒と被保護民の関係が一旦規定されると、イスラーム教徒側も条件違反がない限りキリスト教徒が教会の内部で教義を継承し、典礼を行うことに介入することはできない建前であった。アブー・ユースフは聖像画について言及していないが、「十字架」や「旗」に象徴されるキリスト教の荘厳具に内包されるものとして、キリスト教徒共同体の内部に限定された使用が認められたことは想像に難くない。実際にはウマイヤ朝カリフ・ヤジードII世の勅令（七二一年頃）など介入の有名な事例があるが、イスラームの教義上も被保護民との契約に反したと捉えるべき例外的行為であり、禁令は規模において東ローマ帝国での聖像画破壊論者による弾圧に及ばず、その効果は限定的であったと考えられる。

三　キリスト教徒の聖像画崇敬への評価

キリスト教徒の立場で「聖像画」となる画像に対するイスラーム側の態度をあえて問えばどうなるのか。例えば、イスラームにおいてもイエスは預言者の一人に数えられているが、「イエスの画像」を教義上どうとらえるのか。ブハーリーの『正伝集』には、「画像一般」の問題にとどまらず、キリスト教徒の「聖像画」を念頭に置いている伝承が残されている。

「教会での礼拝。――ウマルは、様々な像や絵があるため、我々は汝らの教会に入らない、と言った。――イブン・アッバースは、像や絵がない場合のみ、教会で礼拝していた。アーイシャによると、ウンム・サラマはアビシニアで見たマーリヤという教会について、そこには像や絵があることを神の使徒に話した。すると神の使徒は、『あの人たちの間では、聖人や敬虔な信者が死ぬと、その墓の上に礼拝堂を建て、中にいろいろな絵や像を置いた。彼らこそ、アッラーの目に最も悪い人間だ』と言った。[31]」

また同書には、画像に関するものではないが、十字架に言及したハディースもある。

「アーイシャによると、預言者は家の中に十字架の印がついたものを見つけたときは、必ず壊した、という。[32]」

これらのハディースはいずれも、キリスト教に関係する画像や十字架を排斥する態度を伝えている。強い拒絶を示す伝承にアーイシャが関わっているとされるのは興味深い。

アビシニアの教会に関するハディースを補強する史料が残っている。ワーキディーの書記として知られるイブン・サアド（Ibn Sa'd 七八四頃‐八四五年）は、『列伝全集』（*al-Ṭabaqāt al-Kubrā*）に次のように記している。

「神の使徒――神が祝福と平安を彼に与えられんことを――の病に際して、彼の妻たちが言及した教会及びこれにつき神の使徒――神が祝福と平安を彼に与えられんことを――が語ったことの記録。アブド・アッラー・ブン・ヌマイルは我らに告げて語った。『ヒシャーム・ブン・ウルワは、彼の父を通じてアーイシャから〔聞いたとして〕我らに語った。神の使徒――神が祝福と平安を彼に与えられんことを――の妻たちは、彼が病に

〔陥った時〕彼のもとで、マーリヤと呼ばれるアビシニアの地の教会を互いに回想し合った。そして彼女たちは〔教会の〕素晴らしさや絵について語った。ウンム・サラマとウンム・ハビーバはアビシニアの地から来たのであった。すると神の使徒——神が祝福と平安を彼に与えられんことを——は言った。〝あの人たちの間では、聖人があるとその墓の上に礼拝堂を建て、中にこれらの絵を描いた。あの人たちは、アッラーのもとで最も悪い人間だ。[33]〟』」

イブン・サアドは上記の箇所に続いて、ムハンマドの発言の真意と解される伝承を複数採録している。

「……神の使徒——神が祝福と平安を彼に与えられんことを——は、それがもとで世を去った病に際して言った。『アッラーがユダヤ教徒やキリスト教徒と闘い給わんことを。彼らは自分たちの預言者の墓を礼拝堂にした。アラブの地に宗教が二つながら続くことが決してないように。[34]』」

「……神の使徒——神が祝福と平安を彼に与えられんことを——は言った。『アッラーよ、私の墓を崇拝〔の対象となる〕偶像となされないように。自分たちの預言者の墓を礼拝堂にした民に対して、アッラーの怒りはいや増したのだ。[35]』」

イブン・サアドの伝える話を総合すると、死期を悟ったムハンマドは、自分の墓が礼拝の対象となることを戒め、預言者の墓を礼拝堂にしたユダヤ教徒やキリスト教徒を強く批判した。ブハーリーの『正伝集』では、教会に絵や像のあることを非難しているように読めるが、イブン・サアドの伝承では絵の存在は二次的な理由に過ぎない。

イスタンブルのトルコ・イスラーム芸術博物館所蔵のダマスクス関連文書の中に、九—一〇世紀の作と推定されるアラビア語写本がある。この著者不明の写本は、アッバース朝時代のイスラーム教徒によるキリスト教批判の文章の特色を備えている。この写本に次のような一節がある。

「汝ら〔キリスト教徒〕は、十字架や画像を尊崇し、これらに接吻したり礼拝したりしているが、それらは人間がその手で作った物であって、聴覚も視覚もなく毒にも薬にもならないものである。それらのうち、汝らが最も大切にしているものは金や銀で作られている。同様のことはイブラーヒーム（アブラハム）の一族が自分たちの画像や偶像で行っていた。こうしたことすべてを考慮し、汝の思考力や理性を行使するがよい。バシル（バシレイオス）やフルストゥース（クリュソストモス）らユダヤ教徒、キリスト教徒の学者は、汝らの手にあって汝らにとり難解な書物を著しているが、彼らは悪魔がその意志、敵意、猜疑心を伴って現れていた人物であるということを知らなければならない。[36]」

ここでは、聖像画が十字架と共に一種の偶像として批判されている。

イブン・ハズム（Ibn Ḥazm 九九四－一〇六四年）は『諸宗派についての書』（*al-Faṣl fī al-Milal wa-l-Ahwā' wa-l-Niḥal*）の中でキリスト教徒の聖像画について言及し、

「……彼ら〔キリスト教徒〕すべては自分たちの教会の内に画像を描くことに合意しており、これらを至高なる創造主の画像、あるいはキリスト、マルヤム（マリア）、ペテロ、パウロ、十字架、ジブライル、ミハイル、イスラフィルの画像だと言っている。そしてこれらの画像を崇拝し、宗教的目的をもって画像のために断食を行っているが、これこそ疑いもなく偶像（al-awthān）崇拝であり、純然たる多神崇拝（al-shirk）である」

と断定している。但しイブン・ハズムはキリスト教徒の言い分も採録して続けている。

「彼らは偶像崇拝であることを否定した上で画像を公然と崇拝している。これらについての彼らの弁明は崇拝そのものについての弁明であり、彼らはこれにより画像の主体に近づくのであり、画像そのものではないとしている。[37]」

この説明はまさにダマスクスのヨハネを代表とする古典的聖像画擁護論の主張であるが、イブン・ハズムの賛同するところとはならなかった。

イスラーム神秘主義の大成者イブン・アルアラビー（Ibn al-'Arabī 一一六五―一二四〇年）の『メッカ啓示』（*al-Futūḥāt al-Makkīyah*）にキリスト教徒の聖像画に関する次の記述がある。

「……イエス――彼に平安あれ――の存在は人間の男に由来するものではなく、霊が人間の姿に変容したのであった。このためマリアの子イエスの民にあっては、すべての民に増して画像についての言説が盛んであった。よって彼らは自分たちの教会に像を描き、それらに向かって自ら崇拝するようにしている。彼らの預言者――彼に平安あれ――の根源は〔人間の姿への〕同化から〔生じた〕。その真理は今に至るまで〔キリストの〕民の間で説かれている。ムハンマド――神が祝福と平安を彼に与えられんことを――の法が到来し、画像が禁じられたとき、彼――神が祝福と平安を彼に与えられんことを――はイエスの真理を包摂し、〔イエスの〕法を彼の法に織り込んだ。そして彼――神が祝福と平安を彼に与えられんことを――は我らにアッラーをあたかも〔アッラーを〕見るかの如く崇拝するよう定められ、我らに対し〔アッラーを〕観念〔の世界〕に入れた。これが像の生成の意味である。しかし彼は感覚〔の世界〕における〔像の生成〕が、この民の間で感覚的な像によって出現しないよう禁じた。[38]」

教会における礼拝の節で、イブン・アルアラビーは伝えている。

「会堂や教会について、つまりそこでの礼拝のことであるが、人々の見解は分かれている。すなわち、ある者はそれを忌避し、ある者はそれを許可している。そしてそこに画像があっても良いか、あってはならぬかについては、人々〔の考え〕はまちまちで〔一致していない。[39]〕」

これは先のブハーリーの『正伝集』などを念頭に置いているが、教会の画像に対してより客観的な態度を示している。

東ローマ帝国を震撼させた聖像画崇敬論争は、イスラーム教徒に知識として届いたのであろうか。ダマスクスのヨハネの甥にあたるステファノスが八世紀末頃に書いたといわれる『聖ロマノス伝』に手がかりがある。この伝記は、一〇世紀のグルジア語写本のみが現存している。[40] この作品は語法上の特徴によってアラビア語からの翻訳であると推定されている。主人公の修道士ロマノスは、七三〇年頃小アジア中央部のガラティアで生まれ、七七一年東ローマ帝国とイスラーム帝国の紛争に巻き込まれて捕虜となりバグダードに送られた。しばらく後にヨハネとシメオンという二人の修道士が東ローマ帝国の聖像画破壊運動から逃れるためイスラーム帝国との国境を越え、捕虜となった。バグダードの獄中でロマノスらは、カリフ・マンスールの侍従ラビーウ・ブン・ユーニスの接見を受けている。さらに、熱烈な聖像画破壊論者であるゲオルギオスという東ローマ帝国の高官もイスラーム軍によって捕虜となり、ヨハネ、シメオン、ゲオルギオスの三人はロマノスと同じ牢獄に入れられた。

「すると高官ゲオルギオスは彼らに向かって聖像画について語り始めた。彼はそれが偶像であり、それを崇敬する者は偶像崇拝者であると言った。彼らに対し甚だしい非難中傷をなし、皇帝コンスタンティノス〔V世〕の命令に逆らっている彼らすべてを攻撃した。[41]」

ロマノスらは聖像画崇敬を擁護するためゲオルギオスに反論し、獄中で騒動が持ち上がった。ゲオルギオスは監獄にいた他の東ローマ人を味方につけ、「これらの修道士は我々の皇帝の敵だ。[42]」と呼ばわって扇動した。そして彼は憤激の余りロマノスらの殺害を企てるに至った。

「実にその僕たちを常に守護している者（神）は、連中〔ゲオルギオスら〕が彼〔ロマノス〕らに害をなすことを許さなかった。すなわち、彼らと一緒の集団にあるイスラーム教徒の若者がいて、ギリシア語を知っていたのである。そして彼は連中が修道士たちに対し腕力に訴えようとする陰謀を耳にすると、それをイスラーム教徒の仲間たちに知らせた。というのは、多くの囚人がいてその中にイスラーム教徒は少なくなかったからである。若者からこれを聞いた者たちは、見くびって軽蔑し呆れていた。結局彼らは若者に、連中が邪悪な陰謀をもって神父たちを捕まえたり、追跡したり、引っ張ったり、襲いかかったりするような行動を監視する役割を与えた。若者はその通りにし、連中が自分たちの天幕の中で神父たちを殺そうとしているのを見ると、大声で叫んで仲間を呼んだ。そして彼らはシリア人、フランク人のキリスト教徒多数と一緒に棒や石その他の武器を持って直ちに連中を攻撃し、神父たちを連中の手から救った。かくてイスラーム教徒は異なる信仰を持つ者ではあるが、キリスト教徒と思われている輩より優れており、修道士の姿をとる方が忠臣と思われていた輩より良いということが明らかになったのである。」(43)

騒動の顛末や原因はおそらくカリフに報告されたことであろう。この逸話によって、聖像画破壊運動の存在が同時代のイスラーム教徒の一部に伝わっていた事情を知ることができる。特に牢内のイスラーム教徒の反応の描写は貴重であり、彼らは聖像画をめぐる価値判断には関心を見せず、隣人として素朴に振る舞っていたように見える。そこにはキリスト教や聖像画に対する当時のムスリム大衆の宗教感情が反映している。

マムルーク朝時代にエジプトに関する詳細な『地誌』(*Kitāb al-Mawā'iẓ wa-l-I'tibār bi-Dhikr al-Khiṭaṭ wa-l-Āthār*)を著したマクリージー(al-Maqrīzī 一三六四頃－一四四二年)は聖像画破壊運動について伝えている。

「その頃、〔東〕ローマの王タウフィール・ブン・ミーハーイール(テオフィロス)は教会から画像を消し、教会に画像が残らなくするよう命じた。その理由というのは、ある教会の堂守(qayim)が王に、マルヤム(マリア）――彼女に平安あれ――の画像からその祭日になると露のようなものが出て、乳が滴り落ちると伝えたが、これを確かめてみると実は堂守が金を取るために拵えたものと判明した。そこで王は彼の首を打って教会の画像を壊すことにした。するとヤコブ派の総主教が王に〔別の〕堂守を派遣して交渉させ、元通りに画像を回復することを許してもらおうとした。[44]」

マクリージーは主にキリスト教徒の歴史家マキーン（Jirjis al-Makīn 一二〇五頃－七三年）の『ムスリムの歴史』（*Ta'rīkh al-Muslimīn*）から教会に関する知見を得たと考えられ、聖像画に関する部分は明らかに第二章に引用したイブン・ビトリークの年代記に遡ることができる。[45] 皇帝テオフィロスが聖像画破壊論者であった事実は五〇〇年後のイスラーム教徒の歴史家に記憶されていたが、『地誌』の記事は漠とした説話になっており、なぜ聖像画が禁圧されたかについての正確な経緯は既に忘却の彼方にあった。

第五章　イスラーム教徒の画像への対応

画像に関するイスラームの教義をコーラン、ハディース、法学者の学説を軸に規範面から構成していく際、少なくとも二つの違った解釈の立場があり得よう。教義は時間を超えて不変であり一貫しているという立場をとれば、後代に明確化した規準はそれ以前に存在しなかった訳ではなく単に潜在していたのであり、遡及的に妥当すると判断することになる。この立場を画像に対する態度に適用すると、画像の否定はイスラームの発生時からの固有の規範として認識され、これに矛盾する言説が文献上見出されれば、偽作ないし謬説として扱われるであろう。一方、教義は基本的な部分を保持しながら時と共に発展・変遷しているとの前提に立つと、それぞれの時代にどのような規範が存在していたかについての実証的な解明と、何が基本的な規準であり、それからの派生的な規準がどう発達したかという考察が意味を持つこととなる。画像に関して述べれば、後者の立場をとってはじめて画像の禁止という規範がどのように成立したのかという時系列的な議論が可能となる。その際には定式化された、いわば明示的な規準の解明と並んで、対象とした時代のイスラーム社会が画像に対し実際にどのような態度をとっていたのかを検証し、規範と実情の距離を跡付けた上で、その実態への評価という形で表明されたいわば黙示の規準を摘出しておくことが当時の規範意識を正確に把握するために必要な作業となる。

一　考古学資料における画像

イスラーム教徒が用いた画像の存在を物的に証明するのが貨幣や陶器などの出土品や建築物の遺跡、写本類の挿し絵である。特にウマイヤ朝の宮殿建築には、八世紀前半にワリードⅠ世が建てたと言われるクサイル・アムラ、カスル・アルハイルやムシャッターの遺跡など人物や動物を活写した装飾が残っているものがある。(1) これらはイスラーム美術の研究領域であって、本書ではこれ以上立ち入らないが、貨幣の肖像についてのみ言及したい。貨幣の肖像は、「世俗的画像」の中でも政治権力の画像に対する態度が凝縮されている。また貨幣は比較的実例が豊富で、製造年や製造地が判明するものが多いため、より正確に変化を知ることができる。

イスラーム初期のカリフたちは、征服した領土の貨幣をそのまま流通させていた。当時のイスラーム帝国は、通貨の面から大きく二つの経済圏に分かれており、旧東ローマ帝国領では主に金貨と銅貨が流通し、旧ササン朝ペルシア帝国領では主に銀貨が流通していた。これらの貨幣には、それぞれ東ローマ皇帝、ペルシア皇帝などの肖像が刻印されていた。

マクリージーは『貨幣の記述についての頸飾りの断片』(*Shudhūr al-'Uqūd fī Dhikr al-Nuqūd*) という貨幣史の書物で、「ムアーウィア〔Ⅰ世〕もまた剣を帯びた彼の肖像 (timthāl) のついたディーナール貨を造った。(2)」と記している。しかし、ムアーウィアⅠ世が製造したとされる貨幣の出土例はなく、イスラーム帝国独自の意匠による貨幣の出現は七世紀末の変革を待つことになると考えられる。

その前段階として、イスラーム帝国自身の手による旧貨幣を模倣した貨幣が製造されるようになった。その際、十字架を他の形に変えたり、銘文をアラビア語化するなどの部分改変が加えられたが、肖像は基本的に残された。例えば、ダマスクスではウマイヤ朝のアブド・アルマリクの下、短期間に次の二種の金貨が製造された。

（1）ヘラクレイオス帝とその息子が原型である三名の群像を模した肖像と、その裏面に原型にあった十字架の横棒のみを除去した杖状の意匠（製造年の刻印はない。六九二―九四年と推定される）。

（2）カリフの立像と、裏面に杖状の意匠（ヒジュラ暦七四年、七六年、七七年の刻印例あり。六九三―九七年）。

また、旧ペルシア帝国領の銀貨の変化は金貨より複雑であり、旧貨幣の型をそのまま流用してアラビア語の語句を加刻したものや旧貨幣の模倣が各地方で行われたが、肖像を含む意匠は温存された。首都ダマスクスでは銀貨も製造され、次のような改変が加えられた。

（1）ササン朝の銀貨を模したペルシア皇帝風の肖像に、パフラヴィー語ではなくクーフィー体のアラビア文字で年号の刻まれた貨幣（ヒジュラ暦七二年、七三年、七四年の刻印例。六九一―九四年）。

（2）ペルシア皇帝風の肖像と、裏面にカリフの立像（ヒジュラ暦七五年の刻印。六九四／六九五年）。

（3）ペルシア皇帝風の肖像の裏面に、ミフラーブ（礼拝用壁龕）と旗のついた槍の意匠（製造年の刻印はない。六九四年前後と推定される）。

アブド・アルマリクは次に貨幣の意匠の根本的な改革を行った。その結果、金貨はヒジュラ暦七七年（六九六／六九七年）、銀貨はヒジュラ暦七九年（六九八／六九九年）の製造以降、肖像は消滅し、「アッラーの他に神なし」などアラビア語の語句が刻まれることとなった。以後のイスラーム諸王朝において、この文字を中心とする様式が踏襲されている。しかし、改革以前の肖像のついた貨幣は流通が禁止された訳ではなく、しばらく新貨幣と併存していた。(3) 以上のように初期イスラームから少なくともアブド・アルマリクの貨幣改革まで肖像は問題視されておらず、その後も旧貨幣の肖像を組織的に抹消したような事例は知られていない。

なお、イスラーム帝国の貨幣から肖像の消滅した時期は、東ローマ帝国において貨幣にキリストの「聖像画」が登場したユスティニアノスII世の治世と丁度重なっており、両帝国において画像に対する認識に変化が生じた背景に何らかの連関がある可能性を窺わせる。すなわち、ユスティニアノスII世は先に触れた通り貨幣に写実的なキリスト像を刻印する先例を作ったのであり、トルルス会議（六九二年）では、従来の小羊を用いた象徴的なキリスト像を改め、キリストの受肉や受難を強調するため人間の姿により表現することを定めた規則が制定されている。ウマイヤ朝ではまさにこの頃、アブド・アルマリクによる貨幣改革が進行中であった。テオファネスの年代記に次の記事が見える。

「ユスティニアノス〔II世〕はこの年（六九〇／六九一年）愚かにもアブド・アルマリクとの和約を破った。それは、……アブド・アルマリクが送った貨幣がそれまで作られたことのない新種のものであるとして、その受け取りを拒否したからであった。……アブド・アルマリクはこれを聞くと、和約を破るべきではなく、ユスティニアノスは彼の貨幣を受け容れなければならない、なぜならアラブ人は自分たち自身の貨幣に〔東〕ローマ帝国の図案を変えずに刻印しており、金貨は重量で支払われるのであるからアラブ人が新しい貨幣を作っているとしても〔東〕ローマ人は何の損害も受けない、と悪魔のように懇願する振りをした。[4]」

この事件とアブド・アルマリクの貨幣改革の関係は推測の域を出ないが、当初実際の必要から旧来の東ローマ帝国の貨幣を模作したアブド・アルマリクはユスティニアノスII世の受取り拒絶にあって独自の意匠を採用する決意を固めたと考えられる。カリフの立像を刻した金貨の発行は、東ローマ帝国の通貨圏からの独立を宣言する効果を持ったはずである。その過程でアブド・アルマリクはユスティニアノスII世の作った新しい東ローマ帝国の金貨を入手した可能性が高いし、写実的なキリストの肖像の導入を見て貨幣の肖像の宗教的観点からの点検が必要であると気付いたことであろう。

貨幣をめぐるアブド・アルマリクとユスティニアノスII世の確執は、アラブ側の史料にも異なる面から記録されている。バラーズリーは『諸国征服の書』（*Kitāb Futūḥ al-Buldān*）の中で「料紙事件について」という節を立て次のように伝えている。

「紙はエジプトの地より〔東〕ローマに輸入され、〔東〕ローマからはアラブに金貨がもたらされていたという。アブド・アルマリク・ブン・マルワーンは、巻紙の頭の部分に書かれる文字を初めて『告げよ、これぞアッラー、唯一なる神』などアッラーへの言及に改めた。すると〔東〕ローマの王は彼に『汝らは料紙に我らの嫌う文句を加えるようになったが、これを停止するならばよし、さもなくば汝らの預言者について汝らの厭うような文句を金貨に彫って送るぞよ。』と書き送った。このことはアブド・アルマリクの胸中で大きな心配となり、これまで確立してきた良き慣行が廃れることを慮った。彼はハーリド・ブン・ヤジード・ブン・ムアーウィアに使いをやって、『アブー・ハーシムよ、一つ困った事がある。』と言い、事情を告げた。すると〔ハーリドは〕、『信徒の長よ、御心配には及びませぬ。彼らの金貨を禁じて流通させないようにし、人々のために貨幣を造られよ。そしてこれらの不信仰者には、巻紙にある彼らの厭うことから免れさせてはなりませぬ。』と言った。アブド・アルマリクは、『我が憂いは去ったぞ。アッラーが汝の憂いを去らせ給うよう。』と言い、金貨を製造した。ウワーナ・ブン・アルハカムは言った。コプト教徒は巻紙の頭でキリストに言及し、至高なるアッラーの主としての属性に結びつけ、『慈悲深く慈愛あまねきアッラーの御名において』という句の場所に十字架を書いていた。そのため〔東〕ローマの王はアブド・アルマリクの改変を嫌い、憤ったのである。マダーイニーはマスラマ・ブン・ムハーリブが語ったとして言った。ハーリド・ブン・ヤジードはアブド・アルマリクに彼らの金貨を非合法化し、その流通及び〔東〕ローマへの紙の輸出を禁ずるよう示唆した。そのためしばらくの間、紙は彼らの所へ送られなかった。(5)」

テオファネスの年代記によれば、アブド・アルマリクが造った「新種の」貨幣は、東ローマ帝国への支払い用であって「〔東〕ローマ帝国の図案を変えずに刻印」したものである。バラーズリーの説明によれば、アブド・アルマリクが造ることになったのはイスラーム帝国内部で流通させる金貨であり、出土品による貨幣改革の各段階に当てはめるとヒジュラ暦七四年（六九三／六九四年）以降のイスラーム独自の意匠である可能性が高い。バラーズリーの記事は、イスラーム側の史料からアブド・アルマリクの貨幣改革に宗教的背景のあることを示している点で重要である。しかし、アブド・アルマリクが最終的に貨幣の図案から肖像を排除した理由までを物語る記録とはなっていない。

マクリージーはこのあたりの事情を伝えている。

「〔アブド・アルマリク・ブン・マルワーンは、〕ヒジュラ暦七六年（六九五／六九六年）にディーナール貨とディルハム貨を製造し、一ディーナールの秤量はシリアの〔重量単位で〕二二キーラートから一ハッバ除いたものとし、一ディルハムの秤量を同じく一五キーラートとした。一キーラートは四ハッバである。……神の預言者――神が祝福と平安を彼と〔その家族に〕与えられんことを――の都市〔メディナ〕は、傑出しており、そこには教友たち――神が彼らすべてを嘉せられんことを――の生き残りがいた。彼らは〔それらの貨幣の〕文様（naqsh）を除いては反対しなかった。そこには絵（ṣūrah）があったからである。サイード・ブン・アルムサイイブ（七一二年没）――神が彼を憐れみ給わんことを――はそれを用いて売り買いし、そのことについて何ら咎めなかった。[6]」

マクリージーの記録は先行史料に基づいて一五世紀に著された点を考慮する必要があるが、肖像のある貨幣に対しメディナの教友たちが異を唱えたという伝承は興味深い。また、アブド・アルマリクが「イスラームの貨幣」(al-sikkah al-islāmīyah）を製造するに至った経緯に関してバラーズリーの説を要約すると共に、次のようにも伝えている。

「アブド・アルマリクがこのようなディーナール貨やディルハム貨を造った理由は、ハーリド・ブン・ヤジード・ブン・ムアーウィア・ブン・アビー・スフィヤーンが彼に、『信徒の長よ、書物の筆頭を奉ずる人々の中の学者は、〝ディルハム貨において至高なる神の栄光を讃えた者の寿命をカリフたちが延ばす〟と彼らの書物にあると述べています。』と言ったからである。すると彼はそのことを決断した。そしてイスラームの貨幣を造った。……ディルハム貨を製造したのはタイマー（アラビア半島北部のオアシス都市）のユダヤ教徒でスマイル（Sumayr）という男であった。そのためこのディルハム貨は彼にちなんでスマイルのディルハム（al-darāhim al-Sumayrīyah）と呼ばれている。[7]」

これらは、やや明確さを欠く伝聞の記録であるが、いずれも貨幣の改革に宗教的動機が働いたとの説を提示している。

一方、東ローマ帝国では聖像画破壊運動の口火を切ったレオンIII世が七一七年に位につくと、貨幣からキリスト像は除かれた。貨幣のキリスト像の復活は八四三年で、聖像画破壊運動の終結と軌を一にしている。その間貨幣には皇帝の肖像が残されており、あらゆる肖像が聖像画破壊論者の攻撃の対象となった訳ではないことを明確に示している。

二　文学作品に現れた画像

文献史料に戻って、紀行文学など宗教色の薄い作品の中から、特にキリスト教徒の「聖像画」に関係するイスラーム教徒による著述を例示する。

シャーブシュティー（al-Shābushtī 九九八年没）は、『修道院の書』（*Kitāb al-Diyārāt*）を著して当時エジプト、シリアなど各地に存在した修道院を紹介している。その文章には素朴な讃美こそあれ、キリスト教徒に対する敵意のようなものは全く見当たらない。カイロの修道院ダイル・アルクサイルの項で聖像画に言及している。

「この修道院は〔ムカッタムの〕丘の最も高い頂にある。秀麗な建築で堅固な造作であり、際立った景観である。そこには修道士が住んでいる。岩を穿った井戸があり、修道院に水を供給している。修道院の聖堂にはマルヤム（マリア）の画像があり、マルヤムの胸の所にキリスト――彼に平安あれ――の像が描かれている。人々はこの像を見にやってくる。……この修道院を訪問する人は多く、そこにある画像に感心し、それを眺めながら盃を傾けている。……」(8)

シャーブシュティーはまた、この修道院を詠ったムハンマド・ブン・アーシム（Muḥammad b. ʽĀṣim 八三〇年没）の詩を引用している。

「我が頭鬚《しゅ》霜の降《お》りしも顧みず　堂のうち矩《のり》を越えしは幾度なる
絵を眺め盃を乾すこと幾度　小杯を重ね酒碗に持ち替えつ
高殿に絵師の画きし絵のありて　心惹き人の眼《まなこ》を捉うるに

歌もなく我らの胸は寛《ひら》きたり　　そは琵琶も笛の声にも優るべし
綾をなす眼元妙《たえ》なる絵姿に　　魅せられし身の疲れをば覚えたり[9]」

この詩は九世紀前半のイスラーム教徒の画像に対する率直な感動を現在に伝えている。

なお、イスラーム教徒の著述家が地理書などで各地の修道院を名跡として取り上げ、聖像画の美を讃えることはシャーブシュティー以後も続いている。一四世紀前半に活躍したウマリー（al-ʻUmarī 一三〇一―四九年）は、『諸州城市の名跡』（*Masālik al-Abṣār fī Mamālik al-Amṣār*）の中で、「〔ユーフラテス川岸のバーウース修道院の〕堂内には細密で驚くほど美しい画像があり、二百年たっていると言われるが、その色はあせていない」と記している[10]。ウマリーは同書で他にもチグリス川沿いのアブー・ユースフ修道院やエルサレムのムサッラバ修道院に素晴らしい聖像画があると伝えている[11]。

ヤークート（Yāqūt 一二二八年没）は、『地名辞典』（Muʻjam al-Buldān）の「ムフタール」（al-Mukhtār）の項においてアッバース朝時代の画像について次の物語を伝えている。

「〔ムフタールは〕サーマッラーにあった宮殿で〔アッバース朝カリフ〕ムタワッキルの用いた建物の一つである。アブー・アルハサン・アリー・ブン・ヤフヤー・アルムナッジム（八八八年没）はその父から聞いたとして述べている。『〔カリフ〕ワーシクはある日私の手を取って、酒宴を張る場所を選ぶためサーマッラーの建物を巡り歩くこととした。ムフタールの名で知られている建物に辿り着いたとき、カリフは良しとしてそれを眺めつつ私に言った。〝これより素晴らしい建物を見たことがあるか。〟私は、〝信徒の長よ、そのようなことはあろうはずがございません。〟と言って、自分の感じたところを語った。そこには驚くべき絵があり、これらの中には修道士たちのいる教会の絵もあった。最も優れていたのは教会で夜半禱を行う行者（al-shahhār）[12]の図であった。そこでカリフは宴の場所を整えるよう命じた。酔侶や伶人たちが現れて酒宴が始まった。カリフは酔いが回ると小刀を取って建物の壁に彫りつけた。

ムフタール類《たぐい》を知らずその栄華　白眉なり夜半《よわ》に勤むる行者の図
水仙花はた天人花咲き逢うて　歓びに宴満ちたり歌曲佳《よ》し
運命《きだめ》なる終末《いやはて》迎え消ゆるらむ　然らずば足らざることのなかりしを

私は言った。〝アッラーが信徒の長とその社稷をこのようなことから守り給え！〟そして私たちは沈黙した。』」(13)

これらの文章において、画像への言及がたまたま飲酒行為と並んで現れている点には注意を要する。カリフはじめ酒を嗜むイスラーム教徒の存在が仮に史実であり、これを記録した文献が飲酒に批判的な評価を加えていなかったとしても、イスラームが飲酒を容認したことを片面的に例証するものではなく、むしろコーラン、ハディース等の一貫した飲酒の禁止のうちに当時の規範を見出すべきであろう。同様に、上述の画像に対する好意的態度を示す記事は当時の実情を反映するものではあるが、直ちに規範面における画像への態度までを推認する十分な根拠にはならない。

ところがアズラキー（al-Azraqī 八六五年頃没）によるカアバ神殿に飾られた画像についての伝承は、預言者ムハンマドとイスラームの聖地が主題になっているだけに正面から教義に影響しかねない問題を含んでいる。アズラキーの『メッカ事情及び故事』（*Akhbār Makkah wa-mā jā'a fī-hā min al-Āthāl*）は初めて編纂されたメッカの歴史であると同時に、ムハンマドや教友についての伝承を多数伝える宗教書の側面も持っている。

ジャーヒリーヤ（前イスラーム時代）におけるクライシュ族のカアバ神殿建設については、こう記されている。

「〔東〕ローマのある船が当時ジェッダより前のメッカの港であったシュアイバに流れ着き、そこで壊れた。クライシュ族はそれを聞いて馬に乗って船の所に行き、船の用材を取った。船にはバークームと呼ばれた〔東〕ローマ人の大工が乗っていた。メッカへ向かう道すがらクライシュ族の人々は『我らの主の家を建てようか』と言い、そのために彼らは集まって近郊から石材を運んだ……。」[14]「そして彼らは〔神殿の〕天井や壁を面といわず柱といわず飾り立て、柱には諸預言者や樹木や天使の絵を描いた。その中には矢柄で占う長老の姿をとった慈悲深き神の友イブラーヒーム（アブラハム）の画像があった。また、マルヤム（マリア）の子イーサー〔イエス〕とその母の絵、天使たち──彼らすべてに平安あれ──の絵があった。メッカ開城の日、神の使徒──神が祝福と平安を彼に与えますように──は中に入って、ファドル・ブン・アルアッバース・ブン・アブド・アルムッタリブを遣してザムザムの井戸の水と布を持って来させ、これらの絵を拭い落とさせた。……〔神の使徒は〕両手の掌をマルヤムの子イーサーとその母──彼らに平安あれ──の画像の上に置き、『私の手の下にあるもの以外のすべての絵を消し取れ』と言った。そしてマルヤムの子イーサーとその母から手を離した。そしてイブラーヒームの絵を見て、『忌々しい者どもめ、イブラーヒームを矢柄で占う恰好にしておる。イブラーヒームも占矢も駄目だ。』と言った。[15]」

さらにアズラキーはカアバ神殿に残された聖母子像について、次のように記している。

「アター・ブン・アビー・ラバーフ（七三二年没）は、……『然り、私は〔カアバ神殿の中に〕装飾されたマルヤムと、その胸の所に装飾された子イーサーが座っている像を見たことがある。』と言った。[16]」「イブン・ジュライジは言った。私〔イブン・ジュライジ〕はアター〔・ブン・アビー・ラバーフ〕に、『〔マルヤムとイーサーの像は〕いつなくなったのですか。』と言った。彼は、『イブン・アッズバイルの時代の〔カアバ神殿の〕火災（六八三年）だ。』と言った。私は『預言者──神が祝福と平安を彼に与えられんことを──の時代にはありましたか。』と言った。彼は『知らない。だが私は預言者――神が祝福と平安を彼に与えられんことを――の時代にはあったと思う。』と言った。スライマーン〔・ブン・ムーサー・アッシャーミー〕は彼（アター）に、『それでは神殿にかつてあった画像は見ましたか。誰が拭い取ったのですか。』と言った。〔アターは〕『知らない。だが私はこれらのうち拭い取ったが跡のわかる二つの絵を見た。』と言った。」(17)

これらの伝承は、画像に対する否定的な態度が強くなった後代には偽作視されるが、前述のように画像の禁止が徐々に確立したとの見方をとれば調和的に解釈することもできるであろう。

イブン・イスハーク（Ibn Isḥāq 七〇四頃－六七年頃）による最古のムハンマドの伝記は、イブン・ヒシャーム（Ibn Hishām 八三三年頃没）が編集した『預言者伝』（*Kitāb Sīrah Rasūl Allāh*）となって伝わっているが、当該箇所にはカアバ神殿に残された聖母子像についての伝承はなく、ただ次のように記されている。

「イブン・ヒシャームは言った。何人かの学者は私に語った。神の使徒――神が祝福と平安を彼に与えられんことを――は〔メッカ〕開城の日、〔カアバ〕神殿に入った。そしてそこに天使その他の絵を見た。手に矢柄を持って占う姿で描かれたイブラーヒーム――彼に平安あれ――を見て預言者は言った。『忌々しい者どもめ、我らの長老を矢柄で占う恰好にしておる。イブラーヒームと占矢とはどういうことだ。〝よいか、イブラーヒームは、ユダヤ教徒でもなかった。キリスト教徒でもなかった。彼は純正な信仰の人、全き帰依者だったのだ。偶像崇拝のたぐいではなかった。〟（コーラン三章六七節）』そして命令を下してこれらの絵すべてを拭い落とさせた。」(18)

イブン・ヒシャームはアズラキーより一世代ほど遡るが、カアバ神殿の聖母子像をめぐる異同はもちろん一方が他方の伝承に何かを付加したり削除したりという単純な関係ではない。両者に先立つ伝承群の中からイブン・ヒシャームとアズラキーがそれぞれ真正であると判断するところの伝承を採録し、さらに後代の伝承家がイブン・ヒシャームの系統の判断を正統化していったのであろう。アズラキーの具体的な記述は本人ないしそれ以前の伝承者が突然捏造したとは考えにくい。また、アズラキーの記録を継承する著述家もある。例えばハラウィー（al-Harawī 一二一五年没）による『巡礼地についての手引書』（*Kitāb al-Ishārāt ilā Ma'rifah al-Ziyārāt*）では、

「〔メッカには〕偉大なカアバ神殿がある。そこには天使や預言者たち——彼らに平安あれ——及び樹木の画像、手に矢柄を持ったイブラーヒーム——彼に平安あれ——の画像、そしてマルヤムの子イーサーとその母——彼らに平安あれ——の画像があった。征服の年、神の使徒——神が祝福と平安を彼に与えられんことを——は命令を下し、キリストとその母の画像を除くすべての像を破壊させた。[19]」

とアズラキーの書物に遡る伝承が淡々と記載されており、地理書の分野では必ずしもカアバ神殿の聖母子像は疑問視されず、依然語り継がれていることは興味深い。

さらにイブン・ルスタ（Ibn Rustah 九世紀末—一〇世紀初）は『至宝の書』（*Kitāb al-A'lāq al-Nafīsah*）の中で第二代カリフ・ウマルに関する次の物語を伝えている。

「アブド・アッラー・ブン・ムハンマド・ブン・アンマールは、祖父、父から聞いたとして語った。ウマル・ブン・ハッターブはシリアから像（tamāthīl）のついた銀の香炉を持って来てサアド〔・ブン・アビー・ワッカース、六七五年没〕に与え、『金曜とラマダーン月にはこれで香を焚くように』と言った。サアドはその香炉で香を焚き、それをウマル・ブン・ハッターブの前に置いていた。イブラーヒーム・ブン・ヤフヤー・ブン・ムハンマドがメディナ総督として到着した時（七八五年）、彼はその香炉に手を加えて無地にするよう命じた。[20]」

この話もイスラームにおけるウマルの位置づけから見れば、カアバ神殿の聖母子像と並んで像の使用の禁止という教義の存在を揺るがせかねない。

イスラーム教徒による「聖像画」についての記述は、もちろんイスラーム側の寛容を示すものばかりではない。マクリージーはウマイヤ朝末期のエジプトにおけるキリスト教徒迫害の記録の中で、ヤジードII世時代の聖像画破壊について言及している。

「アブド・アッラー・ブン・アブド・アルマリク・ブン・マルワーンがエジプト総督になると、キリスト教徒を迫害した。クッラ・ブン・シュライクもまたエジプト総督の時彼にならい、それまでに類のない程の迫害をキリスト教徒に加えた。地租徴収官アブド・アッラー・ブン・アルヒジャーブは、コプト教徒に対し一ディーナールに対し一キーラートの増徴を行ったので、東岸のコプト民衆は反乱を起こした。イスラーム教徒は一〇七年（七二五／七二六年）彼らと闘い、多くを殺した。地租徴収官ウサーマ・ブン・ザイド・アッタヌーヒーもまたキリスト教徒を迫害し、彼らを苛み財産を奪った。修道士の腕には、その修道士と修道院の名前と日付を鉄で焼印し、印のない者はすべて見つけ次第腕を切断した。各地に布告を発し、鑑札を持たないキリスト教徒を見つけた場合には一〇ディーナール徴収させた。さらに修道院を襲撃して焼印のない多くの修道士を逮捕し、ある者の首を切り残りは死ぬまで打った。教会を取り壊し十字架を破壊し、肖像を消し、偶像をすべて打ち壊した。これらが起こったのは一〇四年（七二二／七二三年）のことで、当時のカリフはヤジード・ブン・アブド・アルマリク（在位七二四－四三年）がカリフ位につくと、キリスト教徒は彼らの慣習及び契約によって保有している権利に従って扱うようエジプトに布告を出したが、ハンザラ・ブン・サフワーンが二度目のエジプト総督となるとキリスト教徒を迫害し、地租を増徴し、人や家畜の数を調査し、すべてのキリスト教徒に獅子の絵を焼印して目印とし、印のない者を見つけ次第腕を切断した。[21]」

マクリージーの記述では聖像画だけが攻撃の対象となった訳ではなく、ヤジードII世が出したとされる聖像画破壊の勅令の存在を裏付けるには十分な史料とはいえない。しかし、ヤジードII世の治世がキリスト教徒にとってどのような時代であったかを推定し、勅令の出された背景を考える手がかりとなっている。また、マクリージーが当時のキリスト教徒迫害を決して肯定的には描いていないところからも、イスラームにおける被保護民との関係のあるべき姿が窺われるのではないか。

三　史書に現れた聖像画崇敬問題

キリスト教における聖像画崇敬をイスラーム教徒がどう捉えていたかについて、さらに踏み込んだ挿話がネストリオス派の医師で哲学者のフナイン・ブン・イスハーク（Ḥunayn b. Isḥāq 八〇八－七三年）の伝記に絡んで残されている。この物語には二系統あり、第一の系統はイブン・ジュルジュル（Ibn Juljul 生没年不詳）が九八七年に書いたとされる『医師及び学者列伝』（*Ṭabaqāt al-Aṭibbā' wa-l-Ḥukamā'*）が原形となっている。イブン・ジュルジュルは、後ウマイヤ朝第九代カリフ・ハカムII世（在位九六一－七六年）から、その宰相の一人の話として聞いたと前置きしている。

「ムタワッキルはある日、宿酔（khumār）の状態で外出した。彼は腰を下ろしたが、陽に照らされて気分が悪くなった。彼の前にキリスト教徒で著述家のタイフーリー（al-Ṭayfūrī）と、フナイン・ブン・イスハークが侍していた。タイフーリーはカリフに言った。『信徒の長よ、太陽は宿酔に良くありません。』フナイン・ブン・イスハークは言った。『信徒の長よ、太陽は宿酔に悪くありません。』カリフの面前で両者の意見が相違したので、カリフはどちらの意見が正当か糺すこととした。そこでフナインは言った。『信徒の長よ、宿酔は酔いの熱気の部分でございます。太陽は、宿酔には害はありませんが、酔いには害になります。』ムタワッキルは言った。『用語の性質と概念の定義において、フナインが他より優っているとしよう。』これに対してタイフーリーは黙り込んだ。ある日フナインは、十字架上のキリストと、これを取り囲む人々の画像のついた書物を懐から取り出した。タイフーリーはフナインに言った。『フナインよ、これらの人々はキリストを十字架にかけたのか。』フナインは言った。『然り。』〔タイフーリーは言った。〕『これらに唾を吐きかけよ。』フナインは言った。『そうはしない。』タイフーリーは言った。『何故か。』フナインは言った。『これらはキリストを十字架につけた者どもではなく、絵に過ぎないからだ。』そこでタイフーリーはムタワッキルに彼を訴えて証言し、キリスト教に則った処断を求めた。ムタワッキルはカトリコス（al-jāthlīq ネストリオス派教会の首長）や主教たちに使いを送り、この件について見解を質した。彼らはフナインを呪詛すべきであると回答したので、キリスト教徒の前でフナインは七十回呪詛され、帯を切断された。ムタワッキルは、タイフーリーがフナインの仕事を監督しないかぎり、フナインの調合した薬を自分に届けさせることのないよう命じた。フナインは辞去して家に戻ったが、その晩死んだ。悲嘆のあまり死んだとも、自ら毒を仰いだとも言われる。[22]」

イブン・アルキフティ（Ibn al-Qifṭī　一一七二―一二四八年）は、『医師の情報を学者に伝達する書』（*Kitāb Ikhbār al-'Ulamā' bi-Akhbār al-Ḥukamā'*）の中で、イブン・ジュルジュルの記述をほぼ逐語的に引用している[23]。また、イブン・アルイブリーは、『諸王朝略史』（*Ta'rīkh Mukhtaṣar al-Duwal*）において次のような類似の話を伝えている。

「キリスト教徒で著述家のタイフーリーは、フナインを妬んで敵対していた。ある日二人はバグダードのあるキリスト教徒たちの家に居合わせた。そこにはキリストと弟子の画像があった。画像の前には燈明が点されていた。フナインは家の主人に言った。『これはキリストや弟子ではなく画像に過ぎないのに、なぜ油を無駄にするのか。』するとタイフーリーは言った。『もしこれらが崇敬に値しないのなら、唾を吐きかけてみよ。』フナインは唾を吐きかけた[24]……。」

ムタワッキルのもとへ訴えられた部分以降はイブン・ジュルジュル、イブン・アルキフティーの記事とほぼ同文である。但しフナインは呪詛を受けたのではなく、破門されたこととなっている。

『医師列伝に関する情報の泉』（*'Uyūn al-Anbā' fī Ṭabaqāt al-Aṭibbā'*）を著したイブン・アビー・ウサイビア（Ibn Abī Uṣaybi'ah 一二〇三－七〇年）は、フナイン・ブン・イスハークの伝記を書くにあたって第一の伝承をイブン・ジュルジュルの引用により紹介した上[25]、独自の情報源に基づいた第二の系統の伝承を伝えている。これは、第一の伝承より詳細であるだけでなく、聖像画崇敬に関する理論に及んでいる点で特異である。また、画像を al-ṣūrah ではなく「イコン」（Gr. *εἰκών*）に由来する al-qūnah という語により表しているのも類がない。登場人物には若干の違いがある。

「医師バフティーシューウ・ブン・ジブラーイール（Bakhtīshū' b. Jibrā'īl 八七〇年没）は、私〔フナイン〕を陥れ、自分の思い通りにしようと計略を用いた。すなわち彼は、マルヤム（マリア）が我らの主イエスを抱き、天使がその周りを取り囲んでいるイコンを使った。……そして、このイコンを信徒の長ムタワッキルのもとへ運んだ。ムタワッキルはそれを非常に賞讃した。バフティーシューウはカリフの前でイコンに何度も接吻した。ムタワッキルは彼に言った。『なぜそれに接吻するのか。』彼は言った。『我らが主人よ、万人にとっての貴婦人（マリア）の画像に接吻しなければ、誰に接吻するのでしょう。』カリフは言った。『キリスト教徒はそのようにしているのか。』彼は言った。『さようでございます、信徒の長よ。私より熱心にです。なぜなら、私は御前におりますので、簡単にしました。[26]』」

そしてバフティーシューウはカリフに、宮廷にはイコンに唾を吐く不信心の無神論者があり、それはフナイン・ブン・イスハークであると讒言する。カリフはそれを聞いてフナインを召喚するよう命じた。バフティーシューウはしばしの猶予を請い、その間にフナインの家に赴いて言った。カリフの下に素晴らしいイコンが贈られており、カリフはそれに耽溺している。我々がそのイコンを誉めればカリフはそれによって我々をいつも引き立てるであろう。そうなると贔屓が過ぎて他人の怒りをかわぬとも限らない。そこで私はカリフの気をそらせるため、これはありきたりの絵で唾など吐きかけるものですと答え、実際そうしてきた。カリフはあなたを呼んで同じ事を試すであろうから、私のしたようにしなさい。フナインは間もなく宮廷に呼び出され、イコンについて問われたが、「神に像があったり、描かれたりすることがありましょうか。」と言って、打ち合わせた通りカリフの前でイコンに唾を吐きかけた。カリフは怒ってフナインを投獄してしまった。

「カリフはカトリコス・テオドシオス（在位八五三―五八年）の所へ人を遣って呼び出した。カトリコスはカリフの前に来て、そこにイコンが置いてあるのを見ると、カリフに話しかける前にイコンのところに跪き、イコンを抱えて接吻し、しばし涙を流して止まなかった。侍従が妨げようとしたが、カリフはそうさせておくよう命じた。カトリコスはしばらくイコンに接吻し、それを手にとって立ち上がり、信徒の長に大仰に呼びかけた。カリフは彼に応え、着席するよう命じた。カトリコスは座り、イコンを胸に抱えた。ムタワッキルは彼に言った。『これはどうしたことだ。わしの前にあるものを手に取って、許しもなく自分の胸に抱え込むとは。』

カトリコスは言った。『信徒の長よ、……私の宗教は聖母の像を床に放置することを許しません。……相応しい所に置いて最上の油を供え、燈明を絶やさず、最上の香をふんだんに焚いておくべきなのです。』信徒の長は言った。『然らば、今それを汝の胸に置くがよい。』カトリコスは言った。『我が主人、信徒の長にお願いいたします。これを私に賜り、私がそれに相応しい勤めを果たすため、毎年十万ディーナールをお割きいただきますよう。その後で信徒の長よ、私をお呼びになった御用を何なりとお命じ下さい。』カリフは言った。『それを汝に与えよう。汝の下では、このイコンに唾を吐きかけた者への罰はいかなるものか教えてもらいたい。』するとカトリコスは言った。『もしそれがイスラーム教徒なら、イコンの価値を知らぬ故、罪になりません。しかし、これについて説諭し、行動を咎め、叱責し、二度と同じことを繰り返させぬようにします。もし、それがキリスト教徒で、理解のできない愚か者であって何の知識もないならば、叱責し、人々により矯正し、重い罪になると脅かし、後悔するまで隔離します。総じて、こうした行為は宗教の価値を知らぬ愚か者でなければしでかさないことでございます。もしそれが、分別のある人間で、イコンに唾を吐いたなら、我らの主の母マリアと、我らの主キリストに唾を吐いたことになります。』信徒の長は言った。『それでは、汝の下でそのような者には何が相応しいのか。』カトリコスは言った。『私には何もできません、信徒の長よ。なぜなら私には、その者を鞭や杖で懲らす権力がありませんし、厳重な牢獄も持っておりませんので。しかし私は、その者を破門し、教会への立ち入りを禁じ、聖餐にもあずからせません。私はキリスト教徒に彼との交際や会話を禁じ、圧力をかけ、彼が後悔して過去の非を断ち切って更正し、貧者のために財産の一部を寄附し、断食と礼拝の義務を果たすまで、彼を拒み続けます。彼がこれらを実行したとき、我らの聖書が〝過ちを犯した者を赦さなければ、汝らの過ちも赦されることはない〟(マタイ伝六章一五節)と説くところに立ち返り、罪人の破門は赦され、彼に対する態度を元に戻すのです。[27]』」

カトリコスはカリフからイコンをもらい受け、イコンのために多額の費用を与えられて帰った。カリフは獄中のフナインに様々な責め苦を加え、ついにはフナインの政敵のさらなる奸計により彼を殺そうとする。こうしたある日フナインは夢に「汝を敵の手から救った」という声を聞いた。翌日フナインはカリフに呼ばれ、突然罪を赦される。実は前の晩、キリストがカリフの夢に出現してフナインを赦すよう命じたのであった。

このように、第二の系統の伝承は、他の話と反対にフナインは助かったことになっている。どちらが真実に近いかは不明であるが、仮に第一の伝承の通りフナインが死んだとすると、知られている彼の没年とムタワッキルの在位年代に齟齬が生ずることは否めない。いずれにせよ、フナインはネストリオス派のキリスト教徒であったので、正教会の聖像画崇敬論争からは思想的に距離をおいていたはずである。ただし、イブン・アンナディームによればフナインはギリシア語に通じていた上、東ローマ帝国を訪れたことがあるとされている。従ってこれらの聖像画にまつわる話が、フナイン自身の思想を正確に投影したものとは限らないが、彼が聖像画破壊運動についての知識を有していた可能性は十分あるだろう。[28] もっとも、第二の系統の話は、イブン・アビー・ウサイビアが一三世紀当時にキリスト教徒から画像に関する議論を詳細に尋ねて潤色したとも考えられる。

これらのフナイン・ブン・イスハークと聖像画についての話には、いずれもカリフ・ムタワッキルが登場している。しかし、ムタワッキルはキリスト教徒に特に寛容であったのではなく、史書によればむしろ逆に非ムスリムに対し厳しい対応をとっていたことで知られる。タバリーは伝える。

「この年（八四九／八五〇年）、ムタワッキルはキリスト教徒及びすべての被保護民に命令を出し、薄茶色の長衣と紐を着用すること、〔馬に〕乗る時は後部に二つの球形をつけた木の鞍を用いること、帽子を被る時はボタンを二つつけ、イスラーム教徒の帽子と違う色にすること、彼らの従僕には上着の色と異なった薄茶色で指四本分の大きさの布の目印を着物の見えるところ、一枚は胸、一枚は背中につけさせること、ターバンを着用するときは同様に薄茶色にすること、彼らの婦女が外出する時は薄茶色の被布を着なければ出てはならないこと、彼らの従僕は紐を着用し、帯を着用してはならないこと、新しく建設された教会を破壊すること、彼らの住居より十分の一税を徴収すること、場所が広ければモスクにし、モスクにするのに相応しくなければ更地にすること、彼らの家の門に木製の悪魔の像を釘付けし、彼らの家とムスリムの家を区別できるようにすること、官衙やムスリムに対し裁定を下す公権力の行使において彼らの協力を求めてはならないこと、彼らの子弟がムスリムの学校で学んではならず、ムスリムが彼らを教えてはならないこと、棕櫚の聖日に十字架を顕にしてはならないこと、道では散開していること、彼らの墓はムスリムの墓と似ることのないよう地面と同じ高さにすることとした。[29]」

ムタワッキルの命令は、アブー・ユースフの伝える被保護民への規制を改めて徹底するものであった。タバリーの記述とフナイン・ブン・イスハークの伝記を併せ読めば、当時のイスラーム王朝によるキリスト教徒に対する抑圧と寛容の境界を推定することができるだろう。

四　イスラームと画像——伏流の存在

イスラームの発生から九世紀半ば頃までの範囲でのイスラーム教徒の画像に対する態度は概ね次のように要約することができる。

ムハンマドの時代から七世紀末までは「偶像」とみなされたものを除くあらゆる種類の画像について未だ評価が確定しておらず、むしろ特段問題とされていない傾向が見受けられる。宗教的画題ですらカアバ神殿の聖母子像伝承のように容認された形跡がある。「世俗的画像」については、アブド・アルマリクの貨幣改革以前の肖像に象徴される通り、広範に使用されたことを示す物的な証拠が残っている。

「世俗的画像」は八世紀以降も途絶えた訳ではないが、イスラームの教義に画像を抑圧する定式が一般化してくるにつれ、徐々に公然たる存在ではなくなっていったと考えられる。建築、工芸品、書物の装飾には限定的であるが人物像などの使用が続いた事実を知ることができる。こうした画像に対しては、文献史料で見る限り必ずしも敵対的ではなく、文学作品などではイスラーム教徒の筆者が画像を積極的に讃美しているものがある。

イスラームそのものにおける「宗教的画像」は教義に密接に連関しているだけに、禁止がかなり徹底している。モスクや宗教書の装飾では、画像の使用は例外的である。ただし、イスラーム教徒によるキリスト教の「聖像画」に関しては事情が異なる。イスラーム帝国内の被保護民としてのキリスト教徒は、元来教義上聖像画の使用が許容されている。イスラーム教徒側も時のカリフ以下、一時的な禁圧の例はあっても基本的に理解を示してきたと推測される。

第六章　アブー・クッラの『聖像画崇敬論』

一　文献としての成立

(1)　写本・刊本について

本書で『聖像画崇敬論』という標題で言及しているアブー・クッラの論考は、原題を『ハッラーンの神聖なる主教聖テオドロス、すなわちアブー・クッラの著した論考。その中で聖霊と清らかな処女マリアから受肉した我らの神キリストや諸聖者の画像を崇敬することがすべてのキリスト教徒にとっての義務であること、すべてのキリスト教徒にとってこれらの画像に対する崇敬を怠れば、その怠慢は自らの手にあるキリスト教の栄光についての無知に過ぎないこと、そしてもしそれを止めてしまえば、聖なる使徒の時代から洗練された信仰によってキリスト教徒が受容してきたキリスト教の諸秘蹟の多くを止めなければならないことを証明している。』という。(1)

現在、『聖像画崇敬論』の写本は二点知られている。第一の写本は大英図書館に所蔵されており（BL4950）、全二三八葉のうち『聖像画崇敬論』は後半の四〇葉を構成している。写本の表紙裏には、「一八九五年一〇月一四日、C. Marsh 師より購入」とのペン書きがある。

一八九七年、アレンゼンはこの写本を元に『聖像画崇敬論』の最初の刊本をラテン語訳文と共に出版したのであった。アレンゼンは当時の大英図書館の東洋写本担当司書ダグラスにこの写本の入手経路を尋ねたが、最近「東方よりもたらされた」としか判明しなかった由である。(2) BL4950の前半は、アラビア語によってキリスト教の信条を体系的にまとめた二五章から成る独立の書物であり、最初の二葉ほどが失われているため誰の著作か不明である。これをアブー・クッラの作であると推定する説がある。一方、『聖像画崇敬論』の方は原題の示す通りアブー・クッラ著とされているが、写本作成者の名や作成年代は記録されていない。しかし、BL4950は全体を通じて同一人物の筆跡によって書写されており、前半の写本にはラムラのイスターファナー（ステファノス）・ブン・ハカムによって八七七年、マール・ハリートン修道院で写されたことが明記されている。従って、BL4950の『聖像画崇敬論』は八七七年頃に写されたことが確実であり、初期の写本として価値の高いものである。(3)

第二の写本は、ディークが一九五九年の論文で存在を指摘したシナイ半島の聖カテリナ修道院の写本（MS330）である。全三八六葉のうち『聖像画崇敬論』は第三一五葉から第三五七葉を占めている。MS330には年代は記されていないが、文字や用紙の特徴から一〇世紀に遡ると推定されている。(4) これらの写本の存在に加え、第一章に引用したアレキサンドリア総主教イブン・ビトリークの記述によっても『聖像画崇敬論』がアブー・クッラの真作であることはほぼ疑いないと判断される。(5) 但し『聖像画崇敬論』の現在伝わる二点の写本は、原著そのままではなく若干の加筆があると考えられる。原題はアブー・クッラへの讃辞を含むところから写本作成者により付加されたか、修正されているはずである。また各章の最初の節はその章の要約であり、参照の便のため書き加えられた文章が後に本文に混入した可能性がある。

『聖像画崇敬論』の刊本にはアレンゼンの校訂本の他に、ディークがBL4950とMS330の両者に基づいて一九八六年出版した新しい校訂本がある。同書は、ラテン語（アレンゼン・一八九七年）、ドイツ語（グラフ・一九一〇年)、イタリア語(ピッツォ・一九九五年)及び英語(グリフィス・一九九七年)に翻訳されている。

(2) 著作の背景

グラフはアブー・クッラの『聖像画崇敬論』が第二ニケア公会議(七八七年)に触れていないため、七八七年以前に書かれたものと考えていた。しかし、ディークは一九六三年の論文において、『聖像画崇敬論』は七九九年以降の作であるとの証明を提示した。(6) 本文第一六章には、

「この我らの時代、最も高貴な出自である異教徒に一人の殉教者があった。聖アントニオスと言い、彼の物語は広まっている。神が彼の祈りによって我らを想起されんことを。〔聖アントニオスは、〕人に会うたびに自分は殉教者聖テオドロスの画像の奇蹟によってキリスト教を信仰したのだと伝えていた。(7)」

という一節がある。

ディークは、聖カテリナ修道院のアラビア語写本(MS513)の中に、聖アントニオスの殉教が七九九年の聖誕祭の日であるという伝承を発見した。(8)『聖像画崇敬論』が第二ニケア公会議に言及していない点についてディークは、マスウーディーの記述を根拠としてこの公会議の決定が東ローマ帝国外のキリスト教徒に伝達されるまで、当時の事情から相当な時間を必要としたと説明している。

聖アントニオス伝承は聖像画と関係が深い上、預言者ムハンマドに連なる名門クライシュ族のイスラーム教徒がキリスト教に改宗するという特異な主題を扱っており、ここに詳細を紹介したい。この伝承はイスラーム教徒にも知られていた。一一世紀の学者ビールーニー(al-Bīrūnī 九七三年-一〇四八年)は『過ぎし世紀の名残の諸事蹟』(*Kitāb al-Āthār al-Bāqiyah ʿan al-Qurūn al-Khāliyah*)という書物において、正教会の祭日を月ごとに列挙している。

一二月の項に次の記述がある。

「二九日は殉教者アントゥーニュース（アントニオス）の祭日である。彼ら〔キリスト教徒〕は彼をハールーン・アッラシードの従兄弟アブー・ルワフであると主張している。彼はイスラームを信じていたがキリスト教徒になり、ハールーンは彼を磔刑に処した。彼らの間には、我々が聞いたことがなく、風説や歴史の書物にも類話を読んだことがないような彼についての長く、驚くべき物語がある。それは、キリスト教徒が伝承を好み、このような話、特に自分たちの宗教に関する話を知見の正確性や証拠の真実性をあらゆる角度からよく調べもせずに信ずる民だからである。(9)」

ビールーニーは、アントニオスがカリフ・ハールーン・アッラシードによって処刑されたと伝えているが、具体的な物語にはあえて立ち入っていない。

聖アントニオス伝承はアラビア語、シリア語、グルジア語、エチオピア語で伝わっており、殉教の日など内容に少しずつ違いがある。ディークの公刊したアラビア語写本MS513は一〇世紀に遡る。ディークは校訂に際し、同じく聖カテリナ修道院の一三世紀のアラビア語写本二種を参照している。恐らく原型に最も近いアラビア語の聖アントニオス伝承は、次のように展開している。

「その当時、ルワフ（Ruwaḥ）という高貴な出身の男があり、ダマスクスのナイラブと呼ばれるところにある祝福された殉教者サワードゥルス（テオドロス）の名を冠した修道院に来た。このクライシュ族のルワフは、好んで教会にしばしば現れ、聖なる供物を盗み食いし、聖杯に残った我らの主キリストの血を飲んでいた。そしてこの恥知らずの男はしばしば十字架をその場所から引き抜き、祭壇の覆い布を引き裂いていた。(10)……」

「そしてこのクライシュ族の若者は祭壇の方向を見やった。祭壇には、聖者テオドロスの画像があった。テオドロスは青馬に乗り、手に槍を持っており、馬の下方には彼が槍先で頭を砕いた大蛇がいた。このクライシュ族の男は、祝福された殉教者の画像を見ると、眼の前にあった弓を取って矢をつがえ、聖者の画像を狙って弓を引き絞り、矢を放った。射ると矢が片腕の長さかそれより近いところにあった聖者のイコン（Iqūnah）に当たって、殉教者の力により前述の恥知らずなルワフの掌に向かって跳ね返り、鏃が彼の左の掌を手の甲から貫き通した。彼はこの奇蹟を見て大いに恐れおののいた。(11)」

「……祝福された殉教者テオドロスの祭日になった。……〔ルワフが〕供物の盆を眺めると、雪より白い小羊の幻が見え、小羊は脚をたたんで座り、その上に白鳩が羽ばたいていた。(12)……」

「ルワフはこれに大変驚き、一人で考え込むと『神に栄光あれ。キリスト教が尊い宗教であるというのは真実だ。』と言った。(13)」

「晩になると、このクライシュ族の男は目撃したことについて寝ずに考え続けた。そして雄鶏が鳴く頃に武器を持って馬に乗った聖者テオドロスが現れ、彼を眠りから起こすと彼に向かって叫んで言った。『お前は私の教会で狼藉、悪戯を働き、私の画像に矢を射かけ、私の父である主の聖体を食べ、私の教会の飾り布を引き裂き、私の教会の従僕を困惑させて私に害を加えたな。今お前のこのような考えを改め、力あるキリストを信仰し、蛮行をやめ、生命、勝利、明証の方へ向き直れ。(14)』」

ルワフはエルサレムに行ってエルサレム総主教エリヤII世にすべてを話し、洗礼を受けたいと願った。エリヤII世は彼をヨルダン川ほとりの修道院に行かせ、そこで秘密裏に洗礼を受けさせた。ルワフはアントニオスという洗礼名をもらい、修道士の身なりでダマスクスに戻った。ダマスクスの法官は棄教がイスラーム法に反するためルワフを捕らえ、バグダードのカリフのもとへ送った。

「ハールーン・アッラシードは彼を見ると言った。『嘆かわしい奴だな、ルワフ殿よ。汝がそのように振舞ったのはどうした訳だ。汝が着ているこの衣装は何だ。おそらく汝は手許に困っているのだろう。余は汝の位を上げて良く面倒を見よう。このような考えを捨て、誤りを正せ。』祝福された者は言った。『いいえ、私は誤ってはおりません。私は我が主イエス・キリストを信じ、導きに従っています。キリストは、彼を求め彼の満足を願う者すべてのためにこの世に光と救いをもたらしました。今や私はキリスト教徒であり、父と子、聖霊を信じているのです。』ラシードは彼の言葉を聞くと、打ち首にするよう命じた。(15)」

聖アントニオスの殉教の日は、ヒジュラ暦一八三年（七九九年）の聖誕祭の日であると明記されている。(16)シリア語の伝承においても、聖アントニオスの殉教の年は特定されている。イブン・アルイブリーは、伝えている。

「〔七九七年〕ルワイフ（Ruwayḥ）という名のクライシュ族のムスリムがあり、彼の家は教会の隣であった。彼は司祭を苦しめ、礼拝の時間に彼の邪魔をし、家から司祭に泥団子を投げつけていた。ある日ルワイフが聖餐式の時間に司祭の様子を窺っていると、祭壇の上の皿に屠られた小羊が見えた。そして教会に行くと、司祭の前には裂いた麵麭が見えた。ルワイフは家に戻ってもう一度窺うと、小羊が見えた。そこで彼は直ちにキリスト教への改宗を公言して家を去り、ある修道院に行って洗礼を受けた。ハールーン・アッラシードは話を聞くと彼を呼んで、イスラームに戻るよう説得した。しかし彼は拒否したので、縄を打って獄に閉ざした。そして彼は丸二年間、自らの信仰を守り続けた。そこでカリフは命令を下し、彼を断首した。彼の首はラーフィカ（ラッカに隣接した都市）の城壁に吊され、多くの人はそれに光が降り注ぐのを見た。その後ペルシアから来たキリスト教徒が首を壁から下ろし、亡骸を自分の町へ運んでいった。(17)」

『聖像画崇敬論』が著された時期をさらに絞り込む手がかりとして、第一章にはこの論考を著すよう慫慂したヤンナ（Yannah）という人物への著者の呼びかけがある。アラビア語写本MS330では「汝は我らのもとルハー（エデッサ）にあり」[18]という文章が続いている。これは、アブー・クッラが故郷エデッサに近いハッラーンの主教であった時代に書かれた事実を示すものと考えられている。アブー・クッラの略伝の箇所で示したように、彼は短期間ハッラーン主教に就任した後、アンティオキア総主教テオドレトスによって解任されている。アブー・クッラはその後復位したと考える研究者が多く、グリフィスはハッラーン主教再任の時期をアンティオキア総主教ヨブの就任（七九九年頃）直後であると推測している。グリフィスによれば『聖像画崇敬論』は八〇〇年頃から約一〇年の間にハッラーンで書かれたものとされる。[19]一方ディークは、アブー・クッラのハッラーン主教再任の時期は八一五年にアルメニアから帰った後であると考え、『聖像画崇敬論』は八一五年から没年に近い八二〇年頃に書かれたと推定している。[20]アブー・クッラのハッラーン主教復位の年を確定的に示す史料は発見されていない。シリア教会総主教ミハイルの年代記の記述を尊重すれば、アブー・クッラが諸国を遍歴して教義論争を行っていた八一三／八一四年にはハッラーン主教の地位になかったことになる。また、エジプトからアルメニアまで広範に移動していた時期にたとえ名目上にしてもハッラーン主教に就任していたと推測するには他に補強する史料が必要であり、ハッラーン主教への再任の時期は八一五年頃とするのが妥当であろう。ここではディークの推定する『聖像画崇敬論』の著作時期に従うこととする。

「ヤンナ」とは誰かという疑問に対しディークは次のように説明している。アブー・クッラはヤンナを「我らの兄弟」[21]と呼んでおり、これはヤンナがアブー・クッラと同じ宗派で同じ階級にあることを示している。そしてヤンナはヨハンナ（Yuḥannā ヨハネ）の異称であるとして、正教会のエデッサ主教ヨハネに比定している。[22]一方グリフィスは、「ヤンナ」と「ヨハンナ」は語源の面から密接な関連があるものの、七二三年にエデッサで記されたシリア語の写本には「ヤンナ」という人名のすぐ後に「ヨハンナ」という人名が現れており、両者は別の名前であると論じている。そして、『聖像画崇敬論』の「ヤンナ」はエデッサ主教ヨハネではなく、エデッサにいた別の聖職者ではないかと推測している。[23] エデッサは聖蓋布伝説の舞台となった聖像画にゆかりのある地であるが、『聖像画崇敬論』のヤンナの言によれば、ユダヤ教徒、イスラーム教徒、聖像画破壊論者のキリスト教徒の影響によって、当時聖像画崇敬を止めてしまった者が少なくなかったという。アブー・クッラは、このような背景においてヤンナの求めに応じ、『聖像画崇敬論』を著したのであった。

二　『聖像画崇敬論』の概要

『聖像画崇敬論』は全二四章から構成されており、各章の概略は次の通りである。

第一章は、アブー・クッラが筆を起こす経緯について伝える。「我らの兄弟」ヤンナは、キリスト教徒が偶像崇拝ではないかという批判に直面して動揺し、聖像画崇敬を止めてしまっていることを嘆き、アブー・クッラに背教者への反論を行うよう要請する。アブー・クッラはヤンナの薦めに応じて聖像画崇敬の正当性を訴える論考を著すに至った心境を記している。

第二章より、聖像画崇敬を擁護する議論が開始される。まず、非キリスト教徒からの攻撃により聖像画崇敬を止めてしまえば、キリスト教の他の習慣を同様に失うことになると警告する。異教徒から見れば、聖像画崇敬だけでなく、三位一体やキリストの受肉、受難の物語、聖餐や洗礼の儀式もすべて軽蔑に値するからである。

第三章では、哲学を代表とする「世俗の知恵（ḥikmah al-ʿālam）」と「神の知恵（al-ḥikmah al-ilāhīyah）」を対比する。世俗の知恵からは、キリスト教の宣教は愚と呼ばれる。しかし、それは福音が世俗の知恵にとって理解を超えているからに過ぎず、実際は「神の知恵」こそが真の知恵である。神の知恵から見れば世俗の知恵は反対に愚である。神の知恵は、聖霊を受けた人のみが受け容れて信仰するのである。従って、異教徒が彼らの知恵を振りかざして聖像画崇敬を攻撃しても、キリスト教徒はこれに屈してはならない。

第四章では、ユダヤ教徒への反論を行う。ユダヤ教徒は、自ら即物的理性に反する多くの奇蹟を信じているのに、キリスト教徒の信仰を理性に反するという理由で非難するのは驚くべきことである。アブー・クッラは、旧約聖書の中から天地創造やアダム、モーセの物語を例示して、これら理性に反したことを信じている以上、キリスト教を非難すべきではないと主張する。

第五章で引き続きユダヤ教徒に対し、旧約聖書にある非合理な物語を信じておきながら、キリストが神であることを否定し、福音書の物語を醜いと考えることはできないと批判する。また、コーランの神を擬人化した表現を引用し、これらを信じる以上、キリスト教徒への一方的非難は是認されないと言う。

第六章はキリスト教受容の基礎について説く。キリスト教は奇蹟によって受け容れられるのであり、聖書が証明し、使徒が行ってきたことは全体がキリスト教徒にとっての義務となる。ゆえに、キリスト教徒はその一部のみを受け容れ、画像崇敬など他の一部を拒否することは許されない。

第七章は、聖書と並んで教会の伝統がキリスト教の基盤となっていることを示す。聖像画破壊論者は、聖書に聖像画に関する記述がないことを指摘するであろう。しかし、聖餐式や十字架の崇敬など、聖書に書かれていない慣行は多い。聖像画のように広く一般化している慣行は、キリスト教の起源に遡る伝統なのである。

第八章は、聖像画崇敬を正当化するためアタナシオス、エウセビオス、グレゴリオスら教父の教えと、聖像画の奇蹟に関する伝承を引用している。

第九章から聖書の文言により則した論証に入る。聖像画破壊論者が主要な論拠としている、旧約聖書中の偶像作成・崇拝の禁止が取り上げられる。この禁止の意味が、神以外の人や物を一切拝んではならないと解するのであれば、諸預言者が神以外を拝んだ旧約聖書自体の多くの例と矛盾する。つまり、偶像に向けられるような信仰の目的の崇拝と、それ以外の表敬を目的とする崇敬があり、前者が禁止されているのである。コーランにも神がすべての天使にアダムを拝するよう命じたとある。これは、信仰の目的の崇拝を命じた訳ではない。

第一〇章で像の製作の禁止について論ずる。神が像を製作してはならないと命じたというのは、正確ではない。旧約聖書で神はモーセに、顔や翼のついたケルビムの像を造るよう命じている。ソロモンやエゼキエルも様々な像を造っている。神の禁止は、信仰をないがしろにする像を対象にしているに過ぎない。

第一一章において、崇敬行為について考察がなされる。対象物を信仰する崇拝と、尊敬を示すにとどまる崇敬は別のものである。また、礼拝には、外面的な身体の行動と対象を敬う意図が伴っている。「我らキリスト教徒も同じく、キリストや諸聖者の画像の前で拝むならば、我らの礼拝はこれらの画面や色にではなく、あらゆる面から崇敬の義務のあるキリストと尊敬の面から崇敬の義務のある諸聖者に対するものであるに過ぎない。(24)」さらに、諸聖者は神がすべての場所に遍在することを確信しつつ、神から人々に告げられた特定の方向に向かって礼拝していた。キリスト教徒にとって聖像画に向かって礼拝することがどうして支障になるのであろうか。「預言者たちが肉眼に見える画像によって観念的存在を尊敬したように、キリスト教徒が頭の中でキリストとその聖者たちを思い浮かべ、画像によって彼らを尊敬することは否定されてはならない。(25)」

第一二章は画像の象徴作用についての考察である。「名称と画像は指示作用において等しい。名称や画像を用いて行われた冒瀆ないし尊敬は、それらの名称や画像の指示する対象に到達する。(26)」仮に物理的な対応がなくても、神がモーセにイスラエルの十二支族を象徴する十二個の宝石を祭服につけさせたように、象徴は原型への作用を行いうる。「〔画像は、〕キリスト教徒の救済のため受難されたキリストに対する感謝を生ぜしめ、諸聖者が〔キリストへの〕愛ゆえに遭遇した〔事蹟を〕模するよう慫慂する記念である。(27)」「画像は〔字の〕読めない人にも理解され文書より理解作用が強固であるため、想起作用は文書より徹底しているのである。(28)」

第一三章は名称や画像の象徴作用を、旧約聖書に現れた例に従って証明する。イザヤ、エゼキエル、エレミヤの預言には、画像や文字による象徴がその示す対象に到達する実例が記されている。

第一四章では、聖者の画像を崇敬することにより、その取りなしが得られることを説く。「ある聖者の画像を崇敬する者は、その聖者が彼に代わって神に祈るよう働きかけることになる。諸聖者は神と人々の間の仲介者であり、彼らの生前及び死後に神が人々に満足されるように取りなす。(29)」

第一五章は、律法の記された二枚の石板はキリストの象徴に他ならないことを示す。十戒は神の御言葉を、石板の納められた箱はマリアを象徴している。旧約聖書に現れた象徴が尊敬に値するなら、キリスト教徒が聖像画を崇敬しないでよいはずがない。

第一六章は奇蹟についてである。神は古の鈍重な人々に対して驚くべき奇蹟を示した。キリスト教徒はそのような奇蹟を必要とはしない。「しかし神は異教徒や劣ったキリスト教徒に対して、キリスト教の秘密や〔神による〕画像とその対象の強固な結合についての奇蹟を明らかにされ続けている。(30)」アブー・クッラは聖アントニオスや聖ハナニヤの伝承を例示している。

第一七章では、ユダヤ教徒に対し、彼らの旧約聖書の解釈に従えば天国から流れ出した四本の川を崇敬しなくてはならないという例をあげて、ユダヤ教徒の矛盾を指摘しつつ画像への崇敬を間接的に正当化している。

第一八章では像の製作とその禁止の意味を考察する。神が偶像の製作やそれらの崇拝を禁止したのは、イスラエルの民に対する一時的措置であった。「神は、イスラエルの人々が画像に対する崇敬について分別を持ち、良い面を取り悪い面を避けることができないと知られたので、彼らにすべての像への崇敬を禁じられたのである。[31]」「使徒たちはこれを知り、画像がキリスト教徒の教会に行われ、尊敬され、礼拝されるのを許したのであった。[32]」他に、食物に関する禁忌など、旧約聖書にある一時的な禁忌を例示する。

第一九章では、旧約聖書の神の命令は、イスラエルの人々の能力にあわせた不完全なものであると主張する。丁度、分別のない息子が刀を弄んでいるのを見た父親が、鞠で遊ぶことを勧めるようなものである。実は父親の望みは、息子が鞠で遊ぶことではなく、真面目に学問を修めることであった。「〔神が〕像への崇敬を斥けられているのは、それが〔神のもとで〕斥けるに値するからではなく、我らが述べたイスラエルの人々とその幼児性に対する方便によるという我らの言葉は正しい。[33]」

第二〇章は、神の禁止は神自身の許可なしに解除されることはないと言う者への反論である。預言者たちは神の言葉の意味する方向を理解していたため、神の明言なしに禁を破ったことがある。ダビデやソロモンは神殿の中に多くの像を造った。他にも安息日の戦闘や神殿外での供犠など、預言者たちが律法に反している例が存在する。

第二一章は、自らを神の似姿であるという者への反論である。聖者の画像が崇敬に値するならば、神の似姿である自分を崇敬せよと言う者がある。しかし、誤りを犯して神に似損った者は、歪んだ像のようなものである。聖霊の器となった聖者こそが神の似姿であり、死後も奇蹟を起こすのである。

第二二章からは、より一般化した論証が試みられる。粘土に王印が押されたり、紙に王の手紙が書かれれば計り知れない価値を持つように、紙に聖なる言葉が書かれるとそれには栄光が与えられる。「画像を用いて尊敬ないし冒瀆が表されれば、それが画像の対象の喜びや悲しみにつながる[34]」

第二三章では、画像を使って人を冒瀆すれば、その対象となった人が怒ることを示す。「それ故に我らの主、天の王者キリストはその画像を弘め、それに崇敬する者を厚遇される。同様に、……〔キリストの〕画像を冒瀆し、それへの崇敬を禁じる者を〔キリストの〕王国から追放されるのである[35]。」

第二四章は最終章であり、キリストや諸聖者の画像を描き、それらの画像を崇敬するキリスト教徒は最大の報酬を受けると説く。反対に画像への崇敬を排する者は呪詛される。アブー・クッラは再びヤンナに呼びかけ、自らの論考を進呈することを告げる。

三　アブー・クッラの論証の特徴と教義史上の位置づけ

『聖像画崇敬論』における聖像画擁護の理論は、(1)ユダヤ教徒、イスラーム教徒、聖像画破壊論者のキリスト教徒への反駁、(2)キリスト教内在の論拠による証明、(3)より抽象的な論理に基づいた証明、に分類が可能である。

異教・異端への反駁に属する文章の中でユダヤ教徒への反論が紙幅の面から最も多く、かつ詳細にわたっている。これはキリスト教が旧約聖書を聖典とみなす中で、そこに画像製作や崇敬の禁止についての明文が含まれていて、キリスト教徒の聖像画崇敬に対する深刻な疑念を引き起こしていた事情があったからであろう。キリスト教での旧約聖書の位置づけについてアブー・クッラは、「我らキリスト教徒は、聖霊の恩寵により新旧約〔聖書〕を信仰し、両者の導くところと源泉は一つであることを知っている[36]。」と述べる一方、「神がイスラエルの人々に対して規定されたこれらの指示は神が望まれた通りではなく、彼らの能力に合わせられている」[37]と言い、さらに「ユダヤ教徒の〔聖〕書は、キリスト教徒の洗練された霊的理性によって飾られなければ人々すべての笑い種になる」[38]と主張している。すなわち、旧約聖書の根源は新約聖書と一致しているが、旧約聖書はイスラエルの人々に与えられたことによる制約により神の真意が十全に表された文書ではなく、キリスト教徒が聖霊の導きによりこれを解釈しなければ正しく理解されないと旧約聖書を相対化しているのである。

「崇敬」と「像」という中心的概念について、旧約聖書自体の中に預言者たちが神以外の人や物を崇敬した例や、像を製作した例が多数あることを指摘し、神がこれらを全面的に禁止したものではないと限定を試みている。そして旧約聖書が神の過渡的な指示であるという命題を聖像画崇敬に適用し、仮に神以外の対象への崇敬や像の製作が文理通り完全に禁止されるならば、旧約聖書そのものにおいて矛盾が生ずるという帰結を導いている。聖像画崇敬を正当化する目的で旧約聖書から反証を見出す論法は、ネアポリス主教レオンティオス、ダマスクスのヨハネの系譜に連なるものである。ダマスクスのヨハネは『聖像画破壊論者に対する反駁』の中で、次のように説いている。「これらの戒律は、ユダヤ教徒が偶像崇拝に陥る傾向があるため彼らに与えられた。」[39]「……同様に、魂の最良の医師（神）は、まだ子供で偶像崇拝の病に冒されやすく、偶像を神々だと思ってそのように崇拝し、神への信仰を放棄し創造主に捧げるべき栄光を被造物に捧げる人々（ユダヤ教徒）に正しく処方したのである。彼は彼らにこれを行うなと命じた。」[40]旧約聖書の命令を絶対視すれば、キリスト教徒とユダヤ教徒との区別は消失してしまう。ダマスクスのヨハネは、「もし汝が像を貶めるに際し律法に訴えるならば、汝は全く同様に安息日を守り割礼を行うよう言い張ることになるだろう。」[41]と述べている。アブー・クッラも安息日や食物の禁忌など旧約聖書に定められていてもキリスト教で採用されていない戒律を例示し、これらは聖像画崇敬と並んでユダヤ教徒の程度に合わせた一時的な措置であると論じている。

神に対して行われる「崇拝」と、神以外に対しても表敬の目的で行われうる「崇敬」は異なるという議論は、ダマスクスのヨハネにおける絶対的崇拝と相対的崇敬の区別を踏襲するものである。ダマスクスのヨハネは、「崇敬とはそれによって我々が尊敬や栄誉を表現する手段である。我々は異なった段階の崇敬があることを理解しようではないか。まず我々が神に捧げている崇拝というものがあり、神のみが当然に崇めるに値するのである。……他の崇敬はアブラハムやエモルの息子たちの場合のように尊敬を表すために行われる。」[42]と説いている。アブー・クッラは「崇敬には崇拝の面と、崇拝以外の面のあることが証明されている。崇拝ではない崇敬の面の一つが尊敬である。」[43]と論じている。アラビア語においても「崇拝」(al-ʿibādah) は「崇敬」(al-sujūd) と意識的に使い分けられている。

イスラーム教徒への反論はより目立たない形で行われている。アブー・クッラは「イスラーム」、「ムスリム」といった語を避け、「神から下された聖典がその手にあると主張している者」[44]、「ユダヤ教徒以外の信仰を主張する者」[45]、「神以外への崇敬が許されぬと言う汝〔ユダヤ教徒〕以外の者」[46]という間接的な言葉遣いによってコーランやハディースを引用している。これは、イスラーム帝国内でアラビア語の著作を行うことによって必然的に不特定のイスラーム教徒の眼を引くことから、直接的な表現を憚ったものであろう。また、ユダヤ教徒に対して展開している反論が実際はイスラーム教徒の言説を念頭においており、イスラームの明示的批判は最小限にとどめているとも考えられる。例えば『聖像画崇敬論』の第九章においては神以外への崇敬がなされた例が列挙されている。旧約聖書からの引用に続いて「神はすべての天使にアダムを拝するよう命じ、反抗して不信仰者となったイブリースを除く〔天使たちは〕拝した。」[47]と言う一節があり、これはコーラン二章三四節の引用である。従って画像など神以外の人や物を拝むことはすべて偶像崇拝になるという主張に対し、そのような主張を行う者が信奉する聖典の中に神以外を拝んでいる実例が見出されるという反論は、名指しされたユダヤ教徒と共にイスラーム教徒に向けられているのである。

イスラーム批判を修辞上の工夫で目立たなくする一方、その教義に対しては果敢な批判を行っている。『聖像画崇敬論』においてはコーランの「神は玉座に座している」「神には手や顔がある」(48)など神の擬人化とみなされる章句を引用の上矛盾を指摘し、ハディースに言及して「生命のあるものを象る者は、像に魂を吹き込んだ廉で復活の日に責められると説く者」(49)に反駁している。『聖像画崇敬論』に引用されたこのハディースは前述の分類では系Cに属しており、ブハーリーやムスリムによる『正伝集』の編纂に一世代先立って系Cのハディースが流布していた事実の証左となっている。

聖像画破壊論者のキリスト教徒を示す言葉としては「劣ったキリスト教徒」(50)という表現がみられるが、純然たる聖像画破壊論者の言説とみなされる所説は意外に限られている。『聖像画崇敬論』の中では、聖像画破壊論者の主張のほとんどはユダヤ教徒の言辞に仮託されている。東ローマ帝国の外では、皇帝を中心とする聖像画破壊論者の直接的な影響は相当限定されていたはずであるから、『聖像画崇敬論』における議論の対立軸は聖像画破壊論者自体ではなくユダヤ教徒に向けて設定し、聖像画破壊論に影響されたキリスト教徒の再考を間接的に促す方が効果があると考えたのかも知れない。

聖像画破壊論者の言説を直接引いていると思われる例として第一一章には、「キリスト教徒は、これらの画像の前で礼拝しながらそれに触れるほど崇敬することは義務づけられていない。(51)」という主張がある。これは、「教会に画像を描くこと、人間に対し崇敬することを良しとした(52)」上で、崇敬の程度について疑問が提起される文脈となっている。この主張は、画像の製作は認めるが画像への崇敬、特に手で触れたりすることによる崇敬を拒否する考え方、聖像画破壊論の時代区分では第三期の思想に通じている。

また第二一章では自分が「神の似姿である」[53]と言う者に反論が加えられている。これを神の似姿としての人間一般と解すればユダヤ教徒の主張に包含される。しかしキリストの代理人としての皇帝を「神の似姿」と解すれば、聖像画破壊論者の東ローマ皇帝の説であると読みとることができる。

アブー・クッラはキリスト教内在の論拠を用いて次のように述べている。聖書に聖像画崇敬についての言及がないという批判に対しては、聖餐や洗礼の儀式を例示して「我らの手にある偉大なことがらの多くは、使徒が我らに伝えた新旧約聖書のどこにも根拠を見出さないが、我々はそれを伝統として受け継いでいる。」[54]と応じている。そして、聖像画の使用が一般化している事実は、この慣行が規範の域に達していることを示唆している。アブー・クッラは自説を補強するため、聖像画擁護の権威ある見解とされ、ダマスクスのヨハネも好んで引用した偽アタナシオス、エウセビオス、グレゴリオス、ソフロニオスといった教父の著作を援用している。さらに、聖像画崇敬の効用を実証する材料として、当時キリスト教共同体に流布していた聖像画にまつわる奇蹟譚を採録している。こうして「教会にキリストや諸聖者の画像を描き、彼らの画像を崇敬するキリスト教徒は、それによって例えばキリストを祝福しているのであり、〔キリストから〕最大の報酬を受けるに値する」[55]と結論している。特に聖者の画像を崇敬すれば、その聖者による神への取りなし、仲介が得られるとしている。

以上に加えてアブー・クッラは、より一般的な論理に基づく証明を取り入れている。前提としてキリスト教の福音と世俗の知恵は相反する面があると解されているが、アブー・クッラは哲学ないし理性の行使を全く排除しているわけではない。むしろ、世俗的知恵をさらに信仰に役立つ知識とそうではない知識に区別し、前者の活用を勧めたダマスクスのヨハネの伝統に従って信仰上の問題への理性に基づく証明を併用しているのである。議論の中心となっているのは象徴の働きである。画像は文字と同様に象徴作用をもつが、画像は文字より想起させる作用が強い。象徴が原型に対して作用を及ぼす点については、王による赦免状や他人に対する中傷を表現した画像が人に対して効果を及ぼすことを例示している。一般的な象徴と違って宗教的な象徴は、信仰する者にしか理解されない。聖餐や洗礼の秘蹟が、信仰のない者には外見的に何の変化をもたらさず、かえって戯言であると受け取られるように、聖像画崇敬の象徴作用は、聖霊を受けた者にしか解されないのである。

ついで『聖像画崇敬論』の教義史上における位置づけを試みると、最も近いのはダマスクスのヨハネの三つの論考であり、『聖像画崇敬論』の主要な論拠はほとんどこれらの論考に関連箇所を発見することができる。絶対的崇拝と相対的崇敬の区別をはじめ、旧約聖書の中の相対的崇敬や像の製作の実例を詳細に引用するアブー・クッラの議論は、ダマスクスのヨハネを受け継ぐものである。また、ユダヤ教徒からの批判に対して旧約聖書の禁止を相対化する手法、聖像画崇敬の正当化を教会の伝統に求め、教父の著作や民間伝承により補強する議論、象徴作用を軸に像と原型の関係、崇敬の意味を哲学的に解明する思索など、先に要約した『聖像画崇敬論』の理論的骨格はいずれもダマスクスのヨハネを踏襲している。

アブー・クッラとダマスクスのヨハネの聖像画擁護論において、若干の差異を認めうるのはまずイスラームに対する目配りの違いである。ギリシア語で著されたダマスクスのヨハネの聖像画擁護論はキリスト教世界の論争に関心が集中し、画像に関するイスラームの立場を反映していない。アブー・クッラはアラビア語という媒体を選択したのみならず、コーランやハディースの引用に窺えるようにイスラームの教義に接点を求め、敢えてイスラーム世界の中に論争の場を見出す姿勢を見せている。他の差異としては、ダマスクスのヨハネの時代に議論されなかった問題にアブー・クッラが回答を与えている例が挙げられる。前述の聖像画に触れて崇敬することへの弁護は、第三期の聖像画破壊論への反論であると考えると独自の思想とみなされよう。

東ローマ帝国の聖像画擁護論者でアブー・クッラと同世代に当たるコンスタンティノープル総主教ニケフォロスやストゥディオス修道院長テオドロスの神学を『聖像画崇敬論』と比較すると、相違は明瞭である。アリストテレスの体系を活用してキリスト論を精緻に展開した第二期以後の聖像画擁護論の特徴を『聖像画崇敬論』に見出すことは困難である。八世紀前半に著されたダマスクスのヨハネの聖像画擁護論は、東ローマ帝国に持ち込まれてそこで大きな影響を与えたが、わずか数十年後である七五四年のヒエリア会議で展開されたコンスタンティノスV世の所説やこれへの反論、あるいは聖像画崇敬の復興を決めた七八七年の第二ニケア公会議の成果は、九世紀前半に『聖像画崇敬論』を書いたアブー・クッラに届いた形跡がほとんどない。『聖像画崇敬論』が基本的に第一期ないしは古典的聖像画擁護論に留まっているのは、イスラーム帝国内のキリスト教徒にコンスタンティノープルの神学が直ちに伝達される状況ではなくなったことを物語っている。しかし『聖像画崇敬論』はイスラーム教徒とのより踏み込んだ関わりを模索しており、古典的聖像画擁護論の独自な発展を示唆している。

アブー・クッラの『聖像画崇敬論』は東方キリスト教世界でいかに受け継がれたのであろうか。イブン・ビトリークの年代記では、アレキサンドリア総主教ソフロニオスI世（在位八四八－六〇年）が聖像画崇敬についての書物を著したという記述がある。

「アレキサンドリア総主教ソフロニオスはそれ（東ローマ帝国での聖像画崇敬論争）を聞き、画像への崇敬を正当化する大部の論考（maymar）を著して抗議した。その中で論じている。『神——その賞讃の大ならんことを。またその御名の聖ならんことを——はモーセに黄金のケルビムを幕屋の中に象り、それを神殿の内部に立てるよう命じた。』そして抗議して言っている。『ダビデの子ソロモンは、神殿を建立したときその中に黄金のケルビム像を置いた。』彼は言った。『もし王からその臣下たちに文書が与えられ、王印が押され、人々にこれは王の印璽と文書であると言われれば、立ち上がってその文書を手に取り、それに接吻し頭や両眼の上に置いたりしないであろうか。その人の起立や文書への接吻は、紙や紙に押された封印の粘土や紙に染み込んだ墨に対する彼の尊崇を示すものではなく、あるいは起立や尊崇が文書に向けられているのでもない。このような特質に基づいているのでは決してなく、もしそれが王の文書であれば王や王の名を尊崇しているのである。従ってこうした理由から、我々の画像に対する接吻や礼拝が偶像に対する礼拝と同じではないのであるから、我々は画像に接吻し、礼拝しなければならない。この行為は、このように色彩をもって画像に描かれた殉教者の名に対する我々からの尊崇、崇敬に他ならないのである。』そして彼は王タウフィール（テオフィロス）に手紙を送った。すると王は手紙に接吻して喜び、それまでの画像への非難をやめた。[56]」

引用箇所の末尾に、皇帝テオフィロスが総主教ソフロニオスⅠ世の書簡を読んで聖像画破壊を中止したという記述は事実とは異なるであろう。イブン・ビトリークが残したソフロニオスⅠ世の著書の要約は、アブー・クッラの『聖像画崇敬論』の第一〇章、第二二章などに非常に近い。イブン・ビトリークの年代記では、この箇所の直後に「アブー・クッラ」の名と著書の紹介が続くが、実際はアブー・クッラの『聖像画崇敬論』の方が早く書かれており、ソフロニオスⅠ世は『聖像画崇敬論』を参考にして自らの作品を著したのではないかと推測される。

イスラームの文脈において『聖像画崇敬論』は、コーランにみられる神の擬人化（al-tajsīm）を鋭く指摘し、神以外の対象への崇敬があり得ることを立証し、「生命のあるものを象る者は、像に魂を吹き込んだ廉で復活の日に責められる」というハディースを批判した。しかし、イスラームの側で画像に関しアブー・クッラの思想を肯定的に反映させた学者は現れなかった。アッラーの像が偶像として否定されるだけでなく、人などの「世俗的画像」まで許容されなくなっていったのは、イスラームがアッラーによる創造を教義の中心に据え、画像の製作をアッラーの創造を模倣する行為という面から批判したからである。これは裏から言えば、画像による高度の象徴作用を認めるからこそ、生命あるものの像の作成を創造に類似した行為になりかねないとして戒めたわけである。しかし、前述の通りイスラームの教義そのものとして受け入れられなくとも、イスラーム帝国の「被保護民」としてのキリスト教徒の信条にイスラーム側から干渉を控えるという構造が形成される中で、『聖像画崇敬論』がこの構造の制約に従いながらイスラーム教徒に聖像画を消極的に認めさせる役割を果たしたことは想像に難くない。イブン・ハズムの著作に残された古典的聖像画擁護論を思わせる弁明にその痕跡を見出すことが可能である。アブー・クッラの力説した聖像画崇敬の必要性は、カリフを含むイスラーム教徒から受容されないまでもキリスト教共同体内部における宗教的効用として、理解可能なものと考えられていたのであろう。イスラーム教徒との間でこうした了解が定着したが故に、聖像画崇敬の伝統はイスラーム世界内のキリスト教徒によっても絶えることなく受け継がれていったのである。

第七章　『聖像画崇敬論』が提起する問題の広がり

一　翻訳による思想伝達

アブー・クッラの著作が成立した時代の思想的環境の中で、東方キリスト教世界とイスラーム世界において翻訳による神学や哲学の継受の流れが頂点を迎えた事実が重要である。その背景として言語文化の面からこの地域に決定的な影響を与えた事件が三つ挙げられる。第一は、アレキサンドロス大王の東征と彼の帝国の後継王朝によって伝播したヘレニズム文化である。東地中海地域ではギリシア語が支配階級の言語として用いられ、特にコイネー（*κοινὴ διάλεκτος*）と呼ばれる古典語から発展した形態のギリシア語は一種の共通語の地位を獲得した。プトレマイオス朝時代のアレキサンドリアを拠点に、旧約聖書がヘブライ語からギリシア語へ翻訳され、「七十人訳」の名で知られている。

第二はキリスト教の成立である。キリスト教の成立がユダヤ教と深く関わっていた点は改めて論ずるまでもないが、イエスや初期のキリスト教徒が活躍したパレスティナやシリアの民衆はアラム系諸言語を常用しており、キリスト教がいわゆるセム系言語を媒体とする宗教的・文化的共同体から誕生した点は特筆に値する。しかし、キリスト教が広くローマ帝国に伝えられ、また新約聖書が聖典として編纂されるにあたって用いられた言語は、ヘレニズム時代以来ローマ帝国の東部を中心に共通語の役割を担い続けていたコイネーであった。一方アラム系言語、なかんづくエデッサ地方の方言から文章語として発達したシリア語による表現もキリスト教成立直後から教会に受け容れられていたと考えられる。新約聖書のシリア語訳は聖書の最も初期の翻訳の一つに位置づけられている。三八一年にエルサレムを訪問したイスパニアの修道女エゲリアの巡礼記に有名な証言がある。

「この地方ではギリシア語とシリア語の双方を知っている人々もいるが、どちらかしか知らない人もいる。主教はシリア語を解するかも知れないが、それを使うことは決してない。彼は常にギリシア語で話し、すべての人が彼の意図を理解するよう、彼の横にギリシア語をシリア語に通訳する長老がいる。同様に、教会で読み上げられる聖書の章句はギリシア語で読まれなければならないが、人々が理解するようシリア語に通訳する人が常に存在している。(1)」

紀元後の「古代後期」のシリア・パレスティナ地方ではこうしたギリシア語とシリア語の複層的な言語環境が特徴的であった。

東地中海地域の言語文化に大きな影響を与えた第三の事件は、七世紀のイスラームの成立とイスラーム帝国による征服である。征服された旧東ローマ帝国領ではギリシア語に代わってアラビア語が支配者の言語となった。既述の通りギリシア語やシリア語はキリスト教徒の間で保持されたが、アラビア語の定着と民衆のイスラームへの改宗が進行するにつれてこれらの言語は次第に衰退し、教会や修道院を中心とする言語空間での使用に限られていく。また時代が下るにつれ、キリスト教徒の間でもアラビア語が日常語として用いられることとなった。

紀元後からアブー・クッラの活躍した八－九世紀までの間に、ギリシア語による異教時代の哲学書や科学書、キリスト教の神学書など多彩な書物がシリア語に翻訳された。シリア語からギリシア語に翻訳された書物も存在したが比較的少数にとどまった。イスラーム帝国による征服後、ギリシア語の著作は直接ないしシリア語を経由してアラビア語に翻訳され、イスラーム世界に多大な影響を与えた。シリア語とアラビア語はいわゆるセム語族に属する近縁関係にあり、両者間の翻訳の際の困難は系統の異なるギリシア語からシリア語への翻訳に比して著しく軽減された。

ギリシア語の書物を翻訳する技術はシリア語訳の経験を通じて蓄積され、アラビア語訳の際に応用された。シリア語への翻訳の歴史については次の三段階からなる説明が提示されている(2)。

現在に伝わる最古のシリア語によるまとまった著述は四世紀のアフラハト（Syr. Afrahat 三四五年頃没）やエフレム（Syr. Afreym 三〇六頃－七三年）の作品である。彼らの著述にはヘレニズムの影響はほとんど見られない。しかしこの頃既に、聖書に次いで最古の翻訳とされるエウセビオスの『教会史』など、ギリシア語文献からの翻訳が始まっていた(3)。

最初期である四－五世紀のシリア語訳は、聖書の場合も聖書以外の文献の場合も訳文の水準は不揃いであり、逐語訳に近い箇所や翻案と呼ぶべき箇所が混在した。術語の訳を統一しようとする努力は稀薄であった。五世紀に翻訳されたバシレイオスの説教は、翻訳者の加筆によりシリア語では原文の約二倍の分量になった。この段階の翻訳では、訳者にとって原本の内容を読者にいかに伝達するかが主眼であって、原文と訳文の正確な対応はあまり配慮されていなかった(4)。

五－七世紀には、教義論争の影響で翻訳における訳文の厳密さが重んじられるようになり、訳者の関心の方向は読者の理解への便宜から原典に対する正確さの重視へ大きく転換した。六世紀初め、新約聖書がギリシア語の原文により忠実なものとなるよう改訳された。また、五世紀後半から六世紀初めにかけてシリア語訳されていた、ナジアンゾスのグレゴリオスら多くのギリシア教父の著作が、より正確に原文を反映する方向へこの時代に改訳された。しかし、この段階の翻訳は逐語訳に拘りすぎたため、ギリシア語の文体の影響を大きく受けるに至り、原文の知識のない読者には不可解なシリア語となる例すら存在した(5)。

ついで八―九世紀、イスラーム帝国においてはアッバース朝の時代に入ると、シリア語への翻訳技術は完成期を迎えた。この時期の代表的学者はフナイン・ブン・イスハークである。彼はギリシア語からシリア語への翻訳だけでなく、アラビア語への翻訳を行ったが、アラビア語訳に際してはまず原文を一旦シリア語に翻訳したと伝えられる。この段階では、逐語訳は避けられ、意味のまとまりごとに訳文が作られるようになり、正確性と論理性の調和が追求された(6)。

ギリシア語からアラビア語への翻訳技術の発展について、一四世紀のムスリム学者サファディー (al-Ṣafadī 一二九七―一三六三年) が次の概観を与えている。

「ギリシアの書物をアラビア語訳した最初の人物は、化学の書物に傾倒していたハーリド・ブン・ヤジード・ブン・ムアーウィアであることは良く知られている。そして、翻訳に際しては二つの方法がある。一つはユーハンナー・ブン・アルビトリークやイブン・アンナーイマ・アルヒムシーその他の人々の方法であり、ギリシア語の一つずつの単語とその意味するところを考え、その意味に語義の合致するアラビア語の単語の一語を見出して確定し、次の語に移る。アラビア語訳を望む〔書物の〕全体を完成するまで同様にする。この方法は二つの面で拙劣である。第一に、ギリシア語の単語すべてに対応するアラビア語の単語はないので、このアラビア語訳〔の方法〕では、多くのギリシア語の単語が〔外来語として〕そのまま並べられてしまう。第二に、特殊な連語や連句は常に他の言語の同じものに対応するわけではなく、また、あらゆる言語によくある隠喩の使用の面でも誤りが生ずる。アラビア語訳の二つ目の方法は、フナイン・ブン・イスハークやジャウハリーその他の人々の方法であり、文章に対するとその意味を頭の中で把握し、言葉が一致しようとしまいとそれに対応する文章を別の言語で表現するのである。この方法はより優れている。それゆえ、フナイン・ブン・イスハークの書物は、数学に関するものを除いて改善の必要がなかった。なぜなら、彼がアラビア語訳した医学、論理学、自然学、神学の書物は修正の必要がなかったのに対し、彼は〔数学に〕秀でていなかったからである。[7]」

カリフ・マアムーンは八三〇年頃バグダードに「叡智の館」（Bayt al-Ḥikmah）を建設してギリシア語による哲学や自然科学の書物の収集とアラビア語訳を組織的に推進した。フナイン・ブン・イスハークらキリスト教徒の学者が翻訳事業の中心を担ったが、翻訳される書物の主題はそれまでのキリスト教の神学書から世俗的な著作に移行した。

キリスト教の書物がアラビア語に翻訳されることにより、双方向の影響が現れた。第一に、アラビア語を日常語とするキリスト教徒やムスリムへの影響があげられる。言語と宗教は必然的に重なり合うものではないが、仮にギリシア語やシリア語で構成されたキリスト教の教義がアラビア語で十分表現できなかったとすると、イスラーム帝国の版図に入ったキリスト教徒がアラビア語を受容する過程でキリスト教の保持とギリシア語やシリア語の使用が連動し、これらの言語の劣勢化が即座にイスラームへの改宗圧力になりかねなかった。しかし実際はアラビア語によるキリスト教の概念操作が可能となったため、キリスト教徒がイスラーム世界で存続する条件が緩和された。ムスリムにとってもアラビア語を通じてキリスト教の教義を知ることにより、キリスト教徒への理解を深めると同時にイスラームの教義を発展させる契機となった。九世紀以降、キリスト教に言及したムスリムの著述が増加した。キリスト教を単に批判する場合でも、より客観的に分析を試みる場合でも、コーランやハディース集にみられる取り上げ方よりキリスト教に対する理解が精密になっていくのは、キリスト教徒の側からのアラビア語による発信の活発化と相関関係にあるからであろう。

第二に、アラビア語で表記されたキリスト教の教義は、アラビア語を媒体とする文化的背景の網目に組み込まれることによって、独自の発展の機会が与えられた。翻訳の過程で個々の術語は微妙な変容を余儀なくされる。また読者の側に原語の知識がなければ、表現を支えている意味の裾野、例えばギリシア語を背景とする聖典や教父の著作の章句への連想は途切れがちになる。アラビア語しか解さない読者にとっては、翻訳された術語は、その語がアラビア語文化の蓄積の中で固有に持っている意味を伴って一人歩きし、原語と異なる意味の広がりを与えることになる。イスラーム帝国に征服された東ローマ帝国の旧領土では、修道院を中心としてギリシア語やシリア語が絶えることなく伝えられたので、アラビア語によるキリスト教の表現が過去の伝統から乖離してしまうことはなかった。しかし東ローマ帝国から政治的に分離した結果、イスラーム世界に留まったキリスト教徒は、東ローマ帝国で発展した神学の成果を即座に共有することが難しくなった。ダマスクスのヨハネからアブー・クッラに至る聖像画擁護論の流れにも、媒体となった言語の違いだけでなく、思想が異なる文化的土壌に移植されてから、独自の発達を迫られた事情が垣間見られる。

二　教義論争の盛行

アブー・クッラの活躍した八世紀後半から九世紀にかけては、東方キリスト教世界、イスラーム世界を問わず宗教や宗派を超えた教義論争が盛んに行われた。これらの論争は、各派の学者たちにそれぞれの思想の発展・深化という豊かな実りをもたらした。その背景には、立場の異なる者の間の対話を成り立たしめる基本的な相互理解と、特定の規準に束縛されず理性の行使を尊重する気風が存在した。さらに時代が下って各宗派の教義が固定化に向かうと、こうした前提は崩れ始め、論争は生彩を失ってしまう。

当時のキリスト教の代表的な宗派であるネストリオス派、単性論派、皇帝派〔カルケドン派〕間のキリストをめぐる論争が、アブー・クッラの同時代人であるシリア教会のアブー・ラーイタの短篇の中に遺されている。この作品ではキリスト教の三宗派の意見をムスリムの大臣が聴取する設定によって各派の立場が要約されており、時代の空気を伝える好例として全文を引用する。

「ネストリオス派の府主教アブディーシューウ、皇帝派の主教アブー・クッラとヤコブ派のアブー・ラーイタは、ある大臣のもとに参集したと伝えられる。〔大臣は、〕彼らが一人ずつ簡潔な言葉で自らの信条を表明し、各人が自分の同僚に反論しないよう求めた。

ネストリオス派の〔府主教は〕語った。『私はキリストが二つの位格（shakhṣ）〔より成る〕と申します。〔すなわち、〕父とその性質（ṭabīʻah）やあらゆる属性（ṣifah）において等しく、〔父から〕不断に生成され続けている位格と、様々な罪を除いてあらゆる人格を共有する、マリアから産み落とされた人間としての位格です。そしてキリストの名は、二つの位格のどちらかをおいて片方に帰属するものではなく、その両方に〔帰属する〕のです。ゆえに、キリストは神と人間という二つの性質を備えた二つの位格なのです。その証明は、〔このようです。〕我々は万物を見ますと、総じて必ず実体（jawhar）または偶有（ʻaraḍ）に分かたれますが、その分かたれたものは一般的（ʻāmmī）なものか個別的（khāṣṣī）なものかいずれかでなければなりません。既に我々はキリストが偶有ではないと合意していますから、〔キリストは〕すべからく実体であることになります。そして我々は、その実体が一般的か個別的かいずれかでなければならないと気付きます。もし仮に、神と人間とに別々に分かたれて〔その実体に〕付された名が一般的実体の仕方で付されたとしますと、キリストの名は父と子と聖霊を包含し、またすべての人間を包含しなければならないことになります。これがあり得ないことから、別々の名はそれぞれの位格そのものに付されたに過ぎないと証明されます。これは、〔キリストが〕神的実体と人的実体という二つの個別的な位格である実体〔から成ること〕を必然とするのです。』

皇帝派の〔主教は〕語った。『私はキリストが単一の位格であり、神性と人性の両性を〔有していると〕申します。ゆえに〔キリストは、〕神性において神であり、人性において人間であり、二つの異なる面から神と人間である単一の位格なのです。その証明は〔このようです。〕我々は既にキリストが唯一であり、ある性質において神、ある性質において人間であると合意しています。そして、ある性質において神である者は、ある性質において人間である者か、そうでないかのいずれかでなければなりません。もし仮に、〔その者が〕単一の位格であってその性質において神であり、その性質において人間でなければならない者ならば、これは我々の言説に〔他なりません。〕もし仮に、ある性質において神である者がある性質において人間である者ではなく、かつある性質において神である者が無始の神の子であり、キリストはその性質において神であるならば、キリストは神の子ではなく、神の子はキリストではなくなります。これはキリスト教の立脚するところと矛盾します。』

ヤコブ派の〔神学者は〕語った。『私はキリストが単一の位格であり、神的かつ人的な単一の性質を〔有している〕という考えを選びます。なぜなら私は、神的位格が人的〔位格〕と名称や実質において区別がなくなるように結合したと主張するからです。ゆえに〔キリストは、〕単一の位格、単一の性質〔から成る〕のです。

その証明は〔このようです。〕我々はキリストが数において唯一であると合意しています。そして我々は論理に従い一というのが一者なのか、一類なのか、一種なのかいずれかでなければならないと気付いています。キリストが種や類において単一であるということは判断基準の上からあり得ないため、〔キリストは〕単一の位格、単一の性質を〔有していることが〕残るのです。また、我々は数が個別性、すなわち位格において個々のものに用いられ、無始の位格はその生成以後の限時的位格と結合していることに気付いているので、これら両者が名称や実質において分離することはあり得ないのです。分離がなくなれば、数の根拠はその原因がなくなって消えるのです。もし仮に、結合状態において二で分離状態において二であるというなら、結合状態は分離状態のうちにあり、分離状態は結合状態のうちにあることになってしまうでしょう。このことは名称においても、実質においても妥当します。』すると大臣は彼らの陳述に満足し、彼らを厚く遇して帰らせた。神に永久なる感謝を。(8)」

この著作は立場の異なる論者の考えを並記しているに過ぎず、本来の対話とは趣を異にする面もある。三宗派の代表がキリストの位格と性質の概念に議論を絞っている点で対話の前提が成立しているが、自らと異なる意見に対しては反論していないからである。しかし、このように共通の問題を探究すること自体が次の段階の活発な論争への準備となった。

それでは、当時の教義論争は議論の相手にどこまで根源的な批判を許容していたのであろうか。イスラーム帝国の政教両面において最高権力者であったカリフと、キリスト教徒の対話がその限界を端的に示している。ティモセオスI世（在位七九九－八二三年）はネストリオス派のカトリコスに就任する前に、カリフ・マフディーと教義をめぐって対談したと伝えられる。その対談録から、ティモセオスがカリフに対して、預言者ムハンマドの出現が新約聖書に予告されていないと断言している箇所を引用する。

その頃のムスリム学者には、福音書のヨハネ伝で聖霊を指して用いられる「弁護者」(*παράκλητος*) という語は「賞讃された者」(*περικλυτός*)、すなわちアラビア語の「ムハンマド」の誤りであって、ムハンマドの出現は新約聖書に予言されているとの説をなす者があった。

「……そして〔カリフ・マフディーは〕私〔ティモセオス〕に、『汝はムハンマド——彼に平安あれ——についての証左を見出さなかったのか。』と重ねて尋ねた。そこで私は彼に、『全く〔ありません。〕神を愛される王〔カリフ〕よ。』と答えた。すると彼は私に、『それではファーラクリート (al-fāraqlīṭ) とは何者か。』と尋ねた。私は彼に、『ファーラクリートとは神の霊のことです。』と答えた。王は私に、『神の霊とは何か。』と尋ねた。私は彼に答えた。『神の霊とは、イエス・キリストが我らに教えた通り、神性を有し発出される特質をもつ神なのです。』すると我々の偉大な王は私に、『イエス——彼に平安あれ——が語ったのは誰についてであるか。』と言った。私は彼に答えた。『イエスは天に昇る時弟子たちに言いました。〝私は汝らに父から発出される霊、〔すなわち〕弁護者を遣わそう。世は〔この霊を〕受け容れることができないが、それは汝らのところで汝らの内にあって神の深みに至るまですべてのことを教え、すべてのことを試す。それは私が汝らに話したすべての真理を汝らに思い起こさせる。それは私に栄光を与える。私のものを受けて汝らに告げるからである。〟(ヨハネ伝一四章一六—二六節、一六章五—一五節)』すると我らの王は私に言った。『これらすべてはムハンマド——彼に平安あれ——の到来を示している。』私は彼に答えた。『もし仮にムハンマドがファーラクリートであったならば、ファーラクリートは神の霊ですから、ムハンマドは神の霊で人間のようには限定されないことになります。従ってムハンマドは非限定であり、非限定な〔存在〕は視覚によって捕捉されないため、ムハンマドは視覚によって捕捉されないことになります。視覚で捕捉されないものは、形態を持っていないため、ムハンマドは形態を持っていないことになります。形態を持っていないものは〔何らかの要素から〕構成されていないため、ムハンマドは構成された〔存在〕でないことになります。もしムハンマドが〔何かから〕構成され、形態を持ち、可視であり、限定されているなら、彼は神の霊ではなく、神の霊でない者はファーラクリートではないのです。よってムハンマドはファーラクリートではありません。次にファーラクリートは天、つまり父の性質に由来していますが、ムハンマドは地、つまり人間の性質に由来しています。よってムハンマドはファーラクリートではありません。ファーラクリートはまた、神の深みを識っています。（コリント前書二章一〇節）しかしムハンマドは物事が成就する〔原因〕や〔人々が〕信仰する〔対象〕についても無知であると認めています。よってムハンマドはファーラクリートではありません。さらにファーラクリートはキリストが〔弟子たちに〕説いて語った通り、弟子たちと共にあって彼らの内にいましたが、（ヨハネ伝一四章一六節参照）ムハンマドは弟子たちと共におらず、彼らの内にもいませんでした。よって彼はファーラクリートではありません。また、ファーラクリートはイエス――彼に平安あれ――が天に昇ってから十日後に弟子たちに顕現しましたが、（使徒行伝二章一―四節）ムハンマドは六百余年の後に現れました。よってムハンマドはファーラクリートではありません。加えて、ファーラクリートは神について弟子たちに、〔神は〕三つの位格をもつと教えましたが、（ヨハネ伝一六章一三節参照）ムハンマドはこれを信じません。よって彼はファーラクリートではありません。それから、ファーラクリートは弟子たちの手によって多くの奇蹟や神徴を顕わしましたが、ムハンマドは同僚や従者の手によって何一つ神徴を顕わすことがありませんでした。よって彼はファーラクリートではありません。また、ファーラクリートは父と子とその性質において等しく、そのため預言者ダビデが神の霊について〝〔主の〕霊により天地の万象は創られた〟（詩篇三三章六節）と語ったように、天の万象の創造主としても知られるのです。ムハンマドは創造主ではありませんから、よって彼はファーラクリートではありません。もし福音書に彼についての記述があったとすれば、律法や諸預言者の書にイエス――彼に平安あれ――の到来について明瞭に記されているように、聖典にその到来や名や民族や部族が明らかでなければなりません。彼についてこのようなものは何も書かれていませんので、彼への言及は福音書に全く存在しないのです。(9)』」

カリフは完膚なきまでに論破されて不満の色を見せるが、ティモセオスはひるまず追い打ちをかける。

「王は私に言った。『汝らの聖典にムハンマド――彼に平安あれ――についての証拠・証明は数多くあったのだ。ただ汝らが聖典を損なって改竄したのだ。』私は彼に答えた。『王よ、我々が聖典を改竄したという事実はどこからお聞きになったのですか。我々が自分たちの聖典を改竄したことをあなたに示した、改竄のない聖典はどこにあるのですか。それをお示し下さい。我々はそれを見てそれを拠にし、改竄された聖典は放棄しましょう。ところで、福音書が改竄されているとあなたはどこからお聞きになり、我らにそれを改竄するどのような実益があるのですか。もし福音書にムハンマドの記述が見出されたのであれば、我々はそこにある彼の名を除いたりせず、〝彼はまだ到来していない。彼はあなたがたの語る者のことではなく、これから来ることに決まっている〟と言ったでしょう。あたかも、ユダヤ教徒が律法や諸預言者の書からイエス――彼に平安あれ――の名を省くことができず、〝キリストは未だこの世に到来せず、〔これから〕来るだろう〟と言って我々に敵対し、眼を具えず白昼に太陽の顕現を否定する盲人に似ているのと同様です。このように我々もまた、聖典にあるムハンマドの名を除くことができず、ユダヤ教徒のように〔到来する〕時や人物についてあなたがたと議論したはずです。しかし、私は真実を申しますと、仮にムハンマドの到来について福音書に一つでも予言を見出したとしたら、私は福音書を放棄してコーランに従い、律法や諸預言者の書から福音書に移ったようにこれからそれへと移ったでしょう。[10]』」

ティモセオスの率直な発言はカリフの公正な態度に対する信頼の現れであり、たとえ最高権力者が相手であったとしても対等の立場から忌憚のない弁論が許容された論争のあり方が典型的に示されている。

カリフと教義論争を行ったと伝えられるキリスト教徒はティモセオスだけではない。アブー・クッラも既述の通りカリフ・マアムーンの面前でムスリム学者たちと対談している。その対談の模様を以下に要約する。

カリフが割礼について問いかけ、議論が開始される。アブー・クッラは神がアダムを創造した時アダムは割礼を受けておらず、割礼は単に信仰者と不信仰者を区別する目印に過ぎなかったが、キリストが洗礼を新たな目印にしたので割礼は不要になったと主張する。[11]アブー・クッラの議論が神とキリストを同一視するのを聞いたムハンマド・ブン・アブド・アッラー・アルハーシミーは論争に参加し、

「……よくきけ、救主イーサー（イエス）、マルヤム（マリア）の息子はただのアッラーの使徒であるにすぎぬ。また〔アッラー〕がマルヤムに託された御言葉であり、〔アッラー〕から発した霊力にすぎぬ……」（コーラン四章一七一節）「さて、アッラーのお目から見ると、イーサーは丁度アーダムと同じようなもの。彼を泥で作っておいて、それに『なれ』と仰しゃったら本当に彼はなったのだから」（コーラン三章五九節）

という章句を引用して抗議する。アブー・クッラが沈黙したのを見て、カリフは言った。

「この会合は公正、公平であって何人もここで敵視されることはない。汝の論証を言葉にし、恐れることなく答えよ。ここにおいてはより良い〔考えに優るものは〕存在せず、汝を脅かすものは何もない。正に汝の眼に

威圧的に映るものはないのだ。本日は真理が明らかになる〔日〕であり、自分の宗教を論証するために、知識を求める者は誰でも語るがよい。[12]」

そこでアブー・クッラは相手の依拠するコーランの章句に基づいて、キリストが神の御言葉で霊力であることを前提とした上で、アダムは既知で定義可能な物質から創造されたが、神の御言葉と霊力は不可知で定義不可能であるとして、アルハーシミーにキリストは被造物でなく創造者であることを認めさせてしまう。[13]

翌日バスラのサアサア・ブン・ハーリドがアブー・クッラの新しい論敵として出現する。サアサアは聖書のキリストの言葉「我はわが父、即ち汝らの父、わが神、即ち汝らの神に昇る」（ヨハネ伝二〇章一七節）は、キリストが明らかに人間であることを示していると主張する。アブー・クッラはキリストが受肉した神であることを説いた後、サアサアに次の反問を行って切り抜けようとする。アッラーはイーサーに尋ねた。

「これ、マルヤムの子イーサー、汝みなに『アッラーではなく、このわしとわしの母親を神として崇めよ』などと言ったのか。」

イーサーは、

「ああ何んというもったいないことを。私がなんでそのようないいかげんなことを申しましょう。もし私が本当にそのようなことを口にしたことがあるとすれば、汝はすでに御存知のはず。汝の御心の内は私にはわかりませぬが、汝は私の心の内を全部御存知でいらっしゃいます。」（コーラン五章一一六節）

と答えた。

アブー・クッラはサアサアに対し、アッラーはイーサーの答を知っていて質問したのか、アッラーはこの質問をいつ発したのかと問いつめ、サアサアの回答から矛盾を導き出そうとする。アブー・クッラはさらに、イエスが神の御言葉であり霊力であるならば、神の子であると言えないのかと畳みかける。[14] ここでバスラ出身の参加者の一人が、キリスト教徒にとっての神であるキリストは死んだのではないかと問いかけた。アブー・クッラは「これイーサー、わしは汝を召し寄せてわがもとまで高く昇らせ、無信仰のやからから汝を浄めてやろうと思う」（コーラン三章五五節）という言葉を引用して、キリストは死んだのではなく天にいると応じ、一同は納得する。[15]

次にフサイン・ブン・ラウィー・アルファーリシーが登場し、キリストがかけられたとする十字架の尊崇について質問する。アブー・クッラは、ムスリムがカアバ神殿の黒石を崇めて接吻するのと同様、キリストの旗幟であるからこそ十字架に敬意を表しているのだと答える。さらにあるクライシュ族の有力者が、キリストが神の御言葉であり霊力であると仮定すれば、キリストが地上に降臨したときに神からは御言葉や霊力が抜け出した状態になっているのかと質問したのに対し、アブー・クッラは神は空間的に局限されるものではなく太陽の光のように遍在しており、神の御言葉と霊力は天にも地にも遍く存在していると反論する。[16]

あるハーシム家の男がアブー・クッラに、キリストは自らの意志で十字架にかけられたのか、意志に反してかけられたのか質問する。意志に従ってかけられたのであれば、キリストを処刑させたユダヤ教徒を非難することはできなくなり、意志に反していたのであればキリストの神性は不完全であることになる。アブー・クッラは、ある人が神に対して嘘をつけば、この嘘は神の意志に従ったものか反したものか反問する。一同はこの二つの問は性質が異なり、適切な類推関係にないと言う。[17] しかしアブー・クッラの反問はイスラーム神学における人間の自由意志の問題を提示するものであり、イスラーム教徒の探求心を喚起したに違いない。[18]

この対談にみられる当時の教義論争は、アブー・クッラがコーランを引用し、ムスリム神学者が聖書を引用してそれぞれ相手の受け容れている言辞を前提とした上で、問答を通じて派生する帰結が相手の前提と矛盾することを指摘し、あるいは自己の立場と矛盾しないことを争う点に特徴があった。遠征途上のカリフの軍営内での対話であったにもかかわらず、イスラーム教徒、キリスト教徒の立場はあくまで公平に扱われ、議論の優劣は証明の一貫性・合理性に求められている。アブー・クッラがアレキサンドリアやアルメニアで繰り広げた教義論争もこのような形式で進められたものと想像される。ただし、イスラーム帝国内でのキリスト教徒とムスリムの間の対話は、体制を揺るがすほどの影響を及ぼすものではなかった。東ローマ帝国における公会議を舞台とした論戦や、イスラーム帝国でのムウタズィラ学派をはじめとする学派間の争いの熾烈さとは一線を画し、一定の枠内にとどまる対話であった。その意味でイスラーム世界で行われたキリスト教徒とムスリムの対話は、ムスリム支配者の寛容さを示すと同時に、彼らの絶対的優位を前提として統制された論争であった面は否定できない。

教義論争が盛んになると、対立する相手の立場を詳しく知る必要に迫られ、論敵の批判を想定した設問が具体化していく。聖像画崇敬に関するダマスクスのヨハネとアブー・クッラの著作を比較すると、議論の深化が明瞭に認められる。ダマスクスのヨハネの『聖像画破壊論者に対する反駁』では、論敵を意識した設問は旧約聖書の偶像崇拝禁止規定や偶像を非難する教父の言説、聖者の像を製作することの意義に関してなど、重要かつ基本的な大まかな主題に限られていた。アブー・クッラの『聖像画崇敬論』では、論敵の立場から提示される問はより具体的になって種類が増している。この変化は、ダマスクスのヨハネに届いた東ローマ帝国の聖像画破壊論が未だ一般的な知識であったのに対し、アブー・クッラの時代には聖像画崇敬に反対する人々と実際に議論する機会が増加した事実を示唆するのであろう。しかし、アブー・クッラの著作にはコンスタンティノープルを舞台とした第二期、第三期の聖像画崇敬論争は反映されていない。教義論争が過熱すると、議論が当事者間で詳細かつ複雑になり過ぎて、ついには議論の一般性が失われる。第二期以降の先鋭化した議論はアブー・クッラにもたらされなかったか、あるいは仮に一部が伝わったとしてもイスラーム世界の中で適用される聖像画擁護論としては割愛されたと推測される。

教義に限らず、異なる思想の間で対話が行われるに際しては、論者がまず不十分であるにせよ相手の立場を知るという最低限の理解と、正しい結論を導くための論証の手続きの承認が必要である。その結果論争の進展につれて、論敵の主張を意識的に排除しようとすればするほど、一方の思想は陰影のように他方に転写され、論証の技術は両者の合作として洗練されていく。これは、外来思想の単純な受容とは全く異なる態様による、一種の思想の継受である。

アブー・クッラの『聖像画崇敬論』に照らして考察すると、想定される読者がユダヤ教徒であれ、キリスト教徒の聖像画破壊論者であれ、ムスリムであれ、聖像画崇敬を擁護する立場を宣明したにとどまらず、教義上の立証を聖典や伝承や慣習に加えて理性に依拠する姿勢を強調したことは、当時の思想界に一石を投じたに違いない。もちろん教義を発展させる上で一定限度哲学の力を借りようという発想は、アブー・クッラの創案ではなくダマスクスのヨハネの流れを汲む考え方であるが、前述のアブー・クッラとカリフ・マアムーンの対談など種々の機会を通じてイスラーム世界に哲学研究の刺激を与えたであろうことは想像に難くない。

三　象　徴　論

アブー・クッラの『聖像画崇敬論』は、聖像画を象徴ととらえ、その働きを掘り下げて論じている。次の文章はこの考え方を端的に示すものである。

「名称と画像は指示作用において等しい。名称や画像を用いて行われた冒瀆ないし尊敬は、それらの名称や画像の指示する対象に到達する。[19]」「もし『名称は画像と同様ではない。』と言う人があれば、彼は物事についての無知からこう言っているに過ぎない。書かれた名称は話し言葉の写しや像であり、話し言葉は観念の写しであり、観念は事物の写しであるという、哲学の説いていることを知らないからである。画像は〔字の〕読める者、読めない者も理解する明瞭な文書ではないだろうか。故に一面において画像は文書より優れているのである。なぜなら、文書も画像もそれらの示すものの記録であり、画像は〔字の〕読めない人にも理解され文書より理解作用が強固であるため、想起作用は文書より徹底しているのである。[20]」

この見解はダマスクスのヨハネの、

「聖バシレイオスの言うように、像に対し捧げられたいかなる敬意も、その原型に到達する。[21]」「文字を解する者にとって書物が〔果たすような働きを、〕画像は文字の読めない者に対して〔行うのである。〕あたかも言葉が耳に呼びかけるように、画像は視覚に呼びかけ、我々に理解をもたらす。[22]」

という言葉を敷衍したものである。ダマスクスのヨハネからアブー・クッラに受け継がれた思想は、文字と画像を象徴としての働きにおいて同一視した上で、象徴は人に対して原型を想起させ理解させる作用を持つと同時に、人が象徴を用いればその原型に影響を及ぼすという双方向の効用を説いている。アブー・クッラはさらに象徴としての効用は文字より画像の方が強いと考え、象徴の作用においては、原型に対して効果をもたらす能動的側面を重視している。

象徴の能動的作用は、ダマスクスのヨハネやアブー・クッラ以外のキリスト教思想家も言及している。ネストリオス派のカトリコス・ティモセオスI世は、前出のカリフ・マフディーとの対話で十字架の使用を正当化している。その中でアブー・クッラが展開した象徴論に類似した十字架の効用が主張される。

「勝利に恵まれた我らの王〔マフディー〕は、私〔ティモセオス〕に言った。『なぜ汝らは十字架に対し礼拝するのか。』私は彼に答えた。『我らは、十字架が生命の原因（ʻillah）であるため、これを礼拝するのです。』すると王は私に重ねて言った。『十字架は生命の原因ではない。死の原因だ。』そこで私は彼に答えた。『王よ、十字架は仰せの通り死の原因ですが、死は復活の原因であり、復活は生命と不死の原因なのです。従って王よ、十字架は生命と不死の原因です。それ故我らは十字架を用いて、それにより我らに生命と不死の泉を開かれた至高なる神に礼拝を捧げるのです。そしてあの方（神）こそが始めに〝闇から光が輝き出る〟（コリント後書四章六節）と言われ、ある時は木によって苦い水を甘くされ（出エジプト記一五章二五節）、毒蛇を仰ぐことによってイスラエルの民に生命を与えられ（民数記二一章九節）、十字架の木から我らに生命の実を取り出され、また我らのために十字架の枝を生命と不死の光で照らされたのです。我らが〔木々の〕実を好んで木々を大切にし、面倒を見るよう努めるのと同様、我々は〔十字架から〕出現する生命の実を尊重するため十字架を大切にし、尊崇するのです。さらに、神の愛の燦然たる光が可視・不可視の被造物すべてに向かって輝いているとしても、万人を救済し、彼らの生命と復活を願って十字架の木の上で死を迎えたことによって、理性ある人々に対しこの愛の光は一層強く輝くことになるのです。よって勝利に恵まれた王よ、至高なる〔神が〕皆に愛を顕現された十字架を用いて、万人が神に対する愛を表現することが、彼らにとって正当にも義務となるのです。』」(23)

ここでは、十字架の崇敬はその象徴する生命と不死を願うため、神に対する働きかけとして行われるという考え方が明確にされている。

十字架は画像ほど具象性はないが、明らかに文字とも違い、両者の中間に位置づけられる一種の記号と考えられる。アブー・クッラはこれらに加えて聖餐や洗礼などの宗教上の行為を象徴の操作であると解釈し、次のように言う。

「そのため、我らの主はエルサレムの一室で弟子たちに麵麭と葡萄酒を食べさせてその肉と血を与え、彼らに言われた。『これは我が肉、我が血である。』〔主の〕言葉によって、食した物に明らかな栄光を見ることなしに彼らの理性は確信を抱いたのであった。これはキリスト教徒の間で依然として行われており、聖別された後も聖別される前に持ち込まれた状態と同じに見えるのに、この聖体がキリストの肉と血であることを確信しつつ聖餐を行っているのである。〔キリスト教徒の〕すべての秘蹟も同様である。[24]」

アブー・クッラは他の著作でも聖餐の象徴性を強調している。アルメニア人の典礼を批判したアラビア語の論考の中で、アルメニアで獣肉の供犠を行っていたかつての慣習を扱った次の一節がある。

「我らの言葉に決して驚くべきではない。これら犠牲となっていたものすべては、キリストに由来するものに他ならない。なぜなら、〔キリストの〕姿（ṣūrah）であるという〔意味〕において、これらの犠牲はキリストであったからである。同様に聖パウロは、イスラエルの人々のために川が流れ出していた岩について語っている。『この岩こそキリストであった。』（コリント前書一〇章四節）福音記者ヨハネはキリストについて、その足を折らなかった時のことを語った。『このことが起こったのは、〝その骨は一本も砕かれない〟という聖書の言葉が実現するためであった。』（ヨハネ伝一九章三六節）この言葉は、神が預言者モーセに対し過越の際に屠るよう命じられた小羊のことを言っているに他ならない。そこで我は汝にその小羊とはこれであると教えよう。洗礼者ヨハネはこの秘密を知った時、キリストを見ると指で彼を指し示し、言った。『これは世の罪を取り除く神の小羊だ。』（ヨハネ伝一章二九節）これらの犠牲は、この意味においてキリストであると言われたのである。[25]」

このようにアブー・クッラは、小羊とはキリストの象徴であり、小羊の供犠はキリストの受難の象徴であるから、これを理解せずに字義通り獣肉を捧げたアルメニア人の当時の風習を批判したのであった。

アルメニア人と対照的に、コンスタンティノスⅤ世はその聖像画破壊論おいて聖餐の麵麭のみがキリストの像であると主張して画像を拒否している。アブー・クッラの立場に立てば、象徴は広義に理解されるべきであって、聖餐の麵麭に限定されるいわれはなく、むしろ画像のように想起作用が強い方が象徴としてより有効であるという結論になるだろう。

また、第四ラテラノ会議（一二一五年）で公式化され、西方のスコラ哲学で発展を遂げた「化体説」では、聖餐における麵麭と葡萄酒の実体はキリストの体と血の実体に変じ、麵麭と葡萄酒の偶有のみが残ると説明されている。これは、物質の世界に秘蹟の効果を拡大し、秘蹟は信者に対する主観的な意味だけでなく、客観的な変化をもたらすという考え方である。「化体説」も、聖餐の象徴機能を重視せず、即物的理解に傾いている面でアルメニア人の供犠と同根である。「化体説」と比較すると、アブー・クッラの象徴論は「神の知恵」と「世俗の知恵」の領域を明快に区別しながら、物質の世界を超越した典礼の霊的意味を強調している点で、伝統的な典礼の解釈により精緻な理論的裏付けを与えたと評価できる。

ある物体が別の存在の象徴であるというためには、これらの物体の示す原型に関する認識が必要であり、その上で物体と原型との象徴関係が承認されなければならない。物体と原型が形態的に全く異なっていても象徴関係は成立する。アブー・クッラは、「神は結びつきのない像をもってそれらにより作りなされるものと描き象られた対象を結び合わされた[26]」といわゆる象徴の恣意性に言及している。次に宗教的象徴とは、原型が宗教的存在であるか、象徴関係の設定に宗教的契機が働いているか、あるいはその両方であるものを指し、アブー・クッラの用語では「神の知恵」を受けた信者しかその象徴機能を理解することができない。例えば小羊の原型はキリストという宗教的存在であり、小羊とキリストを結びつけるには聖書の記述の秘密を知る必要がある。よって小羊は宗教的な象徴である。十字架が生命と不死の象徴であるというとき、「生命と不死」そのものは必ずしも宗教的観念に限らないが、両者に象徴関係を認めるにはイエスの十字架上の死と復活という宗教的理解が前提となっているから、これも宗教的な象徴である。従って異教徒には小羊や十字架の象徴機能が理解できないのである。反面、画像や十字架などの象徴物は、人手の及ぶ通常の物体であり、宗教的存在ではない。従って異教徒が画像や十字架を外形的に模造することや、キリスト教徒がこれらの模造物に宗教的象徴機能を認めることは可能である。

象徴としての作用は、宗教的象徴の場合も世俗的象徴の場合も異なるところはない。アブー・クッラは、

「物の材料はその上に文字や画像が書かれれば、人における価値は文字や画像が書かれる前の価値と同じではないことを知らなければならない。[27]」「画像をもって表されたすべての物は〔画像の対象に〕結びつき、画像によって同等のものが作られる。これは画像について〔の説明である。〕文書についてはこの点で画像と同じであり、画像によって表されたものがその対象に到達するのと同様、〔書かれて〕表されたものはその示す対象に到達するのである。[28]」

とすべての象徴に共通する原則を示す。そこから、次のような帰結を導いている。

「汝の父の画像の顔に唾を吐きかけた者に汝が害をなすのと同様あるいはそれ以上に、想像を絶する〔キリストの〕寛大さにより、〔キリストはその画像を〕崇敬する者に善をもって報われるのである。[29]」

偶像とは、それ自体が神とみなされる物体か、神を原型とする象徴物であると定義できる。たとえ後者の場合で

も、象徴の原型として神を人間の感覚により認識することが不可能であるという考えを徹底すれば、例えば円環の絵を神の象徴と定めて用いることはもとより、名称という言語象徴を用いて神を呼ぶことすら禁じられてしまうだろう。ところが、イスラームでは「アッラー」の名やその属性に言及することには何ら支障はない。これは諸預言者に聖典、特にムハンマドにアラビア語でコーランが啓示されたからである。神が人に啓示を下して初めて人は神に関する言語象徴を用いることができるようになった。イスラームの教義では、神についての視覚象徴を認めない。聖典のどこにも十字や丸などの記号、その他人間の視覚の及ぶ像を神の象徴とするようには命じられていないからである。これがイスラームにおける偶像禁止の最も広義の解釈である。キリスト教では神と人との関わり方が異なっている。キリストは「受肉」(Ar. tajassud)した神であり、同時代の人々が姿を見、手で触れることのできる存在として人間の歴史に参加していた。そこに視覚などの感覚をもって人がキリストを認識する余地が生まれ、キリストを原型とする象徴を作っても偶像とならないという聖像画擁護論が派生していく。イスラームは新旧約聖書を聖典と認めるが、ユダヤ教徒やキリスト教徒の手に実際にある聖典を完全なものとは考えていない。完全な聖典はコーランのみであり、他の聖典がこれに背馳していればその部分が改竄されているとみなしている。イスラームにおいてイエスは普通の人間であり、「受肉」は神を物質の世界に貶める「落入」(hulūl)に他ならないとして厳しく否定される。

　近接する問題として「擬人化」(tajsīm)が挙げられる。コーランには「おもむろに王座につき給うた御神」(コーラン一〇章三節)、「アッラーの御手」(コーラン三章七三節)、「アッラーのお顔」(コーラン三〇章三八節)という表現があり、アブー・クッラもこれらを、

「汝以外の信仰を主張する者が『自分はこれらすべてを受け容れない。』と言ったとしても、その者は疑いなく

『神は玉座に座している』とか『神には手や顔がある』など、ここでそれを続けることはしないがこれに類したことを言うだろう。[30]」

と指摘している。初期のムスリムには神の擬人化を肯定する者があった。ムウタズィラ学派から訣別してイスラームの正統となる思想を興したアシュアリー（al-Ash'arī 八七三－九三五年）は次のように伝えている。

「ダーウード・アルジャワーリビーとムカーティル・ブン・スライマーンは、『アッラーは物体（jism）であり、人間の姿をした肉体（jutthah）、すなわち肉と血と髪と骨であり、手や足や舌や頭や両眼といった肢体・器官を有しているが、これにも拘わらず〔神は〕他の何者にも似ることはなく、何者も〔神に〕似ていない。』と述べた。……ヒシャーム・ブン・アルジャワーリーキーは、『神は人間の姿をしている。私は〔神が〕肉や血であることを否定する。〔神は、〕白くきらめき輝く光であり、人間の感覚のような五感を備えており、〔神の〕聴覚は視覚とは別であり、あらゆる感覚も同様に〔別々である。神には〕手と足と耳と眼と鼻と口があり、また黒い鬢毛がある。』と言った。[31]」

これに対しムウタズィラ学派は神の擬人化を激しく非難している。

「ムウタズィラ学派は、アッラーは一者であって〔他の〕何者かのようではなく、耳早く、すべてを見通し給うが、物体ではなく、幻像でもなく、肉体でもなく、形相でもなく、肉でも血でもなく、……眼で見ることはできず、視覚が捉えることもないと一致している。[32]」

ムウタズィラ学派の思想ではコーランの表現は隠喩として解すべきであって、アッラーの手とは恩恵（ni'mah）のこと、アッラーの眼とは知識（'ilm）のこと、アッラーの側とは事柄（amr）のことであるとされる。[33]

アブー・クッラは、

「もしこれらの言説によって神の擬人化（al-jusdānīyah）に踏み込むなら、この属性が寓喩的（'alā ma'nan hasan）にでなく真に神に存在していると主張する限り、望むと望まないとにかかわらず神についてのこれ以外の付随的な擬人化ですら語ることを認めることになるだろう。仮にこれは神について寓喩的に語られているに過ぎないと言えば、彼の否定するこれ以外の神の属性についても寓喩的に語ることが許されよう。(34)」

と批判している。

またアシュアリーは擬人化及び隠喩としての解釈の双方を拒否し、アッラーには顔や手や眼が「いかにと問うことなく（bi-lā kayfa）」存在すると主張した。(35)

イスラーム教徒が世俗的な画像まで否定していった理由は偶像崇拝の禁止だけでは説明しきれない。単に宗教的象徴としての画像を偶像として排除するのであれば、例えばカリフの画像はその対象とならないはずである。キリスト教徒の聖像画破壊論者は、皇帝の肖像を否定しなかった。ムウタズィラ学派は神を原型とする視覚象徴を峻拒するが、それでも神を原型としない宗教的視覚象徴や世俗的視覚象徴までを排除する根拠を示していない。イスラームの立場からはキリストの神性は否定されるため、キリストの聖像画は偶像そのものではなく、他の預言者と同列の神を原型としない宗教的視覚象徴に分類されるであろう。もっとも、これへの崇敬というキリスト教徒の取扱いによって、ムスリムの眼からは偶像と混同された節がある。

イスラーム教徒の中には、宗教的象徴であるか否かを問わず、そもそも生命あるものの像を製作することを拒否する考え方が現れた。ハディースにおいては第四章で見た通り、生命あるものの絵の作成が神の創造を真似る行為であるという理由で非難されている。アブー・クッラは、

「生命のあるものの像を形作った者は、その像を作ったことに関してそれに魂を吹き込んだ廉で復活の日に責

められると言っている者はどこにいるのか。……こうした言葉を語る人々は、生き物を描く者が描いたものに魂を吹き込んだ廉で咎められるのであれば、彼ら自身が画像に生命を吹き込み、それらを繁らせ、実をならせたため責められると知らずに樹木を描いているのは驚くべきである。両者は人のなしうることとして同一である。[36]」

と述べて、一貫性の欠如を非難している。

この問題を巡っては、時代は下るがイブン・アルアラビーの解釈が参考になる。

「像を造る人（al-muṣawwir）とは、創造主ではないのに神の創造のように被造物を造る振舞いをなす者のことである。汝が土で鳥の形のようなものを造ったと言えば創造したと呼ばれるが故に、彼は創造者なのである。しかし彼が〔造ったのは〕鳥の形骸であり、形骸は像である。そしてすべての像は感覚を伴った生命現象の器となる。アッラーは像を造る人を難じて警告した。なぜなら、〔像の〕製作を完成すれば感覚を伴った生命現象がそこに〔出現するはずであるが、〕植物や鉱物や天体や様々な図形など、感覚を伴った生命現象のない物の像を造ることと違い、彼にはそのような〔生命現象を出現せしめる〕能力がないため、〔像の〕製作を完成していないからである。[37]」

「アッラーは僕が〔被造物の〕像を造り、主の許しを得てそれに魂を吹き込むことを非難された訳ではない。従って汝は主の代わりに、口をきき主の栄光を讃える蛇を造ることもできる。アッラーが非難されたのは、〔被造物の〕像を造って生命の受け皿としたのに、それらの創造者でありながら生命を与えない者である。[38]」

ハディースやイブン・アルアラビーの教説を見ると、像は原型との間で象徴関係を作り出すにとどまらず、原型自体の複製に近い存在と考えられた様子が看取される。そのため生命あるものの像は、呪術的といえるほどの力を持ちながらも、生命は与えられていない中途半端な性質を持つため忌避されたのかも知れない。

イスラームでは教義から視覚に関する要素が排斥されている訳ではなく、むしろ、

「誓おう、沈み行く星々にかけて、走りつつ、塒に還る星々にかけて、駸々と迫る宵闇にかけて、明けそめる暁の光にかけて、げに、これぞ貴き使徒の言葉」(コーラン八一章一五―一九節)

のようにコーランには鮮烈な描写を伴う表現は多い。自然界の出来事の記述を通じて、これらを創造した神の偉大さを強調する効果を持っている。このような神の業を証する事物は徴(āyah)または神徴(āyah Allāh)と呼ばれ象徴と類似する。しかし神徴は事物そのものであって、神の業の偉大さを想起させるとしても、原型が神ないし神の業である視覚象徴とは区別さるべきものである。

結　語

アブー・クッラがアラビア語で本格的なキリスト教神学を展開したことの意義は、次のようなものであった。五世紀よりネストリオス派や単性論派が皇帝派教会と対立し、彼らはギリシア語から遠ざかりシリア語やコプト語を神学表現の媒体として好むようになった。イスラーム帝国のシリア・エジプト征服を境に、これらの地ではギリシア語は公用語の地位を失っていった。七世紀末から八世紀初にかけての東方キリスト教世界では、言語の面からの統一性が崩れ、教派間では教義の違いのみならず、対話自体が困難になる状況が生まれようとしていた。アブー・クッラや彼と同時代の神学者がアラビア語による表現を模索したのは、イスラーム帝国内の教派を超えたキリスト教徒の連帯を言語の面から回復しようとする試みでもあった。また、ムスリムと共通の言語を持つことで、キリスト教徒としての自己認識がギリシア語やシリア語などの言語に基づく集団への帰属意識とは別の次元にあることが明確になった。イスラーム帝国による征服以降、シリア・エジプトのギリシア語人口は減少の一途を辿り、現代ではパレスティナの修道院などに局限されてしまっている。アラビア語を用いてキリスト教を伝承する途が開かれていなかったとすれば、この地域の正教会は急速に衰退していたであろう。

一方ムスリムにとっては、アラビア語を用いたキリスト教文献が現れたことにより、キリスト教へのより正確な理解が可能となったはずである。イスラームとキリスト教の間の教義論争が活発化し、相互に触発されてそれぞれの神学が発展した。従来ギリシア哲学のイスラームへの影響に関しては、アリストテレスらの著作がアラビア語に翻訳されたことを契機として、イスラームに逍遙学派が形成された道筋が強調されている。しかし、ダマスクスのヨハネによって探究されたギリシア哲学とキリスト教との調和が神学の体系化として結実し、その成果がアブー・クッラらによってアラビア語で表現され、さらにキリスト教徒とムスリムの論争を通じてイスラーム世界に伝えられた側面を見逃してはならない。また、西洋中世におけるスコラ哲学の発展についても、一般にはギリシア哲学がイスラーム哲学を経由して西方にもたらされた経緯が説かれているが、ダマスクスのヨハネの『知識の泉』をはじめとする著作がラテン教会に直接及ぼした影響は看過できない。

キリスト教における聖像画破壊運動とイスラームにおけるムウタズィラ学派には、時期の近接と思想面の共通性がみられる。両者とも、信仰における感覚的要素を極力排除しようとし、また皇帝やカリフという政治権力者がこれらを一種の改革運動として推進した。しかし、詳細に検討すると両者の相違も目立つ。聖像画破壊運動は東ローマ帝国の社会に大きな混乱をもたらしたが、教義上はキリストや聖者の画像を崇敬すべきかどうかという問題に限定されていた。世俗的画像の可否についてすら争われてはいない。ムウタズィラ学派は神の擬人化の否定、コーラン被造物説などいくつかの特徴をもつより包括的な思想を有し、特定の分野に関心を絞っていたわけではない。聖像画崇敬論争における皇帝の役割は決定的であって、皇帝が聖像画破壊論を唱えなければこのような大論争に発展したかどうか疑わしい。第一次、第二次聖像画破壊運動とも、皇帝側が態度を変えることによって急速に収束した。聖像画破壊論者はその後教派として残存していない。ムウタズィラ学派はカリフに公認されて隆盛を極めたが、カリフによって創始された思想ではなく、多数の学者が形成に関わった。そのため、カリフによって公認が取り消された後に学派として消滅することはなく、衰退しつつも存続した。しかし聖像画破壊運動、ムウタズィラ学派のいずれも、当時宗教における理論化が進行し思弁神学が発展していく中で、極端な理性重視主義として現れた点に共通性がある。宗教から感覚的要素を削り取り、高度な概念操作を行う論理体系に抽象化すれば、信仰は大衆から遊離し、代わって専門知識を持つ少数者が中心的担い手となる。政治権力者が宗教の抽象化を促進することによって、宗教的な中央集権化を図ろうとしたと考えられる。これに対し大衆の側に立って、伝統や伝承に則ったより感覚的な宗教観を肯定する神学者から反論がなされ、結局東方キリスト教世界、イスラーム世界の双方において、極端な理性重視の見解は主流から後退することになる。

聖像画破壊運動とムウタズィラ学派は、キリスト教とイスラームが同時期に伝承や学説の集積の時代から教義の体系化の時代に移行した背景の下に、独自の事情に基づいて現れた思想であるとみるべきであって、いずれか一方が他方を誘発したという関係ではなかったであろう。第一次聖像画破壊運動が始まった七二六年頃には、ムウタズィラ学派の思想は未だ形成途上であり、東ローマ帝国内の動きにムウタズィラ学派が何らかの影響を及ぼしたと考えるには時間的懸隔から無理がある。逆に聖像画破壊論がムスリムの知るところとなった可能性は否定し去ることはできないが、稀薄であったと言わざるをえない。コンスタンティノープルで発生した教義論争は、ダマスクスのヨハネをはじめとするイスラーム帝国内のキリスト教徒には速やかに伝達された。しかし、聖像画破壊論を受け容れた者はわずかであると推測され、ほとんどは聖像画擁護論で結束した。聖像画破壊論は東ローマ皇帝の唱道する教義の色彩が濃く、皇帝の権力の及ばない地では教会の伝統の否定と受け取られた新思想を強制する手段を欠いていたからである。ムスリムの側では、ギリシア語で伝えられたキリスト教の教義を直接摂取する動機に乏しく、イスラーム帝国内のキリスト教徒を介して知識を得ていたと思われる。このような構図から聖像画破壊論がムスリムにもたらされ、ムウタズィラ学派の思想の発生に寄与したと想定することは困難である。

イスラームにおける画像の否定は、ムハンマドの時代から存在したのではなく、約一世紀ほど遅れて発生したと考えるのが出土品や文献に照らして穏当ではないだろうか。その転換点としては七〇〇年頃が一つの目安となる。一方、偶像崇拝の否定はイスラームの初期から一貫していた。おそらく、早くから文明の栄えたシリアでは、宗教上の画像の他に世俗的な画像が随所にみられたであろう。これに対して質素な生活を至上とするアラビアでは、像とは多くの場合宗教的動機によって製作されるものと観念され、一種の奢侈品である世俗的画像がそもそも少なかったのではないだろうか。こうしてアラビアには偶像を像一般に拡大解釈して、これを否定する厳格主義の素地があったとみられる。イブン・アッズバイルの乱はアブド・アルマリクの治世にようやく鎮圧されたが、ダマスクスのカリフに約一〇年間抵抗したメッカ、メディナの民を懐柔するため、アブド・アルマリクは彼らの厳格主義に歩み寄ったのではなかろうか。少なくとも貨幣に関しては、出土例、文献ともこの仮説に矛盾しない。

聖像画破壊運動と、イスラームにおける画像の否定の思想との間に、いかなる関係が認められるかは、最も慎重な検討を要する問題である。東ローマ帝国の文献によれば、第一次聖像画破壊運動の口火を切ったレオンIII世は北シリアの出身であり、「サラセン人の思考を持つ」と形容されていた。また、ウマイヤ朝のヤジードII世がキリスト教徒の聖像画を破壊する命令を出したことも第二ニケア公会議で報告されている。しかし、これらは事件の発生後半世紀以上を経て、聖像画擁護論の立場から編纂された記録である。

レオンIII世はアラビア語を理解し、イスラームに関する知識を有していたとみられる点はほぼ事実であろう。ただし、直ちにレオンIII世の政策がイスラームの影響を受けていたと判断すべきではない。レオンIII世の思想を忠実に再現する史料がそもそも十分でない中で、彼の聖像画破壊論とイスラームの関係を示唆する材料は見つかっていない。ダマスクスのヨハネらの著作から推定する限りでは、初期の聖像画破壊論者が依拠していたのは旧約聖書にある偶像崇拝禁止の文言である。レオンIII世が北シリアにいたと思われる七世紀末から八世紀初頭に、イスラームの教義において画像への態度がどの程度明確化していたか、それが北シリア地方にどこまで浸透していたかは疑問である。仮に当時の北シリアに画像の否定の思想がかなり浸透していたにしても、画像一般を対象としたイスラームの教義が、世俗的画像を容認していた東ローマ帝国の聖像画破壊論にどうつながったのかは説明が困難である。

ヤジードII世の禁令は著名であるが、過大評価すべきではない。禁令の効果は時間的・地域的に限定され、キリスト教徒、ムスリム双方の史料によっても永続的な政策の変化を裏付けることはできない。被保護民であるキリスト教徒の慣習には介入しないというのがイスラームの原則的立場であって、ヤジードII世の禁令は当時のムスリムの通念を反映した行動ではなく、一過性の事件に終わった。キリスト教徒の眼から、この禁令はキリスト教への弾圧と捉えられたはずであり、このようなカリフの態度を東ローマ皇帝が模倣したとみなすのは不自然である。むしろ東ローマ帝国における論争の中で、聖像画破壊論者を非難する目的により、後になって聖像画破壊論とヤジードII世との関係が取り沙汰されたのではないだろうか。

聖像画破壊論とイスラームにおける画像の否定は表面的には類似しているが、理論的には共通点より相違点の方が目立っている。聖像画破壊論は、あらゆる生き物の像を禁じた旧約聖書の章句を援用するものの、実際は聖像画の製作と崇敬の可否の問題に限られており、皇帝の肖像など世俗的画像は許容された。イスラームでは、偶像がもとより禁止されているのに加え、神として崇める対象に限らない像一般への反対が強まっていった。イスラームでは同時に、ムスリムとキリスト教徒が異なる規準に服する制度が存在する点にも注意する必要がある。イスラーム思想史上、画像に対し厳しい態度をとる者であっても、教会内のキリスト教徒の聖像画を破壊してよいという結論を導いてはいない。今日に至るイスラーム世界の歴史をみても、ムスリムがキリスト教徒の聖像画に介入した事件は例外的である。さらに、ムスリムの中に聖像画の美を率直に認め、理解を示す者が少なくなかったのが実態であろう。

それでは、アブー・クッラが『聖像画崇敬論』を著したのは何を目的としていたのだろうか。『聖像画崇敬論』はアブー・クッラの他の著作と同様、イスラーム帝国内のキリスト教徒を念頭において書かれており、教会や修道院で読み継がれていた。東ローマ皇帝に従って聖像画破壊論に与したキリスト教徒はイスラーム帝国内にほとんど存在しなかったはずである。しかし、『聖像画崇敬論』の冒頭にある通り、聖像画崇敬に疑いを抱き、これを控えるキリスト教徒が少なくなかったのはなぜであろうか。ムスリムの間では八世紀以降、画像一般に対する否定の態度が強くなっていった。この思想はたとえカリフを筆頭とする統治機構によって強制されなくとも、隣人としてのムスリムからキリスト教徒に対し不断に提起されていたと思われる。聖像画崇敬は偶像崇拝と同一であるという批判に有効に応えられなければ、聖像画を破壊する積極的な意思を持たないにせよ、これへの崇敬を憚る傾向が生じざるを得なかったであろう。そこでアブー・クッラは、本来東ローマ帝国の聖像画破壊論者に向けて著されたダマスクスのヨハネの聖像画擁護論を、ムスリムからの批判を想定した論考として転用したと推測される。『聖像画崇敬論』は当時の一般的なキリスト教徒がアラビア語を日常語とするようになった変化を受けてアラビア語で書かれた。キリスト教徒の共同体でギリシア語が優勢であったならば、ダマスクスのヨハネの聖像画擁護論だけで十分であっただろう。

『聖像画崇敬論』がアラビア語で書かれたため、キリスト教徒のみならずムスリムにその議論が伝達される結果となったのは想像に難くない。本来、聖像画破壊論者とムスリムはそれぞれ異なる立場から画像を批判していた。そのため、聖像画破壊論に対する反論がムスリムに向けられると、ムスリムの側に新たな波紋を引き起こすことになる。例えば「崇敬」と「崇拝」の区別や、像の象徴としての作用の分析は当時のムスリム神学者にとって新奇な議論であっただろう。アブー・クッラの議論は教義論争を通じてムスリムに伝えられ、これがイスラームにおけるムウタズィラ学派の発展を促した。アブー・クッラが模範としたダマスクスのヨハネの神学には、ギリシア哲学の精華が織り込まれており、アブー・クッラと対話するムスリム神学者は気付かぬうちにこれを摂取したことになる。同時にイスラーム世界では自然科学など世俗的なギリシアの学問が好んでアラビア語に翻訳されたが、ギリシア哲学がムスリムに受容され、イスラーム神学に応用されるに至るまでには、アブー・クッラらキリスト教徒の思弁神学者の果たした役割が大きいのである。

付録

【付録1】

『ダマスクスの聖ヨハネ伝』[1]アンティオキアのシメオン修道院のミハイル著[2]

父と子、聖霊の［唯一なる神の］御名において

［ダマスクスのヨハネ伝を記した理由の説明。彼の祈りが我らを守らんことを。アーメン。[3]］

〔史伝者による前書き〕

黄金の流れと綽名された神聖なる我らが神父、ダマスクスの［司祭］聖ヨハネ――彼の祈りにより神が我らを憐れみ給わんことを――の伝記［の編纂］に私を導き慫慂したのは、スライマーン・ブン・クタルムシュ[4]が［偉大なる］アンティオキアの都を攻撃し、これを［キーサーキール[5]と呼ばれる］東の山から天地〔創造暦〕六五九三年一二月初めの日曜日［八日[6]］に奪い取ったことである。そして三日間彼はその都市を占領していた。その時住民は誰一人残らず、すべて山や砦へ逃げていった。拙者、［司祭と称する修道士[7]］ミハイルは、［火曜日であった］その日に都にいて彼らから落ちのび、ある真っ暗な家に隠れていた。思し召しにより神は私を［彼らの眼より］隠され、彼らから守られたのであった。

夜がやってきて住人のいなくなった街を眺めたとき、私は恐怖と不安に襲われた。私は街の人々と共に山に行きそびれたことで我が身を責めた。私は真夜中山に登り、早朝には砦［の門］まで来た。そして私が砦へ入ろうとしていたと

き、突然砦から馬に乗った街の人々の一群と、彼らがアルターフの砦[8]に助けを求め、彼らの敵スライマーンから救うため莫大な金を与えていたトルコ人[9]の一隊が出てきた。彼ら［全員］は馬を駆って降りていった。砦に入ろうとして私が左右を見回していると、我らの味方が逃げ戻り、トルコ人スライマーンが彼らを追っているのが見えた。まさにこの時彼らは城壁や山、砦とそのまわりにいた男女子供、その他人畜すべてを追いたて、捕らえて降ろしていた。私は囚われ人たちの中にいた。私は自らが思慮を欠いたことをとがめ、非常に悲しいその出来事について考える［たびに］私の両眼は熱い涙で溢れた。それは大いに恐るべきすさまじい災難だったからである。そのようなことは［我々の時代に］［全く］起こらなかった。途方にくれ、人生に絶望している我々を男たちが引き立てていく間、私は他ならぬある一日のことを思い出した。それは一二月四日［水曜日］であり、その日私はアンティオキアの人々との交際を楽しみ、幸福と歓喜の極みにあった。彼らは最も豪奢な祭服や衣装を着用し、多くの者は馬や騾馬に乗り、殉教者バルバラ大聖堂に参集して聖女の毎年の記念日を総主教、教会信徒、総督、顕官たちと祝っていた。私はその聖女の取りなしを求めて彼女の助けを乞い、その同じ日が共通の祭日となっている者――すなわちダマスクスの［修道］司祭聖ヨハネ――に懇願を繰り返していた。私は山から降りる道すがら彼に懇願し、彼のキリスト教に対する熱意を思い起こした。私は人々が彼の［祈りと］取りなしによる救いをもって災厄から逃れるよう、我々が草地に着いて地面の上に［座って］落ち着くまで助けを求めた。その時［我々は］大声で叫び呼ばわって言った。スライマーンは捕らわれた街の人すべてを解放した、そして彼らに安心して恐れることなく自分たちの家へ戻るよう命じた、と。昼のこの時に慈悲の眼差しで彼らを御覧になり、その配剤は玄妙にして穏和である神――その名が讃えられんことを――に皆は感謝し、諸属性を語るには舌も萎えてしまう神――讃えあれ――の慈愛のためその栄光を高らかに賞讃した。

一年が過ぎ、共通の二つの祭日、すなわち聖バルバラ[10]とダマスクスの［聖］ヨハネの記念日が近づいた。私はその聖者［ヨハネ］の物語を聞こうと求めた。私はすべての人々から、ギリシア語にせよアラビア語にせよ完全な物語のないことを知った。彼が美徳と栄誉において他の人々を凌駕し、教会に集まっているキリスト教徒全員の間で彼の言葉について多年にわたり昼となく夜となく語られているにもかかわらず、彼の記憶が［忘れられんばかりに］無関心が同時代の人を支配している様子に私は驚いた。私は彼の物語が茫漠としている理由を示す人を見出さなかった。私は彼について断片的な話を聞いたことがあり、彼について書かれた［非常に］簡単な記録を彼の同時代の教父たちの話の集積の中にばらばらに見つけた。私はそれらを集め、その本末が調和しないと見たいくつかは省いた。そしてそれらを連続した一つの説明とした。これを読む人は私の釈明を受け容れていただきたい。なぜなら、私は自分の能力を越えることをあえて行い、［このことや他のことにおいて私より識見があって自分の先達である学者たちを出し抜き、］彼から私に到達していると感じた効用のために、その聖者に近づきたいと欲しているからである。［従って私は彼の物語の典拠のうち、多くのものから集めることが容易なわずかなものを編集した。］［至高なる］神はすべての者に思索と努力に応じて報われるのである。［神に永えに栄光あれ。アーメン。］

〔ダマスクスのヨハネ伝〕

［純粋な人々の間で有名な、神聖な教父たちの中の高貴な聖者、黄金の流れと綽名された聖なる司祭ダマスクスのヨハネの伝記を彼の散らばった物語のうち集めることが容易なものにより記すことの始め。彼の祈りにより、神が我らを憐れみ給わんことを。アーメン。[11]］

神々しい人々、その［物語］[12]への言及が他の優れた人々に広まっている［敬虔で］神聖な教父たち、正統信仰の巌の上に堅固に立つ教会の諸原則の教師たち、正しき信仰の擁護者たちの物語を［聞くことを］最も切望する者にとっては、彼らの物語を求めることに優る［願望や］［それより］偉大な［伝承］はなく、それらの物語の滋味はあらゆる精神的、肉体的快楽［・愉悦］を超えているのである。特に長い時が経過した人々には、彼らの伝記を整えて伝える物語は存在せず、紙に綴られることもなく、信者の［人々］や諸聖者の記憶を共有するキリスト教徒の集団の耳に響いているのである。しかし、ある人から次の人へ語られる諸聖者の物語は、［伝聞や］伝承に向いた簡単な言葉である。そして［その探究のための素材がないので］滋味と良い味わいの愉悦を伴う伝承は絶えてしまう。さまざまな場所に散らばった宝玉のようなものである。もしこれらの散らばった真珠や宝石を集め、互いにつながった形の整った［一つの］連鎖にしたら、それらを眺めることは大いに期待され、それらを始めから終わりまで聴こうと心が強く惹かれることになろう。このことは［高貴な人々］の間で宝石や強大な権勢よりも尊重されるのである。

〔ダマスクスのヨハネの紹介〕

いま、諸聖者の中で［輝かしい地位にある(13)］一人、ダマスクスの神父聖ヨハネがあり、彼の記憶は今の世に我々の間で存在している。彼は黄金の流れと綽名され、正教会の人々が［主の］祭日や聖なる殉教者たちの集いに際して歌う聖歌やカノン、讃美歌といったあらゆる分野の調べ、そして多数の著作と疑い背く者どもへの反論によって［至高なる我らが主、イエス・］キリストの聖堂を飾り、キリストの母、我らの貴婦人である処女を讃え、論理学や哲学という異教の諸学を学んだ後は、その舌鋒に古今の書物を担っている。その時、その記憶が祝福され、［栄誉］が広まっているマーユーマー［すなわちミーマース］の主教コズマー(14)が教育［と訓育］を彼と共にし、彼の養育のため［ヨハネの］父の家で一緒に生活し、その後の修行や修道生活［――その場所が高からんことを――］を等しくして、彼の著述と作曲の［若干において］協力者となったのである。

生まれ育ちがダマスクスの都［そのもの］であったこの［神父］、聖ヨハネはイブン・サルジューンとして知られたマンスールの息子であり(15)、［マンスールは］この都市の人々の中で高貴な地位を占め、都市の運営を左右する支配者としてバシリコス(16)と呼ばれ、［すなわち］その都市周辺のすべての郷邑及び財政の仕事に携わり、［義しい］美徳［と讃えるべき信仰〕に基づいて歩み、〔至高なる神――讃えあれ――を懼れ、神の教えに従って働き、思慮に富み、〕学問を好んだ。そのため彼は神の配剤によって息子ヨハネの教育に配慮し、カラブリアの哲学者、修道士である〔彼の教師〕コズマーから〔得た〕学問の最高の段階へ息子を上らせたのであった。[17]

〔ダマスクスのヨハネの師〕

聞く人よ、両者の名前が一致するため、〔ヨハネの〕父の家で彼と共に育てられた〔マーユーマーの主教〕コズマー〔、ヨハネの兄弟〕と思ってはならない。このコズマーは彼とは別人で、中年の知識豊かな人である。そして二名とも彼から哲学の〔知識の〕教育を受けたのである。なぜなら彼は――カラブリアのコズマーのことであるが――売られて奴隷となるための〔多数の〕捕虜の間にいてダマスクスの〔都〕に来たからである。海賊が何隻かの外国船から彼らを捕らえた。〔海賊は、〕〔捕虜の〕中で売れず値がつけ難くなった者を打ち首にすると脅した。打ち首にしようと進んだ〔海賊〕は皆、まず〔捕虜、奴隷の中にいた修道士で哲学者である〕カラブリアのコズマーのところに来た。彼は身を〔相手の〕足下に投げ出し、苦境の時に忍耐〔と堪忍〕を保って来世に恕しを得るため、自分に言及して祈るよう頼んだ。

海賊は〔虜にした哲学者〕コズマーが捕虜〔の仲間〕たちの間にあって非常に高貴な性質をもち〔彼らに卓越していること〕を見ると、彼に言った。「お前はキリスト教徒の〔首長か〕[18]。そのため彼らよりこのような〔高貴で偉大な〕地位を得ているのか？」すると彼は答えた。「私は〔首長でも主教でもなく〕[19]、しがない修道士、哲学者でございます。」そして彼らに対するこのような答が終わると、彼の両眼は〔非常に〕多くの涙で溢れた。その場にいた〔ヨハネの父〕[20]マンスールは泣き、嗚咽しながら彼を見ていた。そして彼の方へ〔急ぎ、〕走り寄って言った。「人よ、あなたは何によって泣いているのですか。あなたのこの衣装は、あなたが現世で修道生活〔に従っていること〕を示しているというのに。」彼は答えた。「［この］世の生命〔を失うこと〕や不幸、多くの心配事について私は泣いているのではありません。私が年少の頃から学び、全生涯［獲得に］苦労し、私の生涯に楽しむことがなく、自分の死後私を偲んでくれる人に教える機会のなかった学問を嘆いているのです。」［バシリク］[21]は彼に言った。「あなたは諸学のどこまで到達したのですか？」彼は答えた。「私は学問の［多く］[22]を学び、そのすべてを［記憶し］[23]、私に隠されているものは何もありません。」

マンスールは［彼から］この［言葉］を聞くと、急いで〔信徒の〕[24]長のところへ向かい、［彼から］コズマーを貰い受け、自分の屋敷に連れてきて〔コズマーの〕心を喜ばせる言葉をかけ、彼に言った。「今や私のもとで、あなたは奴隷ではなく神の御前で解放されて自由になりました。ここに私はあなたを家の中心にいざない、あなたと財産、家財を共にし、我が暮らしにおいてあなたを私自身と等しなみにしましょう。ただ［貴殿が］我が実子ヨハネと［両親のない孤児でエルサレムで私が育てた］魂の息子コズマーに、あなたが私に語ったこの［全］知識を教えていただくよう願います。」すると彼は答えた。「かしこまりました。ご命令に従いましょう、我が主人よ。」

そして彼は昼夜彼ら二人から離れることなく、教育に取りかかった。彼ら二人は天分に恵まれ［祝福されていたので］、二人は［長からぬ］わずかの間に彼から［多くの］[25]学問を学び、それら、すなわち［論理、修辞、幾何、天文］[26]の諸学に優れた成果を収めた。二人はそれらの書物を読破して記憶するほど学ばなければ離さなかった。そしてギリシア語で著されたあらゆる課程のすべての［文学］に習熟した。［また］二人は必須の神学書の蘊奥を極めた。二人の優秀さは彼らを知る者すべてにとって明らかになった。我らが述べたことを確かめたい思う者には実証が可能であり、諸学百般における二人の完璧さを知るであろう。もし〔その人が〕二人の手になる讃美歌やカノン、著作を読めば二人の知識と敬神がいかばかりであったかが分かるであろう。そして二人はより輝かしい地位にあってより美徳の高い道を切望していたので、修道衣をまといその重荷を担ったのであった。我らはこれへの説明を相応しい場所で行おう。今我らはその前に話を始めたところへ戻ることにしよう。

〔師と父のその後〕

さて、二人の［教育］が終わったとき、修道士で哲学者のコズマーが進み出て［バシリク］[27]に言った。「［我が主人よ、］あなたの息子ヨハネは、［私の知る］諸学のすべてを学び終えました。彼は［今や］学識において、私にひけをとりません。［あなたが育てた孤児、］彼の［同胞］コズマーもまた同様です。そこで私はあなたにお暇を下さるようお願いします。それにより私は［聖なる］エルサレムに行き、清浄な場所で礼拝し、主の助けにより聖者サバの修道院に下って［自らを我が神に捧げ］[28]、私の残りの人生で〔神に〕奉仕し、あなたの美徳と善行に対し感謝し、あなたのために祈りましょう。」

すると［ヨハネの父］マンスールは彼に答えた。「［神父よ、本当に］私はあなたからの別離が非常につらく、あなたから遠ざかることの悲しみには限りがありません。しかしあなたが我々から離れ、［人々から］孤絶して［懼れ畏き］[29]神に縋られることを願われた以上、私はあなたにそれを止めたり、神からあなたを分け隔てたりすることは［決して］できません。安寧にご出発なされ、あなたの祈りの中で我々全員に言及して下さい。」そして〔マンスールは〕彼が願うことをめざして進むよう暇を与え、彼の必要にかなうものを整えた。カラブリアのコズマーは［エルサレムに四〇日間留まって諸聖蹟を参拝した。］彼は自分の願望と選択通り聖サバ修道院［に下り、］死が訪れるまで［そこに落ち着いて昼夜神に仕えた。］

その後マンスールは世を去り、彼の息子［ヨハネは］［ダマスクスの］[30]〔信徒の〕長の書記となり、〔カリフの〕下で重用され、その機密と布告、命令と禁止に関与した。

〔ヨハネとレオン三世〕

その頃、イサウリアのレオンの子コンスタンティノス・アッズブリー、神聖なイコンと戦う者がコンスタンティノープルの都を治めていた。[31] 彼は諸教会のすべてを悩ませ、我らが主イエス〔・キリスト〕――その名の高からんことを――の信仰に篤実な人々を脅かし、イエスの聖像をイエスの母、〔永遠なる〕処女の像やあらゆる聖者のイコンとともに攻撃し、神――その〔賞讃〕[32]の大ならんことを――の本質についての哲学者たち、すなわち諸天使の道に従って進み修行にいそしむ修道士たちを忌み嫌い、彼らを暗闇の黒衣をまとう者どもと呼んでいた。

〔この有徳で〕高貴なヨハネは、聖なる教会の位階聖職に数えられる者でも〔諸教会〕[33]の統括者や首長として知られる者でもなかったが、信仰に対する熱意と真直ぐな見解をもって聖大バシレイオスの[34]「画像の崇敬は、その第一淵源に到達する」という〔最も〕善き言葉に範をとってより緻密な筆致とより踏み込んだ警告を用い、聖なるイコンの礼拝について諸教会が結束し正しい信仰を堅持するよう遠近あらゆる方面に倦むことなく書き送った。

聖なるイコンを忌避する皇帝レオンに彼の高潔で〔純粋な〕行動が伝わり、彼の書簡が眼にとまると、彼に対し野豚のように歯牙を嚙み鳴らし、次のような奸計を用いて彼を謀ろうとした。

すなわち、諸官衙から巧みな書記たちを呼びよせて彼らにヨハネの手紙のいくつかを見せ、その形からそれぬよう彼の筆跡を〔完璧に〕まね、彼の文体を模倣し、彼が著したが如き皇帝への建言とキリスト教の関心事を説いた彼から皇帝宛に送られた書簡を作成するよう命じた。それは「シリア州のほとんどの邦々は手薄で〔放置されており〕、そこを目指す敵を防ぐ守り手や、奪い取ろうと欲する者から守る防ぎ手はなく、略取を望む者にとって思うがままであろう。」という趣旨に類似したものであった。そして彼〔皇帝〕からダマスクスの〔支配者〕[35]宛の別の書簡で〔このように〕書き記した。「余は我らの間の友愛と和睦を強調し、我らの和解がよって立つ諸合意に反することを好まない故、汝に汝の書記ヨハネから我らの帝国へ送られた書簡のあるものを届ける。それにおいて彼は、汝の国に守る者がおらず略取を望む者にとって思うがままであるから、汝の国に進出し汝の国を獲得する機会をとらえることを我らに勧めている。もし汝がこれに注目し吟味すれば、汝は我らから汝に対する誠実な友愛と汝の立場に対する我らの敬意がいかばかりかを知るであろう。平安あれ。」

〔ヨハネとダマスクスのカリフ〕

そして頑迷な皇帝は自分の書簡と幸福なヨハネの偽書を携行した使節を派遣した。使節は〔信徒の〕長のところに到着すると彼に二通の書簡を手渡し、面前で彼の大臣ヨハネの書簡の複製が書いた者の手に落ちないよう隠しなさいと［彼に警告して］説明した。［〔信徒の〕長は、〔東〕ローマ皇帝から届いた二通の書簡を読むと］直ちに［彼の書記］ヨハネを呼び出し、まず〔ヨハネの〕筆跡をまね［、文体を模倣した］［偽造の］書簡を彼に渡して言った。「ヨハネよ、この筆跡を知っているか。これを書いたのは誰か?」〔ヨハネは〕言った。「［〔信徒の〕長よ、この筆跡は私の筆跡に似てはおりますが、私の筆跡ではありません。その文章は［本当に］私の唇が語ったものではなく、この書簡は一度も私の手にあったことはありません。私が御前にある今この時をおいては、これが私の両眼にとまったことは［決して］ありません。」

ついで〔信徒の〕長は［また］彼に〔東〕ローマ皇帝の書簡を渡し、〔ヨハネは〕それを読んだ。彼が読み終えると、〔信徒の〕長は直ちに彼の［右］手を切断する裁きを下した。彼は〔カリフに〕何度も懇願し、［悪辣な］皇帝が〔カリフに〕書簡を送った理由となる陰謀を明らかにするため、彼に猶予を与えるよう繰り返し願った。［〔信徒の〕長は］彼の言葉を一言も聞かず、長々と弁明することも許さず、彼の右手は斬り落とされ、ダマスクスの都の真中に吊された。

夕方になり、ヨハネは〔カリフに〕使者を送って言った。「［〔信徒の〕長よ、私の手は非常に激しく痛みます。私の掌が虚空に吊されている限り痛みが和らぐことは決してないでしょう。もしあなたが〔私の掌を〕土に埋めるため与えて下さるようお考えになれば、［この］苦痛は軽減されるでしょう。」

［〔信徒の〕長はヨハネの伝言を聞くと彼に同情し、］彼に切断した手を返すよう命じた。［聖］ヨハネは［自分の掌を］受け取り、自室に入った。拒むことなき取りなし手、栄光ある［永遠の処女、］［我らの］貴婦人のイコンの前で彼は自分の全身を地に投げ出した。彼は切断された掌を腕につなげ、［我らの神の母に］心の底から縋った。彼の両眼は、燃えながら胸にこぼれる涙で溢れた。彼は言った。「聖なる［清らかな］貴婦人、［無始の］御言葉たる神の母よ、神の人類に対する大いなる愛により、〔神は〕あなたの清らかな血から受肉されました。私のための〔神への〕取りなし、〔神の〕みもとでの私の大いなる悲しみと激しい痛みを癒していただくようあなたに願います。〔神は〕私の災難と、私の信仰への［熱意］及び［永遠の生命を持ち］［あなたの子、あなたの神である］［我らが主、］我らが神イエス・キリストへの大いなる愛のため私がイコンの排斥者たち［の陰謀］を公然と非難し悪質な教条を無力にし、人類の敵が私に対し謀りごとをめぐらして私の手を断つに至った顚末をご存じだからです。あらゆる痛みや切断を癒し、〔掌を〕完全に元通りにしてはじめにあった如く戻していただけるよう、今私は〔手を〕あなたの方へ伸ばします。私の生きる限り私の舌があなたの賞讃を止めないために、あなたの僕に大いなる憐れみを示してください。あなたから受肉した者——全被造物の創造者にしてそれらの支配者、指導者、永遠に賞讃と尊崇に値する者、アーメン——の力により、あなたは私があなたに願うことを［本当に］成しうるからです。」

〔ヨハネと処女マリアの奇蹟〕

［聖者が］このような［言葉］によって懇願すると、彼は心中の熱情によって両眼から溢れるような涙を流し、やがて眠りに落ちた。すると憐れんだ様子で彼を眺めている〔マリアの〕姿形が彼に見えた。〔マリアは〕言った。［「あなたの手を伸ばしなさい。」］そして〔彼の手に〕触れて言った。「喜びなさい。」］「あなたの［右手は］救われました。あ

なたの神への誓いを果たしなさい。約束に遅れてはなりません。」〔その時〕彼は歓喜して目覚めた。そして身を起こして両足で立つと、感謝の祈りを捧げた。人の知る過ぎ越し時代には身近であった奇蹟のように、彼の懇願に即時に応えがあり直ちに完全に癒されたことに相応しく、彼は朗誦した。彼は夜を徹して祈ると、屋敷に留まって至高なる神に感謝を続け、〔神の〕眼を見張る奇蹟と輝かしく〔大いなる恩寵を〕称揚した。

しかし〔ヨハネの〕件は彼の敵に隠されることはなく、彼らは〔信徒の〕長に彼のことを讒言した。ヨハネは手を斬られず、金を払ったため他人の手が斬り落とされたのである。なぜなら、〔この通り彼は両手が完全なまま〕自分の屋敷にいて、自分の境遇に非常に満足している、と。〔そこで〕〔信徒の〕長は彼を呼び出した。〔カリフは〕彼の手の斬られた跡を調べて、彼〔に生じた〕ことに驚いて言った。「どの医師が汝を直したのか。汝を癒すのに何を用いたのか。」彼ははっきりした声で答え、大いなる驚異を讃えて言った。「我がキリストが名医なのです。〔キリストは〕望むことを成しえます。そのため〔キリストにとって〕私を癒すことは困難ではなく、私〔に起きた〕ことを速やかに成就されたのです。」

すると〔信徒の〕長は彼に言った。「余の推測によれば、汝は余の疑った罪について無実であろう。余はこの件で汝に謝ろう。〔急いで決定した〕ことを許してほしい。汝の〔勤めた職〕(36)に戻られよ。この日から余は〔いかなる状況にあっても〕汝の諫言に従わなかったり、汝の意見・建言に反することはなかろう。」〔聖者は〕〔〔信徒の〕長の前で〕地に〔我が身を〕投げ出して拝礼し、長い間動かず、〔彼に〔仕官を〕〕免じ〔ヨハネが〕選んで満足する主の道に〔進ませるよう〕願った。あらゆる努力の末、〔カリフはヨハネを〕解放した。〔ヨハネは〕直ちに屋敷に行き、貧者や困窮者に彼の財産のほとんどを配った。それから彼の父の家で共に教育を受け、〔学問と訓育を共にした〕(37)コズマーを〔伴って〕エルサレムに向けて出発し、聖サバ修道院を目指した。なぜなら彼らは〔二人とも〕〔聖なる〕修道衣をまとい清らかで軽い軛を担うことにより、より輝かしい地位にあってより美徳の高い道を切望していたからである。

〔修道生活におけるヨハネ〕

ヨハネが修道院長に彼のもとで生活し自分を修道士にするよう願うと、院長は〔ヨハネの〕来訪を大変喜び、彼の意図を非常に賞讃した。〔ヨハネの〕徳が高く地位と能力が優っているため、〔院長はヨハネに〕相応しい栄誉をもって彼のさまざまな面倒を見、完全な修行を積んだ神聖なる父たちの方法と共に修道生活を困難を受けることなしに教えるべく、幾人かの完璧で徳の高い長老たちに預けようと望んだ。するとその長老は〔ヨハネの〕受け入れを辞退し、他の〔長老の〕ところに彼を預けるよう願った。修道院長はこのことで多くの長老に声をかけると、彼らは院長の意志に従おうとせず、［〔院長に〕抗弁して］言った。「この男は地位が高く、［知識］(38)に富み能力が優れています。彼は我々の指示に従うことや、我々の規則を守ることができないでしょう。我々は［あなたが］(39)我ら仲間をそれから免じるようお願いします。」

〔ヨハネの〕件が滞って彼の逗留が長引くと、純朴な修道士の長老のある者が［院長のところへ］来て言った。「［神父よ、］私がヨハネの面倒をみましょう。」かくして〔院長はヨハネを〕彼のもとにおいた。〔ヨハネが〕彼と共に彼の僧房に行くと、長老はヨハネの教育を始め、〔ヨハネに〕言った。「我が魂の息子よ、お前に課す条件はすべての世俗の［雑事］(40)、無益で誤った行動を避けることだ。私が行っていることを見たら、そのようにお前も私にならいそれをせよ。お前が身につけた知識を［誇り、］ひけらかしてはならない。修道、修養の知識は学問より劣らず、その位置づけや哲学の点で学問よりもさらに栄光あるものである。お前の欲望を断ち、お前が満足することの反対を行うよう努めよ。私の意見、示唆なき行為は［決して］行ってはならない。誰一人に対しても手紙を書いてはならない。お前が学んだ異教の学問は決して言及してはならない。」ヨハネは彼に頭を下げて彼の［両足のもとに］(41)拝礼し、彼の指示を全うし彼の意見［と示唆］を守ることを約束した。

〔ヨハネがその長老のところに〕長い間留まった頃、〔ヨハネの〕師［である長老］は彼の従順さを調べ、〔服従の〕

徳がどこまで達成されたかを試したく思い、彼に言った。「我が魂の息子よ、私の手作りになる籠がダマスクスで求められているという知らせが届いた。私のもとには〔籠が〕沢山集まっている。立て、「それらを持って」お前の郷里に行ってそれらを売り、私が必要な出費をまかなうために［私のところへ］その価を持参するように。」〔長老は〕ヨハネに籠を担がせ、彼がそれらを素早く売ることが簡単にできないよう、彼に〔籠の〕二倍の値を示した。

［〔師がヨハネに〕祈りを授けて、〔ヨハネが〕師のもとから離れる］時、［主は〔ヨハネのために〕他の二人の修道士をダマスクスに行かせた。二人は籠を負うことを手伝い、皆が都に着くまで彼の道連れとなった。[42]］［聖ヨハネは］〔ダマスクスの〕市場を籠を背負って通り抜けていった。〔籠の〕値が高く、同様の品の値に割り増しが加えられているため、〔ヨハネは籠を〕買う人に出会わなかった。［ヨハネがうろうろ歩き回っていると、］かつて［〔ヨハネが〕世俗にあったとき］〔彼に〕仕えていた従僕のある者が彼を見かけ、事情ははっきり分からなかったが〔ヨハネであると〕気付いた。〔従僕はヨハネに〕同情して彼を憐れみ、彼が求めた全額を支払った。［ヨハネはそれを受け取り、］高慢や尊大の悪魔に打ち勝った勝利の冠を戴いて師のところへ戻った。

ある時、〔ヨハネの〕師の隣人である修道士の長老が物故した。〔長老には〕血を分けた兄弟がいたが、彼にとって別離の悲しみはいや増し、［その後］〔兄弟のことを〕口にするたびに涙と悲痛はとどまることがなかった。そこで彼は聖ヨハネに、朗誦して悲しみを和らげ、読誦すれば哀悼の意を表し、無益な悲嘆を紛らわす節のついたトロパリオン[43]を作るよう頼んだ。聖ヨハネは非常に逡巡して彼に答えた。「私は師たる長老の戒めに従っております。それは〔師が〕私の修道生活の初めに条件として授けられたものです。」すると〔ヨハネに〕頼んだ［兄弟である］修道士は言った。「［本当に］私はそれを人に知られるようには致しません。私が一人でいるとき以外はそれを朗誦しません。」そこで〔ヨハネは〕我々の時代まで葬儀の際歌われ、信徒に用いられている余韻があって生気あふれ、叙情に富み華やかなトロパリオンの傑作を作った。その冒頭はこのようである。「［誠に］万物は虚しく［移ろうもの］……。[44]」そしてヨハネはそれに曲をつけ始め、続きを仕上げた。

〔ヨハネがそのトロパリオンを〕朗誦していると、彼の師〔である長老〕が気づき、彼に言った。「〔ヨハネよ、〕私はお前にそれを指示したか。私はお前に嘆いて泣か［なければならない］かわりに歌を歌えと命じたか。」〔ヨハネは〕彼らの隣人の修道士［であるその兄弟］の事情を説明し、〔長老に〕［彼の指示からの逸脱を］(45)赦すよう強く願った。［長老は］答えて言った。「［本当に、］お前が［今後］私と暮らすことは認められない。直ちに私のところから去れ。」［聖］ヨハネは悲しみにくれて彼のもとから離れ、［修道士］(46)の長老たちのところに行き、師が彼の罪を赦し、〔師のもとへ〕［帰ることが認められるよう］［頼んでほしいと彼らに乞い願った。］

［長老たちは師のところへ］(47)来たが、〔師は〕彼らの依頼を受け容れなかった。彼らの一人は言った。「〔ヨハネについての〕我らの願いを受け容れ、彼［の罪］を赦すために制裁の定めをあなたはお持ちではないのですか。」師は答えた。「然り、［定めとはこうです。］もし〔ヨハネが〕修道士の長老たちの厠を［清め］(48)、［掃除する］ならば、これで彼の服従心が私に明らかになり、私は彼を僧房に戻しましょう。」神父たちは悲しみ、恥じ入りながら去った。

［祝福された］(49)ヨハネは〔長老たちを〕見て、彼らを迎え彼らの［前で］拝礼した。そして彼の師である長老が彼の件につき何を命じたのか問いかけた。彼らは答えた。「私たちは［全く］望んでいないことですが、あなたの師である長老が同情してくれることの難しさが私たちに明らかになりました。と申すのは、長老は私たちが全く聞いたことがなく、知りもしない定めを［立てられたのです。］」(50)〔ヨハネは〕彼らに言った。「それは何ですか。」彼らは［躊躇しながら］答えた。「［修道士の］長老たちの厠の［清掃です］。」［聖者は］［即座に彼らに言った。］(51)「これは私にとって簡単で、すぐできることです。」そして直ちに大籠と鍬を取り、〔ヨハネと師の〕二人の住処と隣り合った僧房から取りかかった。

彼の師である長老は、彼の素早い［服従と大いなる徳と謙虚さを］(52)見ると、即座に彼の方に駆け寄り、彼が仕事をし続けるのを遮って、彼の両手を握り、彼の頭と両眼に接吻して［彼に］言った。「もうよい、我が子よ。［もうよい。］

お前は十二分な従順さを身につけた。お前はこれ以上の徳を実践する必要はない。さあ、お前の僧房へ帰りなさい。ゆったりと寛ぎ、無上の心安さと落ち着いた気持ちをもって。」

〔教会の奉仕におけるヨハネ〕

〔このことが起こってから〕数日後、眠っている〔ヨハネの〕師に〔幾晩かにわたって寛大で情け深い〕〔神の母、我らの〕貴婦人が現れて〔彼に〕言った。「〔長老よ、〕なぜあなたは〔泉があふれ、流れるのをせき止めるのですか。[53]〕〔あなたの弟子〕ヨハネはその言葉で〔キリストの〕教会を装い、その〔神々しい〕讃美歌で〔殉教者たちやすべての〕聖者の祭日を飾り、信徒の共同体がその甘美な表現で歌うよう、用意ができているのです。〔これからは〕〔ヨハネが〕望むように語らせなさい。憐れみ深い〔聖〕霊は〔ヨハネの〕舌により語ろうとしているのです。」

〔朝[54]〕になると、〔長老は〕〔聖〕ヨハネに言った。「〔いとしい〕我が魂の息子よ、今からお前に現れた言葉は〔公然と〕語れ。〔お前から〕このことを妨げるものはない。なぜなら、それは神〔――その名の大いならんことを――〕が満足し、好まれるからである。お前の口を開き、〔神の恩寵が〕指し示すところを話せ。私がお前に禁じたのは、私の愚かさ、知識の乏しさによるものであった〔と知った〕からだ。」その時より〔幸福なる者は[55]〕聖なる復活祭のカノン[56]やスティケロン[57]、トロパリオンの〔著作に〕〔確信を持って〕取りかかった。〔ヨハネの魂における兄弟、[58]〕〔聖〕コズマーもまた彼のように働き、最も豊かで確実な神の愛により彼ら二人の作品を競い合った。しかし二人の生涯を通じ、二人の間には優越の〔追求〕や妬みという〔人間的な〕障碍は〔決して〕生ずることはなかった。

〔栄光ある[59]〕コズマーの方は、聖サバ修道院に長く滞在した後、エルサレムの都市に〔集会していた〕〔司祭、〕主教の一団が彼を強く求め、〔総主教に推挙したので、〕〔総主教はコズマーを〕今日ミーマースとして知られるマーユーマーと呼ばれる町の主教に任命した。〔その地でコズマーは〕善き行いをなして神の悦ぶところとなり、救いの牧野で民衆を導き、非常な高齢に達し神に召された。

聖ヨハネは、エルサレムの総主教〔自らが〕彼も〔また〕招き、司祭に任じた。〔それは〕ヨハネの望むところではなく、〔総主教のヨハネに対する〕説得が彼の意見に勝ったからである。〔総主教のもとから〕修道院に帰った後は〔修行の上に〕修行を、〔労苦の上に〕労苦を重ねた。そしてキリスト教世界の最果ての地まで達した彼の〔神学的〕論考の著述に傾注した。それらのうちには、あらゆる神的・人間的知慧を明らかにしたバルラアムとヨアサフの物語がある。正統信仰や〔無始の〕御言葉たる〔神の〕受肉について、また異端者、〔反聖像画の謬論者、〕〔聖像画排斥論者〕その他の分派に対する批判に関しては、学問を好む者ならそれらを読めば〔ヨハネの〕言説の正しさ、表現の〔強い〕力、キリスト教に対する熱意を知るだろう。私の述べたことに対して疑いなく証明に役立つ証人をあげよう。その人は〔聖者たちの中の殉教者、〕〔聖新ステファノス〕[60]であり、コンスタンティノス・アッズブリーの王国でイコンについて証言した。

〔コンスタンティノスⅤ世とステファノス〕

それは〔このような話である。〕〔この〕頑固なコンスタンティノスは聖ステファノスを〔純正な〕イコン崇敬に関する彼の正しい見解から離反させるという究極の目的を達しようと試みた。〔コンスタンティノスは、ステファノスに〕奸計の限りを尽くし、彼にさまざまな害悪を加えたが、〔ステファノスは〕堅固な立場を守って彼の考えを変えさせることができなかったため、彼をある島に追放するよう命じた。〔これは、〕最初の追放の後であり、彼を皇帝の牢獄に監禁する前の出来事であった。〔皇帝の牢獄には〕〔聖職者や修道士の指導者である〕三四〇名の神父が皆監禁され、イコン崇敬を理由として彼らの肉体には凄惨な切断や度重なる殴打などの刑罰の痕が刻まれていた。

聖ステファノスのこの島への追放が長くなると、欧州[61]、ビザンティオン[62]、ビシニア[63]とそれらの諸州、プロシア[64]の方面に住む修道院の長たちやよき信仰を持つ修道士の〔長老〕(65)たちが彼のところへ駆けつけた。これらの人々は皆、愛する父や誠実な保護者であるかのように〔幸福なるステファノス〕(66)のところへ来て、彼らの救済の模範となって指示を与えるよう求めた。彼らは〔ステファノスが〕〔非常に悲しみ、〕教会に対する〔現下の弾圧〕(67)のため多くの涙をこぼれるにまかせているのを見た。そこで彼らは〔ステファノスに〕言った。「おお父よ、私たちになすべきことを言って下さい。私たちは茫然自失のうちにあるのです。」

　幸福なる者は、神父たちが続々と自分の方へやって来たのを見て、天使のような白髪を抜いて言った。「高貴なる息子たち、兄弟たち、〔父たち〕よ。良き〔信仰〕(68)を求める堅固な意志より良きものはなく、卑俗なものに奉仕しようと〔望まない〕(69)心より強靭なものはない。〔私は、〕あなたがたの平静な心により皆がこの二つを保ち、〔堅持していることに〕満足している。むしろ、あなたがたの方が私の助言者、指導者になっていただきたい。なぜなら我が同胞たちは破滅し、私の両眼は涙によって〔光を〕失ってしまったから。さて、私は預言者エレミヤと共に言う、私は主の花嫁が、古来我らの性質と戦っている〔愚かで〕邪な悪魔による迫害、苦難に包囲されているのを見る。私は牧者と民衆の上に垂れ込めた霧のため激しく泣いているのである。」聖ステファノスがこれらの〔言葉あるいはそれに類したこと〕(70)を彼を訪ねて来た尊敬すべき修道士の一団の間で語ると、彼らは〔激しく〕涙にくれ、胸を叩き、溜息をついた。〔ステファノスは〕彼らに答えた。「私はあなたがたに助言する。我々には、この汚らわしい邪説に染まらず、あなたがたの進むべき三つの方角がある。この悪魔に服属する地のうち他に残されたものはなく、さもなくば彼の命令と邪説に従わされるからである。」すると彼らは〔ステファノスに〕言った。「我らの父よ、我らの向かうべき邦々はいずこか言って下さい。」すると〔ステファノスは〕彼らに答えた。「〔〔エウクセイノス・〕ポントス(71)の方角にある諸地方とケルソン(72)の地に続くところ。またパルテニコン(73)の諸地方とそれに接する南の湾(74)から〔諸都市の母〕古代ローマの後背地、〔ローマの川であるティベリオス(75)の諸地方。〕そして〔海に面した下リキア(76)とすべての海岸地方、〕キプロス島、さらにトリポリ

の海岸、ティレ、［アッカ、カイサレイア、］ヤッファ、［エルサレムの都市に至る］〔地である。〕

そして［邦々に］言及しながら［四つ］[77]の〔総主教〕座を占めている人々を［看過してはならない］。［第一にローマ教皇、次にアレキサンドリアの教皇、アンティオキアの都市の総主教、エルサレムの総主教である。］[78]彼らは、聖なるイコンを焼毀する者どもの考えを非難しただけでなく、〔それらの者どもを〕呪詛し、破門したのであった。そして［汚れた皇帝の考えを論破する書簡を送り、］[79]異端、分離主義者の首領と呼ぶことを止めなかった。

［〔四つの総主教〕座を占めている人々の意見を支持し、その名をアッズブリーと言う］皇帝の考えに対する批判に最も協力したのは、［哲学者、熱心な修道士、信頼しうる聖職者、聖者と呼ばれる］[80]黄金の流れダマスクスのヨハネであり、邪悪な［皇帝］[81]は彼を［いつも］［腰紐を巻いた男］[82]と呼んでいた。我々にとって〔ヨハネは〕［懼神の心篤い聖者］[83]である。この［神学の体現者］[84]は皇帝［と〔皇帝に〕同調する聖職者の一党］に対する書簡を倦むことなく書き、彼［ら］を［笑うべき］惑乱者どもの頭目、［イコン焼毀者、］神聖なるものの忌避者と呼んでいた。〔ヨハネは〕［邪悪な男］[85]の一味である［主教たちの］［首領］を胃袋の僕ども、［胃袋の意見の信奉者］と呼んでいた。特に競馬を好む者、見せ物を愛する者、すなわちパスティラス[86]とトリカカボス、[87]［ナコレイア[88]〔の主教〕とアヅピオスを、］[89]そのため今の世のゼエブ、ゼバ、サルムンナ、[90]［ダサンとアビラムの会衆[91]のような彼らの党派］と呼んだ。」

［幸福な］［神父聖］ステファノスが［これらの事柄あるいはそれに類したこと］[92]を語ると、［聞いた人々の心は満たされ、］［彼らの悲しみに対する慰めとなった。］［彼らは全員で哀悼の祈りを行い、］[93]〔ステファノスに〕接吻して別れの挨拶をし、［殉教を恐れたのではなく、］［鍛えられていない者は試練を受けるに足りないから、邪悪な男の陰謀と彼らの経験の少なさを〔避けて〕安全な］逃げ場所へ［向かって］去っていった。

〔ダマスクスのヨハネの業〕

神父聖ヨハネは、［純正なる］[94] イコンと正統信仰についての努力がここまで達し、［〔ヨハネの〕キリストに対する大いなる愛、］輝かしい献身、正しい［知性、強固な］信仰によって、皇帝や高位の［聖職者の］長たちを叱正するようになった。［この点から、］ヨハネの名声と人徳は遠くはるかなすべての邦々まで語り広められた。〔ヨハネは〕［奮闘と刻苦を重ね、］［高貴なるものに向けての苦労や奮闘を好む者すべてが］その事蹟に従う模範となった。

キリストを愛する人々よ、あらゆる神的・人間的賞讃に値する〔ヨハネの〕記憶を称揚することが［今、］我々にどれだけ必要なことか。〔ヨハネは〕［師たる長老に従っていた時期を除いて］生涯の間非常に有益な言論の［奔流］を止めたことがなく、［今や彼の著作は神の教会で確立し、］信徒の人々に喜びを与えるものとなり、［魂の］泉から滔々と［豊かに］流れ溢れ出し、蜂の巣から滴る蜜よりも甘く、その味よりはるかに快いからである。彼の著作にはあらゆる［意味］[95] において、わずかな点を除き［あらゆる必要に対し明瞭、明確な知恵が見出されるのである。］[96]

〔ヨハネの〕［年齢が］非常な高齢に達し善行により豊かになったとき、彼はこの世の制約から解き放たれ、彼が熱望しその魂が安らぎを得るキリストに向かって、天の王国を歩み去っていった。そこには、ケルビムが三位一体を讃えセラフィムが歓喜する光景のように高貴で、［天上の天使や大天使たちが］栄光を賞讃する声に等しいあらゆる歓びに満ちた［光り］[97] 輝く境地が存在するのである。

〔話の始めに戻ること〕

聖なる神父［ヨハネ］よ、私の拙さを取りなし、私の不足した知識や多くの欠点による、あなたの物語のいくつかと非常に豊かなあなたの美徳を収集したこの簡単な説明を受け容れられんことを。なぜなら私は、［書物から］あなたの時代の教父たちの物語と共に見つけたばらばらの小部分と、それらに付随して書き加えられた伝聞、伝承、［伝説］を私が［整理した］[98]もの以外は［大して］多くのことを語らなかったから。私はそれらを次々と書き連ね、効用を望む者を満足させる魂の［処方箋］[99]に似た、注目すれば有益な一連の頸飾りとした。それらに［眼をとめ］読む人はその有益さに非常に満足し、あなたの［知恵と哲学］[100]がどの域にまで達したかを知るだろう。

私が好んで試みた訳でも、望んで作為した訳でもないが、拙い表現からなるこの小書は栄誉あるあなたの祭日、［栄光ある聖女、キリストの殉教者バルバラの祭日］に当たる十二月四日に完成した。大いなる喜びに満ちたあなたの栄誉ある例年の聖日に、今いつまでも未来［永劫］に、父と子、聖霊の聖なる三位一体の栄光を高らかに賞讃し［崇める］ことを絶やさないために。［アーメン。］

【付録2】

『聖像画崇敬論』[1] テオドロス・アブー・クッラ著

父と子と聖霊の唯一なる神——我が力、我が光——の御名において

ハッラーンの神聖なる主教聖テオドロス、すなわちアブー・クッラの著した論考。[2] その中で聖霊と清らかな処女マリアから受肉した我らの神キリストや諸聖者の画像を崇敬することがすべてのキリスト教徒にとっての義務であること、すべてのキリスト教徒にとってこれらの画像に対する崇敬を怠れば、その怠慢は自らの手にあるキリスト教の栄光についての無知に過ぎないこと、そしてもしそれを止めてしまえば、聖なる使徒の時代から洗練された信仰によってキリスト教徒が受容してきたキリスト教の諸秘蹟の多くを止めなければならないことを証明している。[3]

第1章

我らの兄弟、聖なる神父ヤンナ[4]よ、汝は我らのもとルハー[5]にあり、こう語った。

「我らの救済のため、神の慈悲をもって聖霊と処女マリアからの受肉により、像を有することが可能となった我らの神キリストの画像、そして聖霊により〔意志を〕堅固にし、〔キリストの〕道を進み、〔キリストと〕苦しみを共にし、忍耐によって〔キリストの〕十字架という飾りで装われ、信徒たちの尊敬すべき導き手となり、その記憶は

〔信徒たちに〕彼らの模倣と彼らの冠の如き勝利へ慫慂する諸聖者の画像の崇敬を、多くのキリスト教徒が止めてしまっている。それは、キリスト教からの背教者、特に神から下された聖典がその手にあると主張している者が[6]、これらの画像への崇敬を理由に彼らを迫害し、神が律法や諸預言者を通じて命じられたことに反して彼らが偶像を崇拝していると誹謗し、彼らを嘲り続けているからである。」

汝は非難すべきことのないのに我らを非難する者に対して、これについて非難に反論し、これらの聖像画への崇敬を恐れている人々の心を、祝福された我らの教父たちが聖霊により確立し是認した正しい方向に沿って、〔聖像画への〕崇敬に近づくよう連れ戻す論考を我らが著すよう依頼した。〔聖霊が教父たちに〕天上の知恵を教えたのであり、それは世俗の賢者たちの理性からは深い闇に閉ざされている。〔天上の知恵の〕最も軽微なものにおいて、〔世俗の賢者たちの〕最高の知恵は全くの蒙昧なのである。

私は汝の配慮を讃え、汝への回答を考えた。それは、私がキリスト教徒の一人一人に宗教について〔課されている〕最低限の目的を果たし、〔キリスト教徒に〕疑心を抱かせるため悪魔が舌を動かしている災難、誤謬、野蛮の民である異教の者どもの害悪を〔キリスト教徒から〕斥けることに自信を持ったからではない。〔キリストの〕血の流れから分かれ出た教会に対する汝の誠意に他ならず、〔キリストの〕賜物を台無しにしてその不興をかうことのないようにと無関心の眠りから汝が我らを目覚めさせ、疑いなくキリストに由来する汝の少なからぬ祈りを信じたからである。

そして私から誤りの闇のとばりを払う〔キリストからの〕輝きに満ちた光がさしたのである。

第２章

異教徒にとって醜悪であるため画像への崇敬を止めている者は、彼らにとって醜悪であるという理由でその他のキリスト教の諸秘蹟を拒否せざるを得ないだろう[7]。

私は何よりも先に、よそ者の嘲笑が心に浸透して、これらの画像を崇敬し礼拝することを控えてしまったキリスト教徒に対する驚きから〔書き〕始めよう。

異教徒が貶めているという理由ならば、〔これらのキリスト教徒は〕完全なキリスト教のこの一部分以外をいかにしてそれと同様に扱わなかったのか。

彼らはこれに関し満足しているが、もしこれら〔異教徒が画像崇敬への〕忌避を、〔異教徒が〕醜悪であると考え〔これらのキリスト教徒は〕満足する〔画像崇敬〕以外のことに拡大すれば、〔異教徒が〕これを醜悪であると考えることに劣らないだろう。

自らのもとで同等の事柄を等しく扱わないのであるからこれらキリスト教徒は公正ではなく、彼らの誤謬や彼らの知性を覆っている暗雲を示すには十分であろう。

私が同等の事柄であると言っているのは何か。背教者にとってこれより甚だしく醜いこれ以外のキリスト教〔の教義〕に他ならない。

彼らのうち誰かが、キリスト教徒が「神には子があり、子は本質において彼に等しい」と言うのを聞くと、「連中は狂っている」と言うに違いない。

また、「この子は神より生まれたが、神は子より先立つものではない」と言うのを聞けば、彼はキリスト教徒を人々の中で最も頑迷であると思うのではないか。

「父と子、聖霊のそれぞれは完全な神であり、三つの神ではなく、それらは一つの神である」という言葉の立場は、彼らにあって狂った立場なのではないか。

もしキリスト教徒が、この無始の子の終末の日々におけるマリアの胎への到来、その受肉とマリアからの出生について語り、〔キリストの〕幼年、ヘロデからのエジプトへの逃避、父への恭順、断食と祈り、そして父に対する死の杯を取り去るようにとの願い、ユダヤ教徒による拘束、彼に対するユダヤ教徒の仕打ち、そして磔刑、十字架上の彼の言葉「我が神よ、我が神よ、なぜ私を見捨てられたのですか。[8]」という〔キリストの〕物語を語り続ければ、異教徒はキリスト教徒が非合理なことを語り、寝言の方が彼らの言葉よりもまともに近いと考えるのではないか。

もしキリスト教徒が祭壇に麵麭と葡萄酒を置いてその上で何か言い、聖餐式を行い、「これはキリストの肉と血である」と言い、彼らの見るところ何も変わらず置かれた通りの状態で持ち出されたら、彼らの言葉をいかなるものと想像するか。

また、もし我らが水を盥に注いで言葉でそれを聖別し、それからその中で人を洗って彼を出し、「この人はこの水で受洗する前は古く、罪深い性質であったが、受洗の後彼は新しく、正しい性質となり、彼は肉体における子となった後、神における子となった。」と言うのを見たらどうか。

そして彼らが厭い、激しく遠ざけているキリスト教のこれに類することがある。

これらキリスト教徒の言葉が狂っていることは否定し、聖像画の崇敬は拒否するような理性を持つ者は、彼らの誤りのため我らが述べたようにキリスト教のこの他の言及したことですら放棄せざるを得なかったであろう。

聖パウロの言葉は無益ではない。「十字架の言葉は亡びる者には愚かである。[9]」彼らの中の愚者と賢者の理性にあって正しいとされるものに反している以上、彼らにとって汝が愚かでないことがありえようか。そのために聖パウロは叫んだ。「智者いずこにかある、学者いずこにかある、この世の論者いずこにかある。神は世の知恵を愚かとされたのではないか。この世はその知恵をもって神を識ることはなかった。これは神の知恵に適っている。そのため神は宣教の愚をもって信ずる者を救うことを善しとされた。[10]」

キリスト教は、世俗の学者の理性が識ることのない神の知恵である。なぜなら、彼らは無知であるため彼らの知恵こそが究極の知恵であると考え、彼らの知恵に反しているためキリスト教を愚と呼んでいるからである。

汝はキリスト教の宣教が愚と呼ばれているのを知らないのか。それは〔本当に〕そうであるから呼んでいるのではなく、ただ世俗の知恵が〔キリスト教を〕そう呼んでいるからに過ぎない。

世俗の知恵は、この宣教を神が愚とされたため愚と呼んでいるのではなく、神が世俗の知恵の方を愚となされたからに過ぎない。それは、世俗の知恵がかつて優越し、すべての人々の理性より世俗の知恵を持つ人々の理性の方が優れていることが明らかであったため、世の人がこれを知恵という名で認めたからである。神がキリスト教の宣教を顕現された時、〔宣教は〕それより深遠な知恵はないと考えていた彼らの知恵に反しており、知恵に反しているすべてのものは愚であるがゆえに、彼らにあっては宣教を愚と名付けることが相応しかったのである。

実はキリスト教の宣教が真の知恵であり、それに比べれば世俗の知恵は全くの愚である。聖パウロが言った通り、「我らは完成した者の中において知恵を語る。この世の知恵ではなく、隠された神の知恵を語る。[11]」「この世の知恵は神の前に愚である。[12]」

もしそうであるなら、キリスト教徒は信仰に対する世俗の人々の愚弄を決して否定してはならず、キリスト教はこれらの者の理性が到達を妨げられた完全な知恵であるから、彼らの愚さゆえにキリスト教を愚弄していると知らなければならない。

〔キリスト教は〕聖霊によってしか受けることができない。聖パウロは〔次の〕ように言っている。「聖霊によらなければ、誰もキリストが主であると言うことはできない。[13]」そして聖霊は、謙虚さと完全な驚きの眼をもってのみ降臨するに足るのである。

使徒聖ヤコブが言ったように、世俗の知恵にたけていたすべての人は、〔世俗の知恵を〕超える知恵はないと考えるに違いない。「汝らのうちで賢く聡い者は誰であるか。その人は善き行状により柔和な知恵をもって徳を顕わすべきである。されどもし彼らが心のうちに苦い妬みと利己心を抱くならば、真実に悖って誇ってはならない。この知恵は、上から下されたものではなく、地に属し、情欲に属し、悪鬼に属するものである。(14)」

地に属する知恵は情欲に属するのであり、情欲に支配される者は霊的真実を理解せず、彼にとって霊的真実は愚であることが分からないであろうか。聖パウロは言った。

「我らは世の霊ではなく、神からの霊を受けた。これは我らが神の恩寵を知るためである。また我らがこれを語るには、人の知恵の教える言葉を用いず、聖霊により教えられた言葉を用いる。〔すなわち〕霊のことに〔霊の言葉を〕あてるのである。情欲に支配される者は神の霊が教えることを受け入れない。それは彼には愚なるものだからである。(15)」

従ってキリスト教徒は、異教徒がキリスト教の霊的諸秘蹟を愚弄することを決して否定してはならない。なぜなら、異教徒でこれらの人々の知恵に最も練達した者は情欲や悪鬼に属する愚かな者に過ぎないからである。

このような者の攻撃に際してキリスト教徒は、聖霊により教会で確立し行われてきた受肉した我らの神キリストやその聖者たちの画像崇敬を避けてはならない。それは神の思し召しに従いこれから説明しよう。

第4章

旧約聖書を信仰する異教徒が、彼らの聖書の方に即物的理性に反することがより多くあるのに、それらに疑いを持たずキリスト教の諸秘蹟を即物的理性に反するとして非難することに我らは驚く。

神より下された聖書のいくつかを信仰しているこれらの異教徒は、彼らの聖書に我らが述べたキリスト教の内容に似たものがあり、理性を信仰に決して従属させない世俗の学者がキリスト教について嘲る以上に彼らを愚弄しているのに、彼らの理性はそれに満足しつつキリスト教の類似の内容を拒否しているのは驚くべきである。

理性を信仰より誇っている人のうち、〔次のことを〕聞いて誰が笑わないであろうか。神が無からさまざまなものを創造し、〔神は〕何かを創造しようと望まれたら「有れ。」と言うだけでそれは生成した。[16]

エバはアダムの肋骨より生じたと聞けば、これらの者の誰が嘲らないであろうか。[17]

〔次の〕聖書の言葉は彼らの理性にいかに受け止められるであろうか。蛇が口をきき、[18] バルアムの驢馬が話しかけ、[19] ロトの妻が塩の柱に変わり、[20] モーセの杖が蛇となり、[21] 年老いて石女であったサラが子をなす齢を過ぎた男により出産し、[22] モーセの杖によって海が分かれ、[23] 岩から川が流れ出し、[24] 藪の中に神がありそれに火がついているのに燃え上がらず、[25] 燃える炉の中へ投げ込まれた男たちが焼かれず、[26] ヨナは魚の腹の中に三日三晩いて、その後魚は彼を無事生きたまま吐き出し、[27]

アラム人ナアマーンの癩病が預言者エリシャの言葉に従ってヨルダン川で水浴すると治り、[28] 枝が水に沈んで鉄が浮き、[29] 太陽が止まって逆行した[30]など、同様の多くの話がある。

信仰から離れて尊大に振る舞っている世俗の学者たちは、〔ユダヤ教徒が〕拒否していることをキリスト教徒が受け入れているとして愚弄している以上に、〔ユダヤ教徒が〕受け入れていることの方を激しく愚弄している〔事実を〕これらによって信徒たちが知っていれば誠に良かったのである。

〔ユダヤ教徒は、〕彼らが非難しているものと同様のことを受け入れないか、彼らの受け入れているものと同様のことを非難しないか、いずれかが正しかったのである。

第5章

旧約〔聖書〕において神につき語られていることは、キリストについて語られていることよりも、信仰の不足している者の理性にあってはより醜悪である。

旧約の民は、キリストが神であってはならないと主張しており、ユダヤ教徒以外の信仰を主張する者[31]も同様に非難している。

キリスト教徒は新旧約聖書を受け入れ、それらを良き意味に解しているので正しいのである。

諸預言者を信じつつ福音書の内容を醜いと考えている人々は、聞けば即物的理性が最も震え上がるような神自体についての諸預言者の書の言葉を見過ごしているのである。

信仰が不足している理性を持つ者の誰が〔次の〕聖書の言葉を受け入れるであろうか。神は天国を歩き[32]、二斤の獣脂の香りをかぎ、それにより下界に満足し[33]、

アダムを創造したことを後悔し[34]、諸言語を分かつためバビロンに降り[35]、

アブラハムのところに降りて飲食し、アブラハムに向かって「ソドムの叫喚は我らのところまで上がっている。物事が我らに届いた通りであるか知るため降りて来た。そうでないと分からぬから。」と言い[36]、

神が階の上に立ってそこからヤコブに話しかけ[37]、

シナイ山に降り[38]、「我らを見てなお生きている者はいない。」と言い[39]、それにもかかわらず人が友に話すようにモーセに対面して話しかけ[40]、雲の柱の中で幕屋の上に降り[41]、

モーセは「我らの神は焼きつくす火であり[42]、」また「神はイスラエルの人々の軍営の中を歩み、そこを歩くため汚物を清めるよう彼らに先触れをなした。」と言い[43]、

ダニエルは神について「日の老いたるものであり、髪はまじりけのない羊毛のようだ。」と言い[44]、

エゼキエルは〔神について〕「人の姿に似て椅子に座り[45]、腰から上は琥珀金のようで腰から下は火である[46]。」と言い、

預言者アモスは「〔神が〕川のほとりを歩いているのを見た。」と言い[47]、

預言者エゼキエルはまた、「神はエルサレムと結婚し、不義をなしたため離婚した。」と言い[48]、預言者ヨシュアによればエルサレムともう一度婚約すると約束した[49]ことなどである。

ユダヤ教徒よ、汝はこう言ってから、キリスト教徒のことを笑う前に自分の頭を覆ったのではないか。

汝以外の信仰を主張する者が[50]「自分はこれらすべてを受け入れない。」と言ったとしても、その者は疑いなく「神は玉座に座している[51]」とか「神には手や顔がある[52]」など、ここでそれを続けることはしないがこれに類したことを言うだろう。

もしこれらの言説によって神の擬人化[53]に踏み込むなら、この属性が寓喩的にでなく真に神に存在していると主張する限り、望むと望まないとにかかわらず神についてのこれ以外の付随的な擬人化ですら語ることを認めることになるだろう。

仮にこれは神について寓喩的に語られているに過ぎないと言えば、彼の否定するこれ以外の神の属性についても寓喩的に語ることが許されよう。

この議論は、ユダヤ教徒や信仰を主張する他の者が神の諸属性として受け容れていることを包含している。

汝らの手に類似のより醜い〔考え〕がありながら、粗雑さや誤謬なくしていかにキリスト教徒を非難することが是認されようか。

我らキリスト教徒は、聖霊の恩寵により新旧約〔聖書〕を信仰し、両者の導くところと源泉は一つであることを知っている。そして両者のすべての内容をその趣旨に従って理解している。

我らの理性において我らは神の清らかな属性を信じ、〔神の〕慈悲により我らを救済するため〔神の〕抽象的な本質ではないようなものに降臨されたことを知り、そのことにより〔神を〕を讃えている。

ユダヤ教徒の〔聖〕書は、キリスト教徒の洗練された霊的理性によって飾られなければ人々すべての笑い種になるのに、ユダヤ教徒は人々が愚弄しようが〔聖書に〕疑いを抱かない反面、我らの中の無知なる者はユダヤ教徒その他が醜いとなすが故に聖像画崇敬から顔を背けているのは驚くべきことである。

第6章

キリスト教は奇蹟によってのみ受け入れられるのであり、神は理性と聖書から〔奇蹟を〕信じる人を〔奇蹟によって〕照らし続けている。すべてのキリスト教徒は、信ずるすべてのことについて確固たる信仰心を〔持たなければ〕ならない。

このように〔信仰する〕すべてのキリスト教徒は、イエス・キリストの名によって使徒たちが行い、それにより〔使徒たちが〕教えたすべてのことを〔キリスト教徒が〕受け容れるべきであると彼らの理性が判断した奇蹟と、〔キリスト教徒の〕宣教に敵対するユダヤ教徒の手にある聖書の預言者がキリストについての伝道に関し行った証言、同様にディオニュシオス(54)、クレメンス(55)、ヒエロセオス(56)その他のように公正な意図により真理を探究したため神からの報酬に値する哲学者の頭脳が、彼らの精妙な読書と著作に沈潜して〔獲た〕ものによってキリスト教の正しさがそれを受け容れる者にとって証明されたと知らなかったのだろうか。

我らは粗雑な人間ではあるが、聖なる我らの教父たちの緻密な教えに依拠した論考を著し、その中で今日新約聖書以外に理性のうちに真理を確立する書物は決してなく、新約聖書の証しているものすべては聖書がそれを証するためにあること、

理性が受け入れると受け容れないとを問わず新約聖書にあるすべてを人が満足しなければならないことを証明した。

聖パウロも言ったように、霊的な人々に霊的なことがらを解き明かすキリスト教徒には、聖霊は顕現し続けていると我らは知った(57)。ユダヤ教徒その他は、彼らの理性〔を覆う〕暗雲のためキリスト教を醜悪と考えているという、前述の

すべてを我らは理性の法則によって確立しなければならない。

霊的なことがらの理解について一人前に達していない者は、信仰の基礎の上に立脚し、諸聖者の画像に対する崇敬を含む使徒の時代より教会で行われてきたすべてを、信仰と得心をもって受け容れなければならなかったのである。

ところがもしその一部を受け容れ一部を拒否することにし、受け容れたことと拒否したことが即物的理性が否定する点において同一であるならば、その人は自分の宗教に対する納得がいかず自分がいかなる根拠の上に立っているか分からなくなってしまうだろう。

第7章

画像は全教会に一般化しているため、キリスト教に確固たる根拠をもつことの証明。

新旧約聖書の中で使徒たちが指示していないとして、〔画像への〕崇敬を放棄する者は、同様の他のキリスト教の諸秘蹟を放棄しなければならない〔ことの証明〕。

おそらくこれらの者は言うであろう。「我らは画像への崇敬に言及している書を見出さないのに、それが使徒たちの時代に行われるに至ったといかに知るのか。」

そこで我らは彼に言う。「我らの手にある偉大なことがらの多くは、使徒が我らに伝えた新旧約聖書のどこにも根拠を見出さないが、我々はそれを伝統として受け継いでいる。」

そのようなことの第一はキリストの肉と血となる我々の聖餐における聖句であり、洗礼や塗油の儀式、教会堂の聖別、聖職者の叙任、鐸を打つこと、十字架の崇敬などがある。

我らの中で新旧約聖書と題される書物に根拠が見つかるまでは諸聖者の画像崇敬を受け容れない者には、これ以外の我らが述べたすべてのことを中止させ、その時彼の手にキリスト教の何が残るかを見させよ。

画像の崇敬以外のこのようなことを彼が受け容れるならば、画像の崇敬をも彼に受け容れさせよ。この種のことがらのうち、教会において画像より一般化しているものはないことを知らしめるべきである。教会に諸聖者の画像のない地方は決して存在しない。

もし〔画像の〕一般化は画像が起源より行われてきたことを証明しないとするならば、他の一般化していることです ら異習であると主張され、放棄されかねないであろう。

キリスト教にこの亀裂が生ずれば、その全体が損なわれることになろう。それゆえキリストがこれを放置されるはずはないのである。

聖像画崇敬を避け、それを止めるに至った者に対するこの反論は十分であろう。

第8章

画像は使徒の時代に教会に存在し、それらへの崇敬は義務であることを証明した教師たちの証言。これらの教師たちは教会において高い地位が確立し、キリスト教徒は疑いなく彼らに従わなければならない。

もし汝がこれに加え、キリストと諸聖者の画像への崇敬が神の教会において確固たる根拠〔を持つことを〕知りたければ、キリスト教のうち教会に反すると思ったことについて公アンティオコス[58]が尋ねた質問に対し、教師たちの筆頭で正統信仰〔擁護の〕闘いにおいて五つの冠を持ち、信頼すべき教会の支柱である有名な聖アタナシオス[59]が語ったことを聞くがよい。[60]

アンティオコスは、「神は預言者たちに人手で作られた物を拝んではならぬと命じられたのに、あたかも偶像のように大工の作った画像や十字架を我らが崇めるのはいかなることか。」と質問した。

聖アタナシオスは答えた。「我らの神に対する崇拝は、画像に対する崇敬とは違う。我ら信者は、偶像崇拝者とは違う。

我らが画像や十字架に対して崇敬するのは、画像が〔その人に〕属することから彼に対し愛慕の情を示すに過ぎない。従って画像が磨滅してしまうと、かつて像であったものを我らはしばしば木切れとして燃やすのである。またヤコブが死に瀕した時、ヨセフの杖の柄を拝んだが[61]、それは杖を崇めたのではなく、手でそれを摑んでいた者に感謝したのである。

同様に我ら信者は他ならぬこの理由により、息子や父に接吻する如く我らの心にある愛情を表わして画像を崇敬し、手を触れるのである。

また古き日のユダヤ教徒も、二枚の律法の石板と黄金で鋳られた二体のケルビムを崇めていた。それは黄金や石の素材を崇めたからではなく、これらを作るよう命じられた神に対して〔崇拝したのである〕。

心が鈍く傲慢なため十字架や聖者たちの彫像への崇敬を禁じている者には、全能なる神の力によりしばしば聖油が湧き出す聖者たちの彫像をどう考えるか語らせるがよい。

どうして生命がない碑[62]の柱に矢が刺さると生体の摂理のように不思議にも血が流れ出したのであろうか。

どうして悪魔はしばしば諸聖者の墓や骨や画像によって悲鳴をあげて逃げるのであろうか。

これらの無知な者ども〔の誤り〕を、論理だけでなく教父たちの伝承によって暴露しよう。古き時代の信頼に値する人々の伝える言による伝承について、エルサレムの教父たちにより我らに達した信ずべき言葉を聞くがよい。

『邪淫の悪魔がある〔神への〕奉仕者の男を苦しめ、執拗につきまとっていた。ある日、この〔悪〕霊が彼の面前に現れて言った。

わしが汝と闘わぬように望むなら、この画像を拝むな。そうすれば汝から離れてやる。その画像とは、我らの貴婦人神母マリアの画像であった[63]。』

我らのもとでは、記念のために描き刻まれるだけで他の何の目的のためではない聖者たちの彫刻や画像を、崇敬しないよう我らに命ずるこれらの［忌避者］[64]に対して、我らが何と言うか知ることができたらよかったが。

これは画像と彫像に関する要約された言説である。十字架については、我ら信徒は十字架にかけられたキリストのためそれを崇敬し、受容しているに過ぎないことは明らかである。[65]」これは聖アタナシオスの言葉である。

ベツレヘムにおける我らの救世主の誕生から、コンスタンティノス大帝の時代までの教会の出来事を著したパレスティナのカイサレイアの主教エウセビオスは、その著書の第七巻第一七章[66]で我らの主が長血を癒された女のことに触れている。

エウセビオスは、その女はバニヤス[67]の出身であると主張し〔次のように〕言っている。「しかしこの都市に言及したのであるから、後の人への備忘となるに値する物語を省くわけにはいかない。

聖なる福音書から我らの知る、長血を患っていて我らの主によってこの病から癒された女はこの都市の出身で、彼女の家はその都市で有名であったと言われる。

我らの主から彼女に届いた恩寵には、今日まで残る不思議な徴がある。

彼女の家の門前には、銅でできた女の姿の像があり、その像は両膝で跪き、両手を伸ばして懇願し、患っていた長血を我らの主イエス・キリストが癒されたその女に似せている。

それに向き合って、直立して長衣を着、片手をこの女に伸ばしている男を象った銅像がある。

台座の上にはこの像の両足の下方から長衣の裾まで伸びた外見の奇妙な何かの薬草が生えており、これはあらゆる痛みに効く薬である。

〔人々が〕言うには、この像は我らの救い主に似ている。〔この像は〕我らの時代まで残っていて、この都市を訪れた際我らはそれを自分の眼で見た。

我らの救い主から助けを受けた諸々の民が、これを作ったとしても〔不思議〕(68)ではない。なぜなら彼らが聖パウロ、聖ペテロという使徒たちやキリスト自身をさまざまな色を用いて描き、今日まで画像として残っているのを我らは見るからである。(69)」

エウセビオスは汝に、これらの彫像や画像が使徒の時代よりキリスト教徒の手にあり続けたことを証明したのではないだろうか。

誠に彼の言葉の示しているのは、使徒たちやキリストを描いた画像が今日まで残っており、これらの画像は使徒たち自身の顔やキリストの顔から写されたということである。

聖アタナシオスは汝にそれらの崇敬を指示し、それらは彼以前からの慣習であると伝えている。彼は教師たちの筆頭で彼より優れた者はいないが故に、この〔人の〕命令はすべてのキリスト教徒に対し疑いなく有効である。

神学者聖グレゴリオスは、キリストの生誕に関して述べた論考の中で、我らの主の揺り籠のような〔役割を果たした〕飼い葉桶を崇敬するよう汝に命じている。また、キリストと関わりがあってあらゆる崇敬の義務づけられる石を拝しなければならないと命じている。(70)

これは神以外の物は崇敬されてはならないという汝の嘆かわしい言説とは異なっている。

誰よりも優れているこの二人の教師の証言の後で、(71)教師には高い地位があり、教会における彼らの位は使徒、預言者に次いで誰よりも高いということを知るがよい。

同様に聖パウロも言っている。「神はその教会にまず使徒を立て、次に預言者を、さらに教師をおいた。(72)」それから順次奇蹟を行う者、それらに続く者の位が並ぶ。

教会において教師たちの地位にこのような名誉があるとすれば、彼らのある教えに反論するキリスト教徒はキリスト教を否定し、教会の正しさから逸脱しているに他ならない。

なぜなら使徒や預言者の言葉は、全きうちは人々がそれから益を受けない小麦に似ているからである。教師たちはこの小麦を用いる人に似て、これを粉にし、こね、焼く。そして、加工すればそれから益を得ることを知らず、全きものとして見ている人には隠された力を引き出すのである。

そのため神は彼らの地位をより優れたものとされ、信徒は彼らを教父と呼んだのである。

これらの聖像画を崇敬するキリスト教徒は、〔聖像画〕崇敬につきこれらの教父たちに従っていると知れば十分満足するだろう。

恥ずかしさから〔聖像画〕崇敬より遠ざかるこれら鈍重な人々に対しては、彼らの教師たちへの反対が、キリスト教全体をないがしろにすることを証明している〔事実で〕十分である。

これが実に我らの真意であり、それによってキリスト教徒すべてをこれらの画像崇敬に引き戻すのである。

第9章

異教徒との議論、「像を作ってはならぬ、それを崇めてはならぬ。(73)」という神の言葉についての彼らの曲解、神は自分以外を崇敬してはならないと望まれた訳ではないことの証明。

しかし私は、キリスト教に反したため死者〔同然〕となった者に対して我らがこれについて〔行った〕議論をすべての教会信徒が聞きたがっていると知るであろう。

キリスト教徒の中には、諸聖者の画像崇敬を行ったため殉教した人々が存在した。

聖霊によってできることならば、我らの兄弟を喜ばせる傑作を提示してこれをなすことが必要である。

我らは自らの誤りを顧慮せず、兄弟の益になるようにとの努力を公にした訳でもないが、我らの望みを満たすことが〔能力の〕欠如のためにできないとしても、神の許しを得て我らはこれらの者と論争して〔次のように〕語るであろう。

我らの主キリストと、その聖者たちの画像に対する崇敬をいかなる〔根拠で〕我らに禁じたのか言え。すると彼らは答えるだろう。「律法の神の言葉に、『我は汝をエジプトの国、奴隷の家から導き出した主、汝の神である。汝には我をおいて他に神があってはならない。像を決して作ってはならない。上は天にあるもの、下は地にあるもの、地の下の水の中にあるいかなるものの形も〔作ってはならない〕。それらを拝み、崇めてはならない。なぜなら、我は主、汝の神だからである。[74]』とある。」

「また第二の律法[75]でモーセは、『汝は主、汝の神を拝め。彼のみを崇めよ。[76]』と言っている。」

イスラエルの人々はかつて偶像を崇めていたので、神は預言者を通して彼らに対し怒りを絶やされることはなかった。我らは彼らに言う。「確かに神は汝の述べたことを命じられたし、汝らにとってこのような証言を数多く集めることはたやすいだろう。」

それなら、我らに教えてほしい。「拝んではならないという〔神の〕言葉は、〔神が〕自らの他に拝礼されるものがあってはならないと望まれたのかどうか。」しかし、もしそうであると言うなら、汝らは聖なる教父や預言者が誤っていたと〔考える〕ことになる。

神の友アブラハムを我らはどうするのか。アブラハムは、サラを埋葬する墓を売るようヘトの人々に頼んだ際、彼らを拝んだではないか。[77]

またヤコブは、彼の兄エサウを七回地に伏して拝んだ。[78]

ヨセフの兄たちは、ヨセフに向かって地に伏して拝したし、[79] イスラエルはヨセフの杖の柄を通じて彼を拝した。[80]

ヨセフの二人の息子は、祖父イスラエルに向かって地に伏して拝んだし、[81] モーセは彼の舅を拝んだ。[82]

恐らくこう言う者があろう。「汝の述べたこの崇敬は、神が自分以外を拝むなと命じられる前のものに過ぎない。」

我らは言う。「モーセが舅を拝んだのは、神がモーセに木で苦い水を甘くするよう命じられた時であり、〔神が〕十戒を〔モーセに〕授けられたことの方が先である。

なぜなら、このように律法のイスラエルの人々の脱出の部分に書いてあるからである。モーセは主に向かって叫び、神はモーセに木を示し、〔モーセが〕それを水に投げ込むとそこの水は甘くなり、神は彼に掟と法を与えられた。(83)」

しかし我らは、汝らの主張する通り神が自分以外を拝んではならぬと命じられた後に起こった〔事実に〕汝らを導こう。

ダビデの子ソロモンの母はダビデを拝んだ。(84) 預言者ナサンはダビデの前に進み、彼に向かって地に伏して彼を拝んだのではなかったか。(85)

また列王記には、バトシェバが跪いて顔を地に伏し、王を拝んだと述べられている。(86)

ダビデの子アドニアはソロモンを拝した。(87) ソロモンの母がアドニアについてソロモンに懇願するため彼の前に進んだ時、王は彼女の方を向いて立ち上がり、彼女を拝した。(88)

歴代誌では、ダビデ王が全会衆に向かって「我らの神である主を讃えよ。」と言い、全会衆は彼らの父祖の神である主を讃え、跪いて拝し、主と王を拝んだと言われる。(89)

預言者の民は預言者エリシャに向かい、地に伏して拝んだのではなかったか。(90)

ユダヤ教徒よ、これらすべては仮に神の意志が自分以外を決して拝んではならぬということであったとすれば、これらの預言者たちすべてが誤りを犯していた〔事実を〕証明するのである。神がこのようにさせ給うたはずがない。

もし前述の言葉を、汝の臆測するように神がイスラエルの人々に示されたと貶めるなら、汝はまた神が自らに矛盾するように仕向けることになる。

なぜなら、イサクはヤコブの継嗣としての資質を祝福して彼に、「頭たちは汝を拝するであろう。汝の父の子らは汝を拝するであろう。(91)」と言った。

ユダヤ教徒よ、この言葉がヤコブそのものに対すると思うなら、これを批判せよ。もし救世主に対することであると思うなら、我らはここで汝と論争をすまい。

誠に汝がそれをいかに批判しようと、それは汝の見解を破綻させるのである。何となれば、汝はキリストが神ではなく、単なる人間であると思っているから。

同様にヤコブは救世主という意味においてユダについて予言し、「汝の一族が汝を拝するであろう。」[92]と彼に言った。ダビデは救世主について予言し、「地上のすべての王が彼を拝するだろう。」[93]と言った。

ユダヤ教徒よ、神の命によりすべての人が崇拝するに相応しいためキリストを神となすと述べよ。それならば、汝はキリスト教徒となったことになる。

あるいは、キリストは人間であると言うのか。それならば、神は自分以外を拝んではならぬと望まれたのではないと汝は説いていることになる。

むしろ預言者ダビデが「諸国の民の神々はすべて悪魔である」[94]と言うように、その当時諸民族の神々、すなわち悪魔であった偶像に対する崇拝を〔神は〕禁じられたに過ぎない。

崇敬には崇拝の側面におけるものと、崇拝以外の側面におけるものがありうることを知れ。

ユダヤ教徒よ、神以外への崇敬が許されぬと言う汝以外の者は[95]、キリスト教徒を画像や人間に対する崇敬のため嘲笑し、崇敬とは崇拝であると主張している。

神はすべての天使にアダムを拝するよう命じ、反抗して不信仰者となったイブリースを除く〔天使たちは〕拝した[96]と彼はおそらく述べるであろう。

もし、汝の言葉通り崇敬が例外なく崇拝であるとすると、それでは神は天使たちにアダムを崇拝せよと命じられたことになる。そのようなことを神がなし給うはずがない。

さもなくば、崇敬が表敬の側面においてあり得ることを彼に知らしめ、キリスト教徒が主教たちを拝するのを見ても彼らを嘲笑しないようにさせよ。

またヤコブとその息子たちは、ヨセフを伏し拝んだ[97]と言っていることに言及させよ。そうすれば預言者たちの行為をなす者を非難することは決してなかろう。

これはユダヤ教徒とその他の者に対し、神の意志は自分以外のものを拝んではならぬというものではない〔事実を〕証明している。

キリスト教の精華は神に背くことなく、信者たちが神以外を崇敬することを認めているのである。

第10章

神は信徒たちが彫像や画像を製作してはならぬと望まれるのではない。生命のあるものを象る者は、像に魂を吹き込んだ廉で復活の日に責められると説く者への反駁。

上は天にあるもの、下は地にあるもの、地の下の水の中にあるいかなるものの形も汝は作ってはならない[98]という十戒の神の言葉は、天地あるいは水中にあるものの像が作られてはならないと意図するものではない。

〔神が〕そのように意図したと主張する者は、モーセに山で示した見本に似せて臨在の幕屋を作るよう命じられたとき、神が自らに矛盾したと仕向けることになる。

〔神はモーセに〕「我がために聖所を作れ。我は汝らに顕れるであろう。山で汝に示すすべてのもの、幕屋とその祭具一式をその通りに従って作れ。[99]」と言われた。

また別の場面で彼に「山で見た通りのものを作れ。そのまま作れ。[100]」と言われた。神はこれらのものを示された通り作るよう命じられたのである。

神は顔や他の部分を作るよう命じられたということを汝が知りたいならば、神がモーセに何と言われたか聞くがよい。〔神はモーセに〕「黄金を打って一対のケルビムを作り、それを贖いの座の両端に置け。[101]」と言われた。その少し後〔神は、〕「ケルビムはその翼を上から広げ、翼で贖いの座を覆うようにせよ。顔は互いに向かい合い、贖いの座の上に顔がくるようにせよ。[102]」と言われた。

神はモーセに、山で見た通りの顔と翼、そして彫像を丸ごと作るよう命じられたのではなかったか。

従って、天や地や水中にあるいかなるものの形も作ってはならないというイスラエルの人々に対する神の言葉は、それにより信徒が形や彫像を決して作ってはならないと意図されたのではない。

ただ、彼らが作って拝んでいたことにより、神の知識や信仰がないがしろになった形を禁じられたに過ぎない。

ダビデの子ソロモンが、荒野にあった臨在の幕屋は神のものであったように、エルサレムに神のものとなる神殿を建てた時、彼はこれらに似た二体のケルビムを作った。歴代誌にその翼、顔、足について記載されている。[103]

そして神はモーセに命じ、青銅の蛇を作らせた。[104]

ソロモンは神殿に椰子の木と百合を描き、獅子と雄牛の像を作った。彼がその神殿に作った青銅で鋳た水盤は、十二頭の雄牛の上に置かれていた。[105]

神はエゼキエルが神殿を作る際、壁の内側と外側にケルビムの彫像と椰子の木を作り、ケルビムはそれぞれ人間の顔と獅子の顔を持つよう示された。神殿は床から天井まですべての方向にケルビムと椰子が彫られていた。[106]

これらすべては、天や地にあるものの形、彫像である。生命のあるものの像を形作った者は、その像を作ったことに関してそれに魂を吹き込んだ廉で復活の日に責められると言っている者はどこにいるのか。[107]

汝らは、ソロモンとモーセが彼らの作ったこれらの彫像に魂を吹き込んだため責められると思っているのか。神はこの二人がそれらを作ることを放置され、二人の悪事を許可しようと望まれたのであろうか。神は、聖者たちが悪事をなすよう望まれるはずがないのである。

こうした言葉を語る人々は、生き物を描く者が描いたものに魂を吹き込んだ廉で咎められるのであれば、彼ら自身が画像に生命を吹き込み、それらを繁らせ、実をならせたため責められると知らずに樹木を描いているのは驚くべきである。両者は人のなしうることとして同一である。

我らの述べた〔理由で〕これらの人々はその画像を作ることができないのであるから、彼らは樹木を描いたため責苦を受けなければならなかった。彼ら自身が難問に逢着するのであって、我らではない。

彼らは自らの理解力によって、樹木を描いたため律法における〔次の〕神の言葉に反したことを知るべきであった。「汝は天や地や地の下の水の中にあるいかなるものの形も作ってはならない。」

なぜなら神は「汝はある生き物の形を作ってはならない。」と言われたのではなく、それ以外の生き物の形を含めあらゆるものへ一般化されたからである。

彼らは他人を自分たちが作っているのと同様のものを作ったとして非難し、それに気付かないのである。

これら二つは、神がイスラエル〔の人々〕に「天や地や地の下の水の中にあるいかなるものの形も作ってはならない。それらを拝み、崇めてはならない。[108]」と言われたとき、信徒に画像や彫像を作ってはならず、神以外を崇敬してはならないと望まれた訳ではなかったことを明らかにした。

教会にキリストや諸聖者を描き、人間に対して崇敬していることをもってキリスト教徒を嘲笑している者どもの〔非が〕明らかにされた。

第11章

崇敬の定義。画像の前では崇敬し、礼拝しながらそれらに触れなければならない。神は預言者たちに幻像によってのみ顕現された。

しかし〔次のように〕言う者もあろう。「これ、汝は教会に画像を描くこと、人間に対し崇敬することを良しとした。それでは、これらの画像に対する崇敬をいかに正当化するか述べよ。」

我らは彼に言う。「崇敬には崇拝の面と、崇拝以外の面のあることが証明されている。崇拝ではない崇敬の面の一つが尊敬である。」

次に彼に問う。「崇敬とは、何かに両膝と額を落とすことだけを指すと思うのか、それとも両膝と額を落とし、〔体を〕屈めることによって意図することを指すのか述べよ。」

もし彼が、「崇敬は、両膝と額を接すること、あるいは跪くとすれば礼拝者の両膝と額で触れることに類した〔動作に〕過ぎず、壁などに拝礼して頭を垂れるとすれば前へ〔体を〕低くする〔動作に〕過ぎない。」と言うなら、彼自身が難問に陥るのであり、我らではない。我らの述べたように崇敬し続け、止むことはないと自らみなす彼の考えは非難すべきである。

これは人が崇敬について抱く意見のうち最も醜く、その〔意見の〕持ち主は動物になるのが最も相応しい。

従って崇敬は、両膝を曲げ額を落とし前へ屈むことによって意図することにならざるを得ない。

もしこれがそうであるなら、ヤコブがヨセフに感謝する意図でヨセフの杖の柄を拝んだ[109]ことを問う者に知らしめよ。

モーセは両端にケルビムのある贖いの座の置かれた箱の前で拝んでいた。なぜなら神が彼に「我は掟の箱の贖いの座の上、一対のケルビムの間から汝に臨み、イスラエルの人々へ命ずる〔ことを〕汝に〔語る〕[110]。」と言われたからである。

同様にモーセは描かれ刻まれた顔や翼、人手によって作られた物の前で拝んでいたが、彼の崇敬は彼の前にあったこれらの画像や拵え物ではなく、それにより意図していたものに結びついていたに過ぎなかった。

我らキリスト教徒も同じく、キリストや諸聖者の画像の前で拝むならば、我らの礼拝はこれらの画面や色にではなく、あらゆる面から崇敬の義務のあるキリストと尊敬の面から崇敬の義務のある諸聖者に対するものであるに過ぎない。

ヌンの子ヨシュアはイスラエルの人々がエリコにおいて敵の前に敗れたとき、自分の衣を引き裂きイスラエルの長老と共に夕方まで主の箱の前で顔を地に伏していた。[111]

そして彼はそこから主を拝んだ。それは、「我はここより汝に臨む。[112]」というモーセへの神の言葉に従ってそのように行ったモーセの例に倣ったに過ぎない。

〔神は〕すべての場所に〔遍在する〕ことには疑念を抱かず、人々に告げられた場所に向かって礼拝することはすべての聖者たちの慣行である。

例えばダビデは言った。「私はあなたに対する畏敬の念をもってあなたの聖なる神殿を拝みます。[113]」また、「私はあなたの聖なる神殿に向け両手をあげた。[114]」「神の両足が置かれた所に向かって礼拝しよう。[115]」と言った。

ダニエルはバビロンにいたとき、エルサレムを向いて礼拝するため自分の部屋のエルサレムの方向に窓を開けた。[116]

それは彼が詩篇の中で、神がシオンを聖別しそこに好んで留まられたと聞いたからである。神は言われた。「これは永遠に我が憩いの地、ここに我は住むことにしよう。なぜなら我はここが気に入ったから。[117]」

聖者たちは「神が場所において限定されないことを知りながら、」告げられた場所に向かって神に礼拝していたに過ぎないことが分からないのか。

〔律法のイスラエルの人々の脱出のところで述べられているように、モーセが天幕を持ってそれをイスラエルの人々の宿営の外に張り、[118]〕宿営から出てその天幕に行ったとき、彼ら全員は立って一人一人天幕の入口のところから〔モーセが〕天幕に入るまで彼を見送った。

モーセが天幕に入ると雲の柱が降り、天幕の入口のところで止まり、それから神は〔モーセに〕語りかけたのであった。

人々は皆、雲の柱が天幕の入口の上に留まっているのを見ていた。人々は皆立ち上がり、おのおの自分の天幕の入口で礼拝していた。[119]

神が雲の柱からモーセに語りかけていたため、イスラエルの人々は雲の柱に向かって拝んでいたに過ぎないことが分からないのか。

彼らの中の智者は神がその柱に限定されないと分かっていたのに、彼らの崇敬はその意図した方向へ向けられていたのであった。

キリスト教徒にとって、それぞれに相応しい方法でキリストや諸聖者の画像に向かうことがどうして受け容れられざることであろうか。

もしある人が、「キリスト教徒は、これらの画像の前で礼拝しながらそれに触れるほど崇敬することは義務づけられていない。」と言うなら、

ヤコブがヨセフに感謝する意図をもってヨセフの杖の柄に触れながら崇敬したという、[120]古くから我らに伝わっている〔話をその人に〕言及させよ。

また我らが既に述べた、神を礼拝する者はすべて膝を地または敷物に触れるが、彼は神に対して崇敬する意図により礼拝していることを言及させよ。

同様にキリスト教徒は、彼らの神キリスト、その諸聖者、諸預言者、諸使徒、諸殉教者その他を尊敬する意図を持って、これらの画像に触れて崇敬しているに過ぎない。

顔のある画像に向かって崇敬していたのは我らが述べた人々だけでなく、エゼキエルは火の乗物を見たとき、その中に人間の顔と獅子の顔と雄牛の顔と鷲の顔があり、その上に玉座に似たものがあり、玉座の上に人の姿のようなものがあったと主張したのであった。

そしてエゼキエルは言った。「これは、主の栄光の姿が顕れたのである。我はそれを見て、ひれ伏した。[121]」彼はこのことをその書で何度も繰り返している。

神の預言者エゼキエルは、これらいろいろな顔のある神の栄光の姿の前で伏し拝んだことが分からないのか。故に、預言者たちが画像や幻像の前で崇敬を行ったときに意図していたことと同じ意図をもって、キリスト教徒がキリストやその諸聖者の画像に対し崇敬を行うことが否定されてはならない。

誰一人決して批判しないが、エゼキエルは自分の見た像が神の本質から〔現れた〕真実〔の姿〕であると思ったので、その前でひれ伏したと推測される。

そうでないとしたら、彼はいろいろな神を作り出したか、本質が次々と変化する一つの神を作り出したことになる。なぜなら、ダニエルは神をこれとは異なる姿で見たからである。またイザヤも同様である。そうではなく、エゼキエルは見たものが彼が呼んだように像であったことを知っていたのである。

聖なる預言者たちの神についての見解が、前述のようなものであろうはずがない。

神の箱をそのために張られた天幕へ運んだとき、預言者ダビデは箱の前で踊った。ダビデが箱の前に立たせたレビ人たちは神を讃え、楽器を奏でた。[122]

ダビデその他の預言者がこの箱の前で礼拝し、踊りと賞讃によって崇敬したのは、彼らが頭の中で考えている内面のものを尊敬したからに他ならず、この箱はその像であった。

はじめに述べた如く、神がモーセに山で示された見本の通りに臨在の幕屋の各部を作るよう言われたことも同様である。

よって、預言者たちが肉眼に見える画像によって観念的存在を尊敬したように、キリスト教徒が頭の中でキリストとその聖者たちを思い浮かべ、画像によって彼らを尊敬することは否定されてはならない。

神は預言者たちに真の本質でなく幻像によって顕現されたことを知るべきである。「我らを見てなお生きている者はいない。[123]」という〔神の〕モーセに対する言葉を聞くがよい。

「我は自分の眼で王なる万軍の主を見た。[124]」というイザヤの言葉を聞け。また、「我は預言者たちに言葉を伝え、多くの幻を示し、預言者たちにより姿を示した。[125]」という預言者ホセアに対する神の言葉を聞け。

従って、エゼキエルが乗物の上の玉座に人のような形をして座っておられた神を拝んだとき、彼は前述の通り幻像に向かって拝んだに過ぎない。そして幻像とは画像なのである。

第12章

キリスト教徒が崇敬する画像は、エゼキエルの見た幻像が神に結びついていたのと同様の〔結びつき方で〕画像の対象に結びついていないと言う者に対する反論。

名称と画像は指示作用において等しい。名称や画像を用いて行われた冒瀆ないし尊敬は、それらの名称や画像の指示する対象に到達する。

もしある人が、「キリスト教徒が崇敬する画像は、神が預言者たちに顕現されたと汝が述べたこれらの幻像と同様の〔結びつき方で〕画像の対象に結びついていない。」と言えば、

その人に知らしめよ。主の聖なる箱などの臨在の幕屋の什器は、描き象られていた対象と結びついていなかったが、我らが説明したように最高の敬意をもって尊崇されていた。

もし汝が、神は結びつきのない像をもってそれらにより作りなされるものと描き象られた対象を結び合わされたことを知りたいのであれば、〔神の〕モーセに対する言葉を聞くがよい。

「二つの翠緑玉を取り、その上にイスラエルの子らの名を彼らの名の順番通りに六つを第一の石に、六つを第二の石

に刻め。石細工師が印章を刻むように、イスラエルの子らの名を二つの石に刻め。イスラエルの子らを記念するため、祭服の両肩に二つの石を一つ〔を片側、〕もう一つ〔を反対側に〕置け。そしてアロンはイスラエルの子らの記念として、主の御前で彼らの名を両肩に担う。(126)」

少し後、神はモーセに言われる。「祭服の仕立てで、二重で四角くした色糸〔織り〕の裁きの胴衣を作れ。四列の宝石をその上に並べ、各列の宝石にイスラエルの子らの名を記せ。(127)」

その時〔神は〕言われる。「イスラエルの十二氏族の名の通り、彼らの名をつけた石を十二個とせよ。(128)」

それから言われる。「アロンが主の御前で聖所に入るとき、裁きの胴衣につけたイスラエルの子らの名を彼の胸に帯びさせよ。(129)」

少し後に言われる。「アロンが主の御前で聖所に入るとき、彼の胸に〔それを〕帯びさせ、イスラエルの人々の裁きを主の御前で常に彼の胸に帯びるようにさせよ。(130)」

万物の生成以前にそれらを知悉されている主が程度を下げられ、自らの前でイスラエルの子らの名が記念となるように望まれたことが分からないのか。

〔主が〕イスラエルの子らの名を御覧になられるとき、あたかも彼らが〔主の〕前で立って祈りを捧げている如くであり、〔主は〕彼らに恵みを与えられる。これらの名は、イスラエルの子らとは結びついていない。

キリスト教徒がキリストの配剤や聖者たちのさまざまな業績を伝播するに際して彼らの顔を描くことがいかにして咎められようか。

〔画像は、〕キリスト教徒の救済のため受難されたキリストに対する感謝を生ぜしめ、諸聖者が〔キリストへの〕愛ゆえに遭遇した〔事蹟を〕模するよう慫慂する記念である。

画像がたとえ〔対象と〕結びついていないとしても、〔キリスト教徒は〕これらの人々の画像を見るとあたかも彼らを見るのかの如くになる。

もし「名称は画像と同様ではない。」と言う人があれば、彼は物事についての無知からこう言っているに過ぎない。書かれた名称は話し言葉の写しや像であり、話し言葉は観念の写しであり、観念は事物の写しであるという、哲学の説いていることを知らないからである。

画像は〔字の〕読める者、読めない者も理解する明瞭な文書ではないだろうか。故に一面において画像は文書より優れているのである。

なぜなら、文書も画像もそれらの示すものの記録であり、画像は〔字の〕読めない人にも理解され文書より理解作用が強固であるため、想起作用は文書より徹底しているのである。

ユダヤ教徒その他は、彼らは自分たちがキリスト教徒を非難している〔根拠と〕同様のことを行っている〔事実に〕気がつかないで、キリスト教徒が諸聖者の画像をたとえ画像が諸聖者に結びついていないとしても崇敬しているため非難しており、その鈍さは驚くべきである。

さもなくば、ユダヤ教徒や信仰を主張しているその他の者に語らしめよ。ある男が紙に神の友アブラハムや神の預言者イサク、ヤコブ、モーセ、ダビデの名を書き、この紙をこれら聖なる預言者たちの敵のところへ持っていき、彼がこれら預言者に対する敵意を持ってそれに唾を吐きかけ、足で踏みにじり、名を削り取ったら、彼らにとってこの行為をなした者は、あたかもこれら預言者そのものに対する行為と同じく、死に値するのではなかろうか。

これらの名前は預言者と結びついていないことは明らかである。

これと同じく、もし彼らに理性があるなら、この紙に接吻し、自分の両眼の上に置いて有り難がる者を尊敬するだろう。

故に我らの説明した通り、もし画像が文書より優れているならば、〔画像は崇敬のため〕名称より適しているのである。

よってキリスト教徒は、諸聖者の画像を崇敬するに際して崇拝の面ではなく信徒によって諸聖者が受けるに相応しい尊敬の面から、諸聖者そのものを崇敬しているに過ぎない。

これはキリスト教徒が諸聖者の画像を崇敬することを正当化するに十分である。

第13章

画像は文書と同等であり、画像や名称によって表されたものはその名称や画像の対象へ到達するという預言者たちの証言。

画像は文書と想起作用において同等であるという神の言葉を汝が知りたければ、神が預言者イザヤにどう言われるか聞くがよい。

「シオンは言った。『主は我を見捨てられた。主は我を忘れられた。』『女が自分の乳飲み子を忘れるであろうか。自分の腹から〔産んだ〕子を憐れまないであろうか。たとえ女がこれを忘れようとも、我は汝を忘れぬ。』と神は言われる。

『汝の城壁を我が両手に描いた。汝は永遠に我が前にある。汝を破壊した者は〔去り、〕汝は速やかに建てられる。汝を荒廃させた者は汝から出ていく。』」(131)

石に刻まれたイスラエルの子らの名は、主が彼らを憐れまれるよう想起させていたのと同様、主が自らの両手に描かれたシオンの画像は、あたかもその画像によって主がシオンを眺められるかの如くそれを憐み、その繁栄を取り戻させるよう〔主に〕シオンを想起させたのが分からないのか。

故にキリスト教徒が諸聖者の画像を崇敬すれば、諸聖者そのものを崇敬することになると我らは正当にも語ったのであった。

同じく紙に書かれた預言者たちの名を冒瀆または尊敬する者は、預言者そのものを冒瀆あるいは尊敬しているのである。

これらの名を冒瀆する者は当然死に値するのと同様に、諸聖者の画像を冒瀆するキリスト教徒は霊的な死に値する。それらを尊敬する者は、疑いなく永遠の生命に値するのである。

我らが始めに述べた通り、画像と文書は等しく、画像や文書によって表されたものはそれらが示す対象へ到達するという神の言葉を知りたいと汝が再び欲するならば、神が預言者エゼキエルに語られることを聞くがよい。

「人よ、煉瓦を一つ取って汝の前に置き、その上にエルサレムの都を刻め。そして、それを包囲し、堡塁を築き、塹壕を掘り、その上に軍営を設け、そのまわりに投石機を置け。

鉄の板を取り、それを汝と都の間の鉄の壁とし、汝の顔をそれに向けよ。都は包囲される。汝がそれを包囲するのである。これがイスラエルの人々の象徴である。(132)」

預言者は神の語られた通り、自分の前に都を象ったではないか。画像をもって表されたすべての物は〔画像の対象に〕結びつき、画像によって同等のものが作られる。これは画像について〔の説明である。〕

文書についてはこの点で画像と同じであり、画像によって表されたものがその対象に到達するのと同様、〔書かれて〕表されたものはその示す対象に到達するのである。

そのことは、預言者エレミヤに関し記されている。「ユダの王ゼデキヤがその治世の第四年に、マフセヤの孫でネイリアの子であるセラヤをバビロンに贈物と共に遣わしたとき、神が預言者エレミヤに対し〔セラヤに向かって〕このような言葉を告げるよう命じられた。

エレミヤはバビロンに降りかかるすべての災難を書物に記し、この書かれたすべての言葉は、バビロンについてのものであった。〔エレミヤは〕セラヤに言った。

汝がバビロンに到着したら、この書物、この言葉を読み上げて述べよ。『主よ、あなたはこの地に対し、それを根こそぎにし、人も獣も住まない永遠の廃墟にすると語られた。』

この書物を朗読し終えたら、石をそれに結びつけ、ユーフラテス川の真中に投げ込み、そして言え。『バビロンは降りかかる災難の中でこのように沈むと主は言われた。(133)』」

この書物によっていかなることが行われても、預言者が画像によって行ったことがエルサレムに到達したのと同様、それはバビロンに到達し、それと同じことが起こされたのであった。

第14章

ある聖者の画像を崇敬する者は、その聖者が彼に代わって神に祈るよう働きかけることになる。諸聖者は神と人々の間の仲介者であり、彼らの生前及び死後に神が人々に満足されるように取りなす。

これは、キリスト教徒が諸聖者を尊敬する意図でその画像を崇敬すれば、彼らの尊敬による礼拝は諸聖者そのものに達することの証明である。

諸聖者を尊敬する者は、疑いなく聖者たちの神から最大の報いを受けるに値する。諸聖者は神の門の取り次ぎ役になったのであり、その人の呼びかけを取り次ぎ、それを強め、〔その人のため〕彼らの主に成就を求めるのである。それは神が善き〔計らい〕によって諸聖者を〔神と〕その僕たちの間の仲介者となされ、彼らを尊重してそれ以外の者は〔神の〕もとでそれら〔諸聖者の〕恩恵を受けるよう望まれたからである。

〔神が〕僕たちに怒りを発し、諸聖者が〔神に〕懇願するまで彼らに満足しないことがある。

このことの証言は数多い。イスラエルの人々が仔牛を崇めたとき、神は彼らに怒りを発され、彼らを根こそぎにしようと望まれたことを誰が知らないであろうか。モーセは神の怒りを鎮め、彼らに満足されるよう〔神のもとへ〕向かった。神は言われた。「汝のため彼らに満足しよう。(134)」

神がアブラハムに向かってソドムの件について語られ、彼らについて〔アブラハムが神に〕懇願するよう示唆したとき、アブラハムは〔ソドムの〕人々に同情したことを誰が知らないであろうか。(135)

神はエリヤに、天の開閉を支配させられ、あたかも支配を彼に委ねて身を引いたかのように授権されたではないか。(136)〔神は〕純粋な預言者の言葉を無効にされず、むしろ彼の決定にそって天の開閉を取り計らった。人々は〔神ではなく、〕栄光の祝福される預言者に懇願するようになった。

しかし彼の栄誉は想像を絶した。〔神は、〕僕たちを神の恩恵から閉め出し、〔神を〕愛する人々が〔恩恵を〕彼から得るほどになった。〔神は、〕自らへの感謝と同等またはそれ以上の〔感謝を神に〕愛された人々に行うよう義務づけているかのようになった。

〔神に〕愛された人々は、そのようなことを生存中に行っただけでなく、死後も続いて人々の尊敬を受け、〔神と人々の〕仲介を行った。

アブラハム、イサク、ヤコブの死後、〔神が〕彼らのために善き計らいを行われたと聖書の中に何度記されているであろうか。(137)彼らの〔死後、神のもとで〕彼らによって取りなしの行われたことが何度あったであろうか。

ダビデの死後、〔神は〕ダビデのために何度エルサレムを救われたであろうか。これは聖書を読む者には知られている。

故に、諸聖者の画像を崇敬するとき〔その崇敬は〕諸聖者に達するのであるから、巨大な益がキリスト教徒の手にある。

従って間違いなく、ある聖者の画像のところへ行ってその前で崇敬する者は、描かれている聖者が自分に代わって祈るよう働きかけているに他ならない。

崇敬者が礼拝に際し多くの言葉を費やしたかどうかは問題ではない。実に聖者は自分から何が彼に相応しいかを最も良く知っているからである。

これは崇敬者が純粋に得られる大なる恩恵である。誰がこれを切望しないであろうか。

神に続いて、我らは地上の王たちについて例を挙げるまでもないであろう。

友人、護衛、大臣、身内の者たちを大切にしている人は、これらが彼のもとで彼のためいかにして王の門のところで取り次ぎをなし、彼の出入りに必要なことを行うであろうか。

第15章

律法の二枚の石板は、そこに主の筆跡が刻まれているため最大の敬意をもって崇敬される。それらは神の御言葉の受肉の像である。

しかし有名な最も偉大な像、すなわち神がイスラエルの人々に語られた十戒が主の指によってそこに象られ、主の箱に納められた律法の二枚の石板をいかに汝は忘れようか。

これは、終末の時に聖霊と処女マリアから受肉された根元的な神の御言葉の像以外の何物であろうか。根元的な神の御言葉は、十戒で象徴されている。なぜなら神の御言葉は位格において完全なものであり、十という数字はすべての〔数の〕中で完全なものだからである。

それは、数が一から始まり、十に達するまで増し、その後一に戻り、限りなく同じことを繰り返すからである。

神の指とは、明らかに聖霊のことである。我らの主キリストが聖書の中で言われたように、「我は神の指によって悪リストの言葉を伝えている。

主の箱は、受肉された神の御言葉が宿ったマリアである。〔神の御言葉は〕神聖であり、罪によって汚されてはいない。箱は木でできているが、内側も外側も黄金で被われ、汚れていないのと同様である。

ここは我らがこれらの像の典拠の要約をしたり、納得のいく典型としてそれらを取り上げるべき場ではないだろう。しかし、ユダヤ教徒は粗雑さゆえ我らの述べた明証を狂気の産物と思い、忌々しいことにそれらのものが他の像であると証明されたことを知ろうとしない。神はモーセに対し、山中で汝に示した見本の通りにすべてのものを作るよう言われたが、それらには疑いなく意味や意図があるのと同様である。

救世主の予告ほど表象されるに相応しいものはなかろう。〔救世主はユダヤ教徒や〕我らの究極の願いであり、あらゆる預言は〔救世主について〕説いており、あらゆる側面からそれを示している。

前述のように二枚の石板に象られた言葉は、まさに永遠なる神の御言葉であるキリストの受肉の像だったからである。ゆえに預言者たちは〔石板の〕前で地に伏し、レビ人はその前で礼拝し、そこに主の栄光の雲が立ちわたっていたのである。

そのためダビデは、「主よ、立ち上がり、あなたの憩いの地に進み給え。あなた〔御自身も、〕あなたの聖なる箱も。[140]」と言った。ユダヤ教徒よ、ダビデが立ち上がらせようとして、木でできた箱が一体起き上がるのか。否、しかしこれはベツレヘムで天使がヨセフに向かって言った、「立て、汝の息子とその母を連れ、エジプトの地へ逃れよ。ヘロデが汝の息子を捜し殺そうとしている。[141]」という言葉を示すものである。

そこで受肉した神の御言葉と彼の聖なる箱、すなわちマリアは立って、害悪を加え彼を捜して殺そうとしたユダヤ教徒から逃れ、憩いの地エジプトへ向かったのであった。

ダビデはそこで、「我らはそれがエフラタにあると聞いた。[142]」と言ってベツレヘムに言及した。

また、これは預言者イザヤの言葉である。「主は軽い雲を駆って、エジプトに入られる。[143]」

これらの生命なき物が生きている物の像であることに汝が疑いを抱くなら、ヌンの子ヨシュアをどう扱うか？〔ヨシュアは〕大きな石を持ち上げ、主の御前のテレビンの木の下に置き、イスラエルの人々に言った。

「これが汝らに対する証人となろう。この石は、今日汝らに語られた主の仰せをことごとく聞いているからである。もし汝らの神たる主を欺いたならば、これが後日汝らの証人となろう。[144]」

ユダヤ教徒よ、石が主の言葉を聞き、後日イスラエルの人々に対して〔主に〕証言すると思うのか。

もしこれが生命を持ち、聞き、証言する他のものを意味する像でないとすれば、単なる狂気の言葉となろう。

ゆえに二枚の石板に象られた言葉について前述した通り、それは無始の神の御言葉の受肉の像である。

我々が始めに述べたように、文書は聞き取られた言葉、もともと語られた言葉の像に他ならないのではないか。

ユダヤ教徒は預言が証しているように、鈍愚であり厚い雲が彼の心を覆っているのでこれらの事柄を理解せず、それに満足しない。

聖パウロが言っているように、〔ユダヤ教徒は〕「今日に至るまで古い契約が読まれる際に、彼らの心を鈍さが覆っている。[145]」

しかし、キリストや諸聖者の画像崇敬から遠ざかっている狂ったキリスト教徒たちにも驚くべきである。なぜなら、我らが旧約聖書から証明したこれらの像が彼らの解釈通りであることには疑いを抱かず、旧約聖書の像が尊敬の目的に達していると考えながら、彼ら自身は聖像画崇敬から逃れているからである。

第16章

神は古の人々が鈍重であったため、彼らの眼前で奇蹟を示し、〔神の〕秘密を明らかにされたに過ぎない。

キリスト教徒はそのようなものは必要とはしない。しかし神は異教徒や劣ったキリスト教徒に対して、キリスト教の秘密や〔神による〕画像とその対象の強固な結合についての奇蹟を明らかにされ続けている。

これらのキリスト教徒がもし、「列王記に記されているように神の栄光の雲が〔石〕板の上に降りて来ていたので、神に由来するその尊さが明らかになったのである。[146] しかし、教会にある画像にはそのようなものが何一つあるように我らには見えない。」と言えば、

我らは彼らに言う。「古の人々は鈍重であったため、自分たちの眼で神の秘密の偉大さを見なければ、彼らの眼においてそれが偉大だということにならなかったのである。

故に、臨在の幕屋で初めて捧げられた犠牲にはその上に火が下ったのであり[147]、エルサレムの神殿に捧げられた犠牲にも、それをソロモンが建てたため火が下ったのである。[148]」

我らキリスト教徒は聖霊によって洞察力が与えられており、このようなものは必要としていない。

そのため、我らの主はエルサレムの一室で弟子たちに麵麭と葡萄酒を食べさせてその肉と血を与え、彼らに言われた。

「これは我が肉、我が血である。[149]」

〔主の〕言葉によって、食した物に明らかな栄光を見ることなしに彼らの理性は確信を抱いたのであった。

これはキリスト教徒の間で依然として行われており、聖別された後も聖別される前に持ち込まれた状態と同じに見えるのに、この聖体がキリストの肉と血であることを確信しつつ聖餐を行っているのである。〔キリスト教徒の〕すべての秘蹟も同様である。

これら聖像画も彼らの他の事柄と同様に扱われるべきである。驚異や栄光がその上に何も出現しないとしても、他の

ものが崇敬されるのと同じくそれら〔聖像画は〕崇敬されるべきである。

それにもかかわらず異教徒のため、また劣ったキリスト教徒の宗教に関する鈍さのため、恐らく神はキリスト教の秘密の栄光を顕現されたのであろう。

我らが恐らく毎日聞いている、理性が疑いを抱かない理路整然とした説話の通りである。前述の聖アタナシオスは諸聖者の遺骨や画像を見て語った。

「我らは聖者たちの遺骨から湧き出す聖油の池を見た。その聖油は人間の行う医術から見放された病を癒すのである。多くの人々は、悪魔が〔聖者の〕墓の前で苦しみ、厳しく責められているのを見た。」

この我らの時代、最も高貴な出自である異教徒に一人の殉教者があった。聖アントニオスと言い、彼の物語は広まっている。神が彼の祈りによって我らを想起されんことを。

〔聖アントニオスは、〕人に会うたびに自分は殉教者聖テオドロスの画像の奇蹟によってキリスト教を信仰したのだと伝えていた。

ある時、ユダヤ教徒が自分らの街ティベリオスでキリストを十字架にかけられた姿で描いた画像を作った。〔ユダヤ教徒はキリストを〕嘲笑し、そのある者が槍でこの画像を突き刺したところ、そこから血と水が流れ出した。

そこにいた盲人が画像に近づいた。聖霊は善き意図により、彼の心に信仰を投げかけた。彼は〔ユダヤ教徒たちに〕言った。「突き刺すのに私も加わるから、刺したところに私の手を置いてくれ。」

彼らがそこに手を置いてやると、盲人は血と水を拭い自分の両眼に塗った。すると両眼は開かれた。

彼はこの恩寵が可能としたことを受け取り、それをさまざまな場所に運んだ。よってそれらの場所の修道院や聖堂では、その祝福によって我らが多くの異教徒やキリスト教徒から聞くような奇蹟が起こった。

それらの修道院の一つはアレッポの近郊にあり、信仰を得て祝福をそこへもたらしたユダヤ教徒の名にちなんで聖ハナニヤ修道院と呼ばれている。

我らが述べたこの聖像画の話は、キリスト教徒のすべての教会で有名で良く知られている。画像は尊敬に値し、聖像画を見ることによって我らはあたかもキリストや諸聖者を見るようになるという我らの言葉に、誰一人驚く者はなかろう。我らは聖パウロの「画像は対象そのものである。」という言葉を聞いているからである。聖パウロはイスラエルの人々のために水が溢れ出た岩について、その岩はキリストであったと言った。[150]この岩はキリストそのものでなかったことは明らかであるが、それはキリストの像であった。同様に福音記者もキリストについて語っている。「『その骨は一本も砕かれない』と記されている。[151]」過越祭のためイスラエルの人々がエジプトで屠った小羊について記されたのであるが、[152]それはキリストの像であった。諸聖者の画像が尊敬の側面から崇敬するに値することの新旧約聖書による証明はこれで十分であろう。これに納得しないキリスト教徒は、その理性の鈍さゆえユダヤ教徒となる方が相応しい。

第17章

ユダヤ教徒は神以外を崇敬しないように命じられたが、彼〔ら〕は石を崇敬するのであれば天国から〔流れ〕出した四つの川をも崇敬し、[153]その崇敬は東方に向けられなければならなかったという反駁。[154]

ユダヤ教徒よ、汝は自分に対する神の言葉を拠として神以外が崇敬されてはならないと主張しているが、その〔言葉の〕意味を理解してはいなかったし、ユダヤ教徒である限り決して理解することはなかろう。預言者ダビデを汝はいかに扱うか。ダビデは主の足台を崇敬するよう汝に命じたが、[155]それは汝にとって地のことである。

なぜなら、主が預言者イザヤに「天は我が玉座、地は我が足台。[156]」と言われた聖書の霊的意味を解していないからである。

この言葉ゆえに汝は地面そのものを崇敬しなければならない。

一方汝は、キリスト教徒がキリストとその諸聖者の画像を崇敬するため嘲笑しているが、同時に汝は掃き集められたすべての土を崇敬するよう指示されている。

また汝がエルサレムにある岩[157]に近づき、もしそれに到達することができたとすれば、読む人は理解するように、汝は岩に接吻し手で触れるであろう。これは〔岩に対する〕尊崇から行ったのである。

崇敬は尊敬の側面にもあり得ることが汝に証明されたので、〔岩への〕崇敬が汝の義務となったのである。

何がこの岩への崇敬を汝に義務づけたのか述べよ。すると汝は、この岩は天国から出てきたので熱心に崇敬すると言うだろう。

その岩が天国から出てきたものだという汝の言葉には証拠がない。なぜなら、汝の聖書も、預言者もそれについて何も語っていないからである。

しかし汝がこの岩に対して、汝が主張するように天国から出てきたと並々ならぬ敬意を表するならば、我らは汝に難問を与えよう。

それでは、天国から流れ出ているると聖書に書かれているユーフラテス川、チグリス川、その他二つの川[158]を汝は尊崇し、礼拝するがよい。

この言葉の前に、汝の崇敬は東方に向けられなければならないとされた。なぜなら、律法に「神は東の方エデンに天国を設けられた[159]。」とあるように、天国は東方にあるからである。

ユダヤ教徒よ、我らの述べたようなことを能う限り岩に行うのに、これらの川に東を向いて礼拝しないというのはいかなることか。

汝のこの〔態度は〕公正ではない。それは汝の心を覆っている厚い雲のためであり、汝があることをそれと同等のとすべてと同じに扱うようにさせないのである。

第18章

画像を崇拝してはならぬ、あるいは類似の明示的な言葉により神が〔像への〕崇敬を禁じられた理由の説明。

キリスト教徒の中には〔こう〕言う者があるかも知れない。「なぜ神は旧約聖書の中でこの崇拝を禁じられ、『汝は〔いかなる〕像をも作ってはならない。それらを崇拝し、仕えてはならない。(160)』と明言されたのであろうか。」

我らは彼に言う。「イスラエルの人々は、偶像崇拝に狂ってしまっていた。もし神が画像への崇敬を彼らに明言して認めていたら、彼らは神の言葉を口実として偶像崇拝に走ってしまうところであった。」

あたかも賢明な父親が、刀を取ればその兄弟や家人に斬りつけると知っている頑固で愚かな自分の息子に対するように、神は〔ユダヤ教徒を〕扱われたに過ぎない。

王は自分の息子に刀を持たせて、それで敵と戦うことを望んでいたのであるが、刀が息子の手に渡ると家人に斬りつけることを知って、〔息子に〕刀を決して持ってはならないと命じたのである。

同様に神は、イスラエルの人々が画像に対する崇敬について分別を持ち、良い面を取り悪い面を避けることができないと知られたので、彼らにすべての像への崇敬を禁じられたのである。

そして聖霊によって理解力と繊細な理性が与えられ、〔神を求めて〕沈思し、〔神を〕知り、〔神に〕仕えるキリスト教徒が現れるまで、この崇敬を休止するよう聖書に定められたのである。

また天使は預言者ダニエルに言った。「汝ダニエルよ、多くの〔人々が〕知り、知識の増す終末の時まで、言葉を秘め書を封じよ。(161)」

理解のない者は文字通りに聞く〔神の〕明示的な言葉によって、神がイスラエルの人々にあらゆる画像の崇敬を禁止されたのは、これが理由である。

使徒たちはこれを知り、画像がキリスト教徒の教会に行われ、尊敬され、礼拝されるのを許したのであった。〔それは〕イスラエルの人々にとって懸念されたことが、キリスト教徒にとっては懸念すべきものではないことを知っていたからである。

同様に神は食物について、それらの多くをイスラエルの人々に禁じ忌むべきものとされ、彼らのところで不浄という名をそれらにつけられ、この名ゆえそれらが嫌われ、遠ざけられるようにされたのである。

なぜなら、欲求が彼らを圧倒し、犬のように自分たちの欲望を抑える心を持っていなかったからである。

同じく神は預言者イザヤに対し、彼らを名付けられた。「彼らは強欲で飽くことを知らない犬であり、邪悪で理解がない。それぞれ自分の好む道に向かっている。(162)」

神が知恵を働かせて、イスラエルの人々の鈍さに相応しいようにその被造物に不浄という名をつけられ、表面では彼らに示唆して不浄であると呼ばれたことが分からないのか。

律法に「神は創造されたものすべてを見られた。それらは極めて良かった。(163)」と不浄ではなく良いとあるように、神が創造されたものに不浄なものがないことは明白である。

また聖パウロは言った。「神の創造されたすべては良きものであり、もし人が感謝と賞讃をもって受けるならば忌むべきものは何もない。(164)」

神はこれらのものをイスラエルの人々に対し明示的に忌むべき不浄なものとされ、〔然るべき〕時に理解されるようそれらが清浄で許されていることを聖書の中に隠されたのである。

同様に〔神は、〕これらの者のもとでは画像への崇敬を明示的に醜いものとされ、我らが説明した通り、これらの者には与えられていない聖霊を授かっているキリスト教徒が知るためにその良さを聖書の中に封じられた。福音書の主の言葉のように、「我を信ずる者は聖書に書いてある通り、〔その人の〕内から生命の水が流れ出すのである。[165]」

すなわち、〔主を〕信ずる人々が受け容れようとしていた〔聖〕霊を意味している。「イエスは未だ栄光を受けていなかったので〔聖〕霊は未だ降っていなかったからである。[166]」

また神はイスラエルの人々の崇敬と崇拝を制限され、明示的に度を越さないように呼びかけられた。〔神は〕言われた。「汝の神たる主を崇拝せよ。主のみに仕えよ。[167]」それぞれ等しく完全な神であって、〔神の〕本質に由来し同等の崇敬に値する子と〔聖〕霊を神は彼らから隠された。それが彼らの口実となって、〔唯一〕神に並んで神々を作り、彼らが狂気にまかせてさまざまな神々を信仰し、崇拝することがないように。

その知識が〔然るべき〕時に明らかになるよう、そのすべてを聖書に封じ込められた。

キリスト教徒に対しては、神は最も大なる声で神には子と聖霊があり、そのそれぞれは〔父なる〕神と同等の神であってその本質に由来すると明言された。

〔キリスト教徒は、〕子と聖霊を〔父なる〕神と共に崇拝しているが、さまざまな神々を崇拝している訳ではなく、父なる神とその子と聖霊は一つの神であると言っている。

我らの述べた通り、キリストの栄光であるその十字架によって、〔彼らの理性には〕聖霊が満ちあふれており、そのことを理解する繊細さが彼らの理性にあるからである。

ゆえに我らの言及した理由によって、神がイスラエルの人々にすべての画像に対する崇敬を明示的に禁じられたことは否定されない。

させた。

〔神は〕使徒たちに霊感を与えられ、これらの者が懸念したことを懸念しないキリスト教徒にそのことを許すように

これらの画像のあるものを崇拝するキリスト教徒があったと思うだろうか。そのようなはずはない。

一方イスラエルの人々は列王記に記されているように、ヒゼキア王が廃止するまでモーセが荒野で作った銅の蛇を崇拝し、それに香を焚いていた。[168]

モーセと彼に続いた者は、〔銅の蛇を〕見ることによって〔神が〕荒野でイスラエルの人々を致命的な蛇の咬傷から救われたことについて、神を賞讃する記念としてそれを残したのである。[169]

それによりイスラエルの人々が神を讃えるようにさせたが、彼らは誤って〔銅の蛇を〕崇拝したのである。

のみならずあらゆる彫像や画像を崇拝の目的で礼拝することは最も厳しく禁じられている。この最低のことが彼らにいかに許されようか。

これは、〔神が〕望まれた真実に即してではなく、イスラエルの人々の能力に合わせて神が指示をこのように定められたに過ぎないということを示す聖書の中の多くの例の一部である。

また〔神は、〕イスラエルの人々の指導者たちに対し、妻を離婚することは許されると言われた。モーセは彼らに〔言った。〕

「モーセは〔イスラエルの人々に、〕彼らの心が頑固なので〔離婚を〕許したが、始めはそうではなかった。

神は男と女を作られ、『人はその父と母を離れてその妻と結ばれ、二人は一体となる。』と言われた。また『神が結び合わせたものは、人間は解いてはならない。』と言われた。[170]」

この理由はまた聖書より証明されるし、同じく理性からも〔証明される。〕

神がイスラエルの人々に対して規定されたこれらの指示は神が望まれた通りではなく、彼らの能力に合わせられているという我らの述べたことを示すものとして、

預言者エゼキエルに対する〔神の〕言葉がある。「我は彼らに良くない掟と、それによって生きることができない法を与えた。[171]」

この箇所の前に言われた。「彼らは我が掟を実行しなかったし、守る人は生きることができる我が法を守らなかった。[172]」

〔神は〕自らの掟を良くないと言われ、法をそれによって生きることができないと言われているのに、それによって生きることができると汝は一体思っているのか。

神とイスラエルの人々の間柄は、王とその息子に似ている。〔息子は〕遊びに耽っており、自制できないというより気が散ってしまって〔遊びを〕自分で止めることができない。

〔その息子が〕刀を弄び、父は息子がいつの日か刀で傷つき、死んでしまうのではないかと恐れているが、若者は遊びを止める様子が全くない。

そのため父は〔息子に〕言う。「我が子よ、刀で遊ぶな。鞠で遊べ。」鞠遊びを眼に浮かべさせ、それを好きにさせる。

息子に対する父の望みは、鞠で遊ぶことではなく、遊びを全く止め、文学や哲学、真面目で役立つ事柄を学ぶことであるのは明らかである。

父の息子に対するこの命令は本当は良くなく、〔息子の〕理性が完成すれば止めるかも知れない。

このように神はイスラエルの人々を扱われたのである。

従って我らキリスト教徒のうち聖者たちの画像を崇敬しない獣どもは、天地、水中にあるすべてのものの像を作り、それらを崇敬し仕えてはならない[173]という神のイスラエルの人々に対する言葉を口実としてはならない。神がこれらの像への崇敬を明示的に斥けられているのは、禁忌とされた動物を明示的に斥け、それらを不潔であって食する人は不浄であると称されたことと同じだからである。

明察の士には聖書の中で明らかなように、あらゆる被造物に不浄なものは存在せず、ある理由によって禁忌とされたものに不浄という名がつけられたことを〔イスラエルの人々に〕示すに過ぎず、それ〔自体〕が不浄なのではない。同様に我らが証明したように、理性ある人々に対し〔神は〕聖書の中で崇敬に相応しい画像に対する崇敬を是認すると明言されている。

〔神は理性ある人々に、物事は〕ある理由によって醜悪であるとされ禁止されているに過ぎず、それ〔自体〕が醜いものだからではないと知らされている。

もしユダヤ教徒が、「神は清浄なものを禁忌とはなされないし、清浄なものを不浄と呼ばれることもない。」と言うなら、

彼に難問を投げかけよう。我らは彼に言う。「それならば、神は禁忌を解かれることはないし、忌むべきものを良いと呼ばれることもないであろう。

ノアとその子たちに、〔神が〕すべての肉の食用を許されたのはいかなることか。初め汝に醜く不浄であるとされたものを良いと呼ばれたのはいかなることか[174]。」

先に述べた不浄を〔ノアが〕知らなかったとすれば、おめでたいことである。彼には確実な知識も言葉もなかったことになる。そうでないならば、彼は自分の知識に反したことになる。〔ノアが〕そのような〔人物〕であろうはずがない。

〔神が〕斥けるべきでない動物や像への崇敬を斥けられているのは、それが〔神のもとで〕斥けるに値するからではなく、我らが述べたイスラエルの人々とその幼児性に対する方便によるという我らの言葉は正しい。

聖パウロが彼らへの書簡の中で言ったように、「汝らの耳は鈍くなっている。汝らはもう教師となっているはずなのに、今や汝らは神の言葉の初歩を教えてもらわなければならない。汝らには堅い食物の代わりに乳が相応しくなっている。

なぜなら、〔堅い食物は〕善悪の区別をする感覚が鍛えられていなければならない大人のためのものであるから。[175]」

イスラエルの人々は、長い教育期間を経た後も子供であった。神が彼らに小さな子供に話しかけたり、訴えるように話されたということがどうして信じられないのであろうか。

あたかも母親が息子を乳離れさせたいと望んだら、乳を醜い名で呼ぶようなものである。

〔乳が〕そのような名に値するからではなく、〔息子の〕状態ではそれが相応しくないので、息子を〔乳から〕遠ざからせるようにして止めさせるためである。

同様に画像崇敬や禁忌とされた動物に神が醜い名をつけられたのは、それがこうした名に値するからではなく、そのようなイスラエルの人々の生活に相応しくなかったからである。

機が熟した時、我らの主キリストは律法における古い言葉と異なることをその福音書の中で明言されたのである。

そして人々に言われた。「口に入る物は人を不浄にしない。[176]」

〔キリストは〕使徒たちに画像崇敬を許され、彼らは古の人々には謎に包まれていたことを明らかにした。

諸聖者の画像への崇敬を証明するため、聖書の中の証拠を〔挙げ、〕それらを吟味することに多くを費やしたと思われる。

それ故この問題についての論敵が援用する議論を放置し、ここで我らは〔議論の〕出口に達したと述べても疵にはならないであろう。

キリスト教徒が誰一人、効用の大なるこの崇敬からの離反に陥らないように。

第20章

「神はあれをせよ、これをせよと命じられる権能を有しているが、人間は神がそれを行うよう命じられない限り、神の言葉に公然と反することはできない。」と言う者に対する反論。

初めに我らが主張した通り、神はイスラエルの人々にいかなる像も作らないよう明示的に言われていたのに、モーセに一対のケルビムや蛇を作るよう命じられた[177]。

それにより、この禁止は〔神の〕究極の意志による〔神の〕方便に過ぎないということが示された。

〔次のように〕言う者もあろう。「神はあれをせよと命じられる権能を有しているが、人間は〔神〕自身が彼らに命じられない限り、神の命令に反して行為できない。」我らは〔その人に〕言う。

神は明示的に自分以外に対し礼拝してはならないと命じられたのに、預言者たちは〔神の〕禁止についてその言葉の意味を理解していたため、神が人に礼拝せよと彼らに面と向かって命じられていないのに、人に対して拝礼した。

ダビデの子ソロモンは、神が名指しで〔像を〕作るよう命じられた訳ではないのに、エルサレムに神のため建てた神殿の中に二体のケルビムや雄牛や獅子など多くの像を作った[178]。

歴代誌には、ダビデはソロモンに神殿や調度を指定して見本を与えたとあるが、神がそのように彼に言われたとは伝えられていない。ダビデは理解できた通りに〔ソロモンに対し〕この見本を示したに過ぎない[179]。

二人の預言者がこれらを作ったのは、いかなるものの像も作ってはならないという神の言葉の意味を理解し、それが〔神の〕究極の意志からではなかったことを知っていたからである。

ダビデはまた、神が食べよと命じられたのではないのに、祭司以外は食す権利のない主の御前に供えられた麵麭を食した。[180]

マカバイは、神の命令なしに安息日の戦闘を自らに許した。[181]

ダビデやマカバイが神の命令を解除し、やむを得ずそれを破ったということは誰に対しても言われていない。

誠にギリシア王アンティオコスがマカバイの七〔兄弟〕と彼らの教師である長老エレアザルを挑発したのである。[182]〔アンティオコスは〕彼らに豚肉を食べさせるためあらゆる種類の拷問を命じたが、彼らは拒否し拷問により死んだのである。[183]

しかし、これらの聖者は神が人々に方便として安息日遵守の掟を明示的に命じられたのであり、〔神のもとでは〕不変のものではないことを知っていたので、その掟をこの時解除したのであった。

安息日は預言者イザヤに関し伝えられているように、[184]すべてのユダヤ教徒にとって安寧〔の日〕であるが、キリストはその時に安息日の掟すら廃することによって〔聖者たちの〕理解を証明された。

モーセ、エリヤ、ダニエルは、休息せずに安息日に断食した。第一〔の預言者〕は四十日間を二回、[185]第二は四十日間を一回、[186]第三は二十一日間〔断食して〕過ごした。[187]

これら三人の預言者は、神のそのような命令なしに人々に対する律法の定めに反したのである。

ユダヤ教徒の内心の希望に従って彼らにそれを守らせるよう導くため、彼らに対し安息日を安寧〔の日〕とされ、彼らが〔安息日を〕守ることにより彼らの神が天地の創造主であることを知り、〔神〕以外を崇拝しないようにしたに過ぎないという神の言葉の意味を知っていたからである。

律法のエジプトからのイスラエルの人々の脱出のところで伝えられているように、「神はモーセに語りかけ、言われた。『イスラエルの人々に告げ、こう言え。汝らは我が安息日を守らなければならない。それは、代々にわたって我と汝らの間のしるしであり、我が汝らを聖別する主であることを知るためのものである。[188]』」少し後に言われた。「イスラエルの人々に我が安息日を守らせよ。それは我とイスラエルの人々の間の永遠の契約であり、永遠にしるしである。

主は六日の間に天地を創造され、七日目に憩われた。[189]」

エリヤもまた、神のそのような命令がないのにエルサレムの神殿ではないところで神に犠牲を捧げ、律法に書かれた慣行によらないで犠牲を整え、律法に反した。[190]

それは律法の神の言葉の意味を知っていたからである。イスラエルの人々はかつて悪魔にも犠牲を捧げていたので、〔神は〕彼らにすべての場所での供犠を禁じられたのである。

祭司の書に述べられているように、「イスラエルの人々であれ、彼らのもとに寄留する者であれ、犠牲を捧げるとき、それを主に捧げるのに臨在の幕屋の入口に携えて行かない場合には、その者は民の中から断たれる。[191]」〔神は〕その前に言われた。「イスラエルの人々は、そこで淫行を行った無用の物に決して犠牲を捧げてはならない。[192]」同様に神はイスラエルの人々の供犠をエルサレムの神殿に限られた。それは、聖書の知識ある人が知っているように、キリストの到来後ローマ人の手でエルサレムの神殿を破壊し、神が嫌われていた彼らの供犠を廃止するためであった。預言者エリヤはこれらの理由を知っていたので、神のそのような言葉なしに人々が命じられていた律法に反したのである。

同様に画像や模造物の製作について、いかなるものの像を作り、それらを崇拝してはならないという明示的な律法に聖者たちは反したのである。

神はあれをせよと命じられる権能を有するが、人間は神の命令なくそれに公然と反することはできないと主張する者は、我らに応答するであろうか。

聖者たちは、神が命令されたことの理由を知っていたため、〔神の〕命令なくしてそれに公然と反したことが誠に明らかになった。

神の聖書の知識あるすべての人にとって、諸聖者の画像の崇敬は義務であるという既述のことは証明された。

第21章

「汝らは尊敬に値する人の画像に対する崇敬を良しとするのであるから、神の似姿であるこの自分を崇敬せよ。」と言う者に対する反論。

「尊敬の面から諸聖者の画像が崇敬に値するなら、この自分に崇敬せよ。なぜなら、我は自分の主張する通り神の似姿であるから。」と言う者がある。

我らは彼に言う。「汝は、自らにおいて神の像を損なったのである。」

神の像は、最も美しい人間である王女に似ている。その画像は、最上の画像である。

ある男がその画像に近づき、画像の両眼を潰し、両耳と鼻を削ぎ取り、両足を切断し、両手の指を切り、黒く塗ってすっかり台無しにすれば、それによって最も醜い像となろう。

あるいは、それは蠟に似ている。それは王女を如実に表現した最上の像であったが、男がそれを取って豚の像に変えたのである。

誠に蠟が形を変えられて像となるように、汝の性質も汝の思うままにそれを神の像にも、悪魔や獣の像にも変えられるのである。

答えよ。王女を汝が知っていてこれらの像が汝に示されたら、「これは王女の像ではない。」と言わないであろうか。

これには疑いがない。

同様に汝は自らの徳において温和、自重、高貴、寛容、慈悲、公正〔という性質〕を捨てることを辞さず、神に性質が似損なったのである。

我らの述べた〔理由で〕汝は叡知やその他の賞讃すべき道からはずれ、汝の性癖はそれらに反し、汝は悪魔や獣に似るに至ったのである。我らは汝に言う。「汝は神の似姿ではない。」

「創造主の姿に倣う新しい人を身につけている。」[193]という聖パウロの言葉のように、自らを完全に変えて古い人格を脱ぎ捨て、自らを神の似姿となした諸聖者や、その画像に対する崇敬をもって我らは汝を崇敬したりはしない。

これら〔諸聖者〕については、我らがその死後ですら遺骨を崇敬するのを汝は見ることだろう。なぜなら彼らは、生前も死後も彼らを保つ聖霊の器となったからである。

これについての証人は、預言者エリシャである。彼の死後、彼の遺骨は死人を蘇らせた。[194]

これは今日でもキリスト教徒の手にあって、我らがこの眼で見たように皮膚の病を清める聖油を湧き出しているのである。

これらの聖なる遺骨は、アンティオキア郊外のサルキーンという村やその他にある。

これは聖霊の宿る心の持ち主が知る、これまで述べた我らが今日も眼にする聖者の遺骨の行う奇蹟と同じことである。

第22章

物質[195]に文字や画像が書かれれば、それは我らのもとで書かれる前の価値と同じではないことの理性による証明。

これにより我らは牽強付会をこととする無知な者どもが聖書から導き出した口実を論破した。

今我らは、画像に対する考察に理性を集中して、画像を用いて尊敬ないし冒瀆が表されれば、それが画像の対象の喜びや悲しみにつながることを知ろう。

これに関し考察する人は、物の材料はその上に文字や画像が書かれれば、人における価値は文字や画像が書かれる前の価値と同じではないことを知らなければならない。

粘土には、既に死刑の裁きが下された十万人の人間に対する赦免を王が汝にあてて刻印しているかも知れないというのがその証明である。

粘土は堅さの点では他のものと比べものにならないが、一旦それだけの数の助命を示す王印がその上に押されると、その価値は計り知れないものとなる。

紙も、我らの述べたようなことが王の手により書かれれば、同様である。

これにつき疑いを抱く者には、神の律法の二枚の板が石であることに留意させよ。これらは、主の手によって文字が書かれると、神や人に由来する〔物の〕中でこの上ない敬意をもって尊崇された。

律法や福音書も紙に書かれている。紙はそこに神の言葉が書かれるまで、誰一人それを尊崇する者はいない。

そこに聖なる言葉が書かれると、それは栄光を与えられ最高の敬意をもって尊崇される。

もしある人がそこに書かれていることを信仰しなかったり、軽蔑したりしてそれを火に投げ入れたり汚したりすれば、それにより信者の間では死に値するほどであろう。

このことはすべての人にとって明白である。

第23章

「我らの神キリストの画像を用いて行われる尊敬や冒瀆は、我らのもとで父母の像によって行われるようには〔人の〕喜びがキリストに到達することはない。」と言う者に対する反駁。

処女マリアから受肉された我らの神キリストの画像について、我らはそれを〔他の〕画像と共にここで言及しよう。

なぜなら、祝福された我らの都市ルハーで、その画像は特にそれにちなんだ時節や祭日、参詣日に礼拝され、敬われているからである。

もしキリスト教徒のある者が、〔キリストの画像への〕崇敬から離反するならば、彼にキリストの画像のある教会の門に自分の父を描かせてみたいものである。

キリストの画像に崇敬を行うすべての人は〔画像のところから〕出てくると、特に彼の父が彼に聖像画を崇敬させぬよう言い遺したのであれば、父の画像に唾を吐きかけさせよう。

〔その人が〕それで怒るかどうか見るために。

しかし彼はそれを父の画像に行った者に、例えば命を奪うほどの仕返しをすれば気が安まるであろうことには疑いの余地はない。

そこで我らは彼に言う。「汝をそうまでさせるほど汝の父の画像に対する冒瀆による怒りが汝に到達するなら、同様にキリストの画像の崇敬による喜びはキリストに達すると知るがよい。

汝の父の画像の顔に唾を吐きかけた者に汝が害をなすのと同様あるいはそれ以上に、想像を絶する〔キリストの〕寛大さにより、〔キリストはその画像を〕崇敬する者に善をもって報われるのである。」

同じく、宿無しの男をめぐりある王の母が民衆の前で侮辱されたとする。

民衆は王の母の衣装と侮辱に用いられた男の衣装を知っていた。

そしてある人が板に王の母がこの宿無しの男と戯れている絵を描き、〔王の母の〕画像を街中に広め、〔王の母の〕醜聞を引き起こそうとそれを持って街の市場や路地を歩き回ったならば、

王のもとでその人の立場はどうであったと汝らは考えるか。疑いなく王は〔その人の〕手足をばらばらにするのではないか。

それを行った人が進み出て王のところで弁明し、「私はあなたの母上に対して何もしておりません。私はただ板に色を〔塗る〕ことをしただけです。」と言えば、

王に対し高慢に振舞い彼の理性を侮ったとして、自分に対する王の怒りを増したに違いない。

それ故に我らの主、天の王者キリストはその画像を弘め、それに崇敬する者を厚遇される。

同様に、我らが述べたように高慢にも〔キリストの〕画像を冒瀆し、それへの崇敬を禁じる者を〔キリストの〕王国から追放されるのである。

第24章

教会にキリストや諸聖者の画像を描き、彼らの画像を崇敬するキリスト教徒は、それによって例えばキリストを祝福しているのであり、〔キリストから〕最大の報酬を受けるに値する。〔キリスト教徒の中で、〕それを止める者は、キリストから他の人が受けるに値する〔報酬を〕自らに禁じているのである。

兄弟たちよ、知るがよい。キリスト教徒にとって、キリスト、なかんずく十字架につけられ辱められているキリストを教会に描いてその画像を崇敬することほど、キリストを祝福することになるものはない。

それに類する〔話として、〕一人の王があった。〔その王は〕この世すべてを支配し、彼の知恵にあってはすべての知恵も無知に等しかった。

彼は最も偉大で威厳ある人物であった。

紫衣をまとい、頭に輝く王冠を戴き、彼の美しさはすべての美を凌駕し、その姿は眼も眩むほどであった。

多くの人が王に仕え、彼への敬愛を謳って彼の庇護を求め、最高の敬意をもって彼を尊敬した。

この王は、その知恵によって自分の望むある計り事を行おうとした。〔王は〕自分の周りを取り巻く者から隠れ、装

いを改め、紫衣を脱ぎ、頭から王冠をはずし、玉座から降り、粗末でみすぼらしく、すり切れた衣服を着た。そしてその格好で彼の敵に自らを委ねた。彼らは〔王を〕打ち、さまざまな侮辱をもって辱めた。彼らは〔王を〕嘲笑って侮辱し、彼の不運を喜んでその周りを踊り歩き、嘲笑し、叫びかけた。そうなると、彼に庇護を求めてきた者の多くは彼に愛想を尽かして去っていった。一部の人々は残り、彼らが口にしていた王への敬愛を証した。彼らは〔王が〕敵に囲まれて侮辱を受けている時、〔王が〕辱められても彼から離れず王の回りを歩んだ。敵は彼らを侮辱して言った。「汝ら呪われよ。この〔男が〕自分たちの王であって恥ずかしくないのか。」これらの者は、勝ち誇ってさらに高い声で叫んだ。「我らにこれにまさる王や主人、愛すべき人物はなかろう。」彼らは〔王の〕巧みな計略が終わり、彼が王位に戻りその優美さや壮麗さに復するまでそのように〔王と共に〕十字架にかけられ、〔王への〕侮辱に耐え、〔王と〕苦しみを共にした。

このようであれば王はこれらの人々をいうなれば頭の上に持ち上げ、ある限りの富を彼らに与え、言うのではなかろうか。

「汝らは余と苦労を共にしたのであるから、余の栄華を共にするがよい。誠に汝らは偽りなく余を敬愛する友人である。汝らは余が王位にある時に余を尊敬していたが、それは余から得られる好意を望んだためではなく、余への心底からの敬愛によるものであった。」

同様に我らキリスト教徒が十字架につけられ辱められているキリストを教会に描けば、他の者どもはそれを見て我らに言うだろう。

「汝ら呪われよ。この〔男が〕汝らの神であって恥ずかしくないのか。」

我らは声を大にして言う。「然り、これぞ我らの救い主、我らの希望、喜びである。」言葉通り諸王の前で〔キリストの〕十字架、〔キリストに対する〕侮辱を誇った殉教者たち[196]に劣らぬ報酬をもって、〔キリストは〕これに対し我らに寛大なる報いを与えられるのである。

これによって我らが受ける厚遇を、〔キリストは〕その画像に不満を持ちそれらを取り除いて崇敬を禁じる者には与えられない。

彼は〔キリストの〕画像を見下したことによって、その侮蔑が〔キリストに〕達するため、謙譲その他のことからキリストによりおそらく受けることが相応しかった報酬を、彼の行為により禁じられるのである。

次の我らの言葉を否定する者は誰一人いない。「我らはキリストを祝福する。」神の聖書が伝えるように、「貧者に施す者は神に貸している。[197]」神に貸すことが可能なのと同様、神を祝福することも可能である。

「異教徒どもはこれらの画像を見なくとも、キリストの十字架によって我らを侮辱することもあるだろう。」と言う者があるかも知れない。

その人に知らしめよ。これらのうち我らの教会に入る者は、もし我らの教会にこれらの画像がなければ、前述のことがその多くの者の心に浮かぶことはなかったであろう。

画像が彼らに我らを侮辱する衝動を起こさせたのである。

教会にこれらの画像を描く我らは、王の徳を熟知しているため、最もみすぼらしいと思われるようなことを他人が諸王の最高の美徳を誇るように誇っている王の友人に似ている。

彼らはこれへの喜びと深い満足から、彼らの王の粗末な〔姿を〕自分たちの顔、手、衣服に表した。

それを軽く見る者どもの侮辱に抵抗していたのである。

抑制された理性を用いて、醜く思われるふりをすることがこれらの人々の誇りであった。
太陽よりも明瞭な〔王の〕美徳を体得しようとそれに沈潜し、
〔王の〕寛大さによってすべての人々に届くことが望まれる最も完全な幸福に彼らが満たされるために。
これは王にとって、彼らの立場をいかばかりか計り知れぬほど高めるものである。
ゆえに我らの述べた理由によって、我らの主を描いてその画像を崇敬し、
〔主の〕諸聖者を尊敬し、彼らの物語に親しみ、彼らの祈りによって救いを求め、彼らを模倣しようとして行動するため彼らを描いてその画像に崇敬する者に祝福あれ。
これを廃するすべての者に呪いあれ。
我らの兄弟、聖ヤンナよ、拙者のこの捧げ物を受けられよ。
汝の祈りの中で永遠に我らに言及し、
キリストがその聖なる霊によって我らの理性を賦活せられ、
我らにその神性と人性、その位格の一体性や受肉された姿の画像とその諸聖者の画像への崇敬についての知識を理解せしめられるよう、
おそらくはこの我らの心においてあたかも明鏡の如く我らを真の〔キリストの〕像になされ、
いつの日か我らが諸聖者に対面し、絶えることなき〔キリストの〕栄光に浴するため、この世から〔諸聖者の座す〕ところまで我らを運ばれるよう祈ることが我らが汝に従った報いとなろう。
〔キリストに〕その父と清らかな霊とともに、今から永遠の時まで賞讃、栄誉、偉力、権威のあらんことを。アーメン。

〔大英図書館蔵写本の結び〕

清らかな聖者にして我らの神父、ハッラーン主教聖テオドロス、すなわちアブー・クッラの論考は完結した。彼の祈りと敬虔な模範によって、主が我らを守られんことを。アーメン。

［聖カテリナ修道院蔵写本の結び］

画像崇敬に関する二十四章は完結した。

後　記

本書が上梓の運びになったのは、遅々とした素材集積の作業にとりあえずの区切りをつける機会に恵まれたからである。

一九八三年、東京大学教養学部で開講された板垣雄三教授のアラビア語文法の講義に出席した。その縁もあって、外務省に就職した際の専攻語学にアラビア語が指定され、一九八七年夏から二年間、ダマスクスに滞在した。その年の晩秋、文献収集を兼ねてカイロに旅行した。この時入手した書物の中に、『ダマスクスの聖ヨハネ伝』と『聖像画崇敬論』の刊本が含まれていたのである。これらを少しずつ和訳しておいたものが本書の原型である。

翻訳を続ける中で、特に記憶に残っている光景がある。

一九八九年春、『聖像画崇敬論』の第十一章を訳していたところ、アラビア語の本文に白い短冊を落としたような三行ほどの欠落を発見した。早速別の本で同じ箇所を調べたが、製版段階の誤植と判明した。この欠落を何とかしようと、ダマスクスから夜行列車に乗ってアレッポに行き、校訂者のディーク神父をその地のギリシア・カトリック教会に訪ねた。地元の信者に聞いてディーク神父の属する教会は判明したが、日曜の朝であり、神父はそこでの勤めを終えて別の教会で聖餐式を執り行っているという話であった。若者たちの引率に従ってその教会に辿り着き、一番後ろの席で儀式の終了を待った。教会の前庭に神父が姿を現した時、陽は既に高くなって敷石の白さが眩しいほどであった。神父を取り囲んで談笑していた会衆がようやく散り始めた頃を見計らい、突然持参した刊本の該当箇所を提示して来意を告げた。神父は私に従うよう合図し、最初の教会へ歩き出した。教会の二階が神父の住居兼執務室であった。神父は机上の書架に手を伸ばし、自身の所有する一冊を繰っていたが、意外だという表情でその頁から眼を上げた。東洋人の来訪者の訴えを理解した神父は、次の間に手招きした。部屋には簡素な寝台があり、神父は下から大きな旅行鞄を引き出した。中には『聖像画崇敬論』の写本を記録した大判の印画紙が詰まっていた。目的の一枚が見つかるまでの時間が長く感じられた。これがそれだ、と示された頁を私は急ぎながらもとにかく誤りのないよう書き写し、念には念を入れて校訂者に確認を求めた。

この箇所は後に大英図書館からアレンゼン校訂の刊本の複製を入手し、照合の上欠落を補った。

このような調子で翻訳を進め、『ダマスクスの聖ヨハネ伝』と『聖像画崇敬論』の訳稿を浄書したのは一九八九年夏にダマスクスからオックスフォードに移り住んだ後のことであった。二点の原稿はもとより自学用のものとして長らく筐底に放置された。ペルシア湾岸が戦火に包まれた時期をはさんで私はバグダード、アンマンの大使館に勤務し、一九九二年には東京に戻った。そして、細々と関連文献の探索を継続した。一九九九年、簡単な解説文を付して翻訳二点を板垣教授の下に持参し、改善のため指導を願った。教授からは解説の部分を中心に据えて研究を進めるよう示唆をいただき、あわせて本書の編集を煩わせた小山光夫氏を紹介された。これを機に、集めた史料を本格的に整理・加工してみることとし、約二年間で本書の原稿を作成した。小山氏は二〇〇一年、新たに「知泉書館」を興された。学術出版を取り巻く状況が厳しさを増す中、小山氏は過分の厚意をもってこの原稿を取り扱われた。同じ年の十月私は山梨県警察本部に転勤し、翌年より甲府において校正など最終段階の作業をした。

よって本書が形を成すにあたっては様々な偶然や僥倖が作用し、多くの人々より恩恵を受けたのであるが、かかる事情から板垣雄三教授と小山光夫社長の両名には格別の謝意を捧げて筆を擱くこととしたい。

二〇〇三年二月

甲府　若林啓史

人 名 索 引

(n に続く数字は註頁)

事 項 索 引

（n に続く数字は註頁）

カ　行

サ　行

タ　行

ナ　行

ハ　行

マ　行

ヤ　行

ラ　行

ワ　行

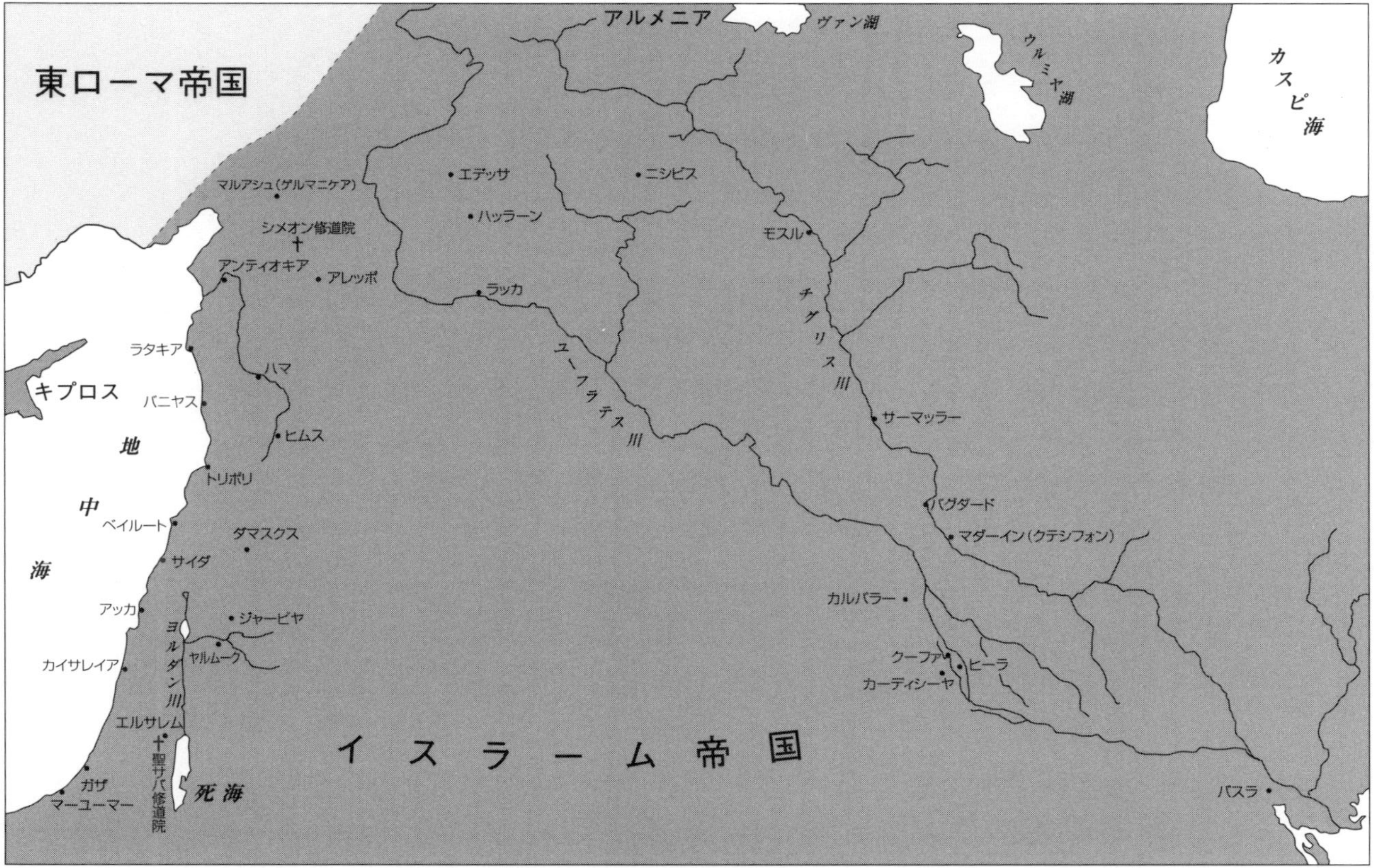

800年頃のイスラーム帝国中心部

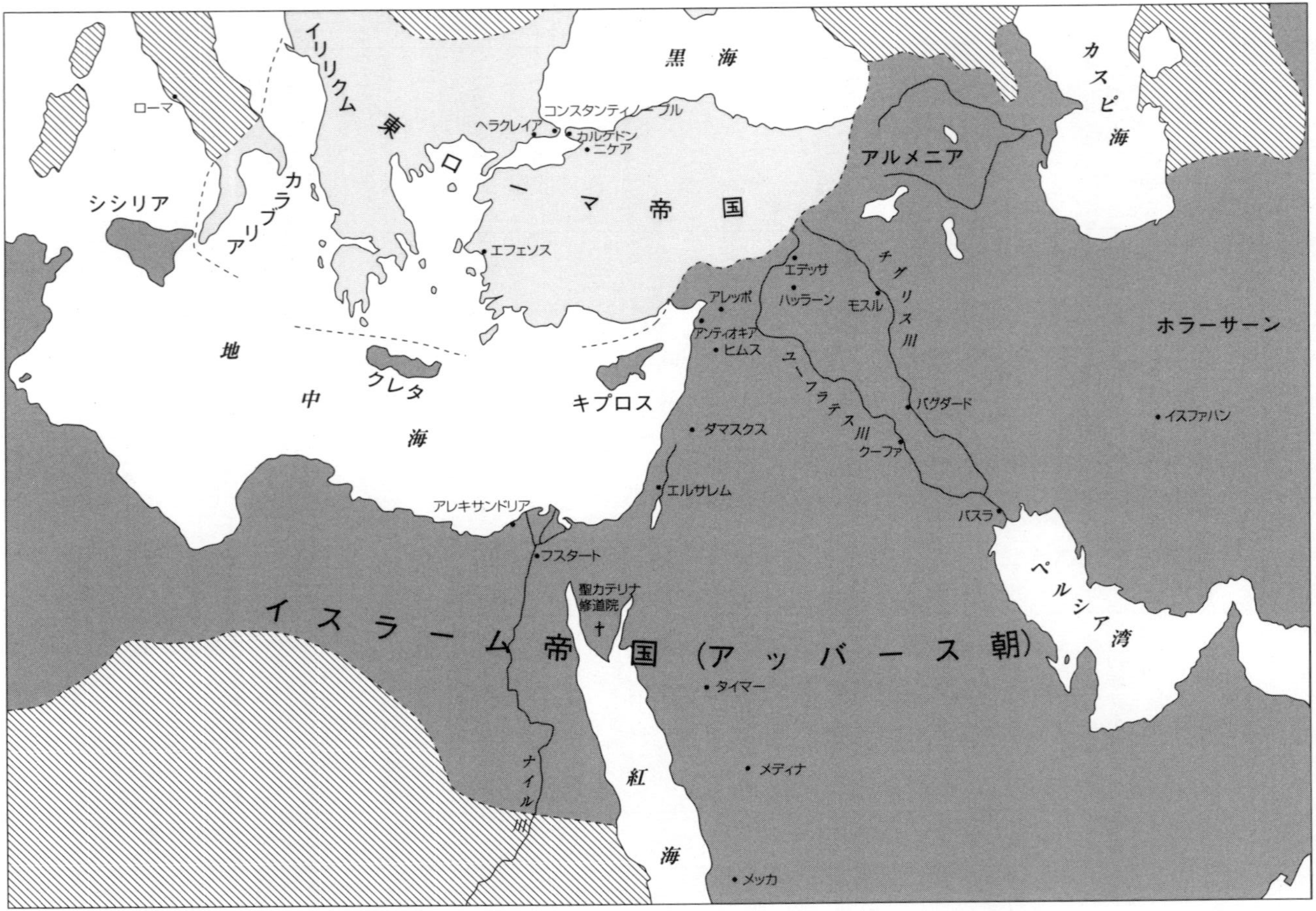

830年頃の東地中海・西アジア

年　表

西暦	東ローマ帝国	イスラーム帝国	アブー・クッラ関連	そ の 他
	313 コンスタンティノス大帝，ミラノ勅令を発布			
	324 コンスタンティノープル建設			
	325 第一ニケア公会議			
	381 第一コンスタンティノープル公会議			
	431 エフェソス公会議			
	451 カルケドン公会議			
	553 第二コンスタンティノープル公会議	570 ムハンマド生(-632)		
600				
				614-19頃 ササン朝ペルシア，シリア・エジプトを攻略
		622 ムハンマド，メディナに遷る(ヒジュラ暦元年)		
	629 ヘラクレイオス帝，シリア・エジプトを回復			
		636-42 シリア・エジプト征服		
				651 ササン朝ペルシア滅亡
		661 ウマイヤ朝成立(-750)		
			675頃 ダマスクスのヨハネ生	
	680-81 第三コンスタンティノープル公会議	680 フサイン，カルバラーで戦死		
		683 イブン・アッズバイル反乱(-92)		
	692 トルルス会議			
		696/97 アブド・アルマリクの貨幣改革		
700				
		721頃 ヤジードII世の聖像画破壊令		
			724以前 ダマスクスのヨハネ，公職より引退	

西暦	東ローマ帝国	イスラーム帝国	アブー・クッラ関連	その他
	726 第一次聖像画破壊運動（-87）		726-30頃 ダマスクスのヨハネ『聖像画破壊論者に対する反駁』著作	
			743以降 ダマスクスのヨハネ『知識の泉』著作	
			749頃 ダマスクスのヨハネ没	
		750 アッバース朝成立		
	754 ヒエリア会議		755 アブー・クッラ生	
				756 ラヴェンナが教皇領となる
		762 バグダード建設（-66）		
			775頃 アブー・クッラ，聖サバ修道院にて学ぶ	
			785頃 アブー・クッラ，ハッラーン主教に任命	
	787 第二ニケア公会議			
				794 フランクフルト会議
			799以前 アブー・クッラ，ハッラーン主教から解任	
800				800 フランク王シャルルマーニュ戴冠
				809 エクス・ラ・シャペル会議
			813/814頃 アブー・クッラ，諸国遍歴	
	814 第二次聖像画破壊運動（-43）		814頃 アブー・クッラ，『アルメニア人への書簡』起草	
	815 聖ソフィア会議		815頃 アブー・クッラ，アルメニアへ旅行	
			815頃 アブー・クッラ，ハッラーン主教に再任	

西暦	東ローマ帝国	イスラーム帝国	アブー・クッラ関連	そ の 他
			820頃 アブー・クッラ『聖像画崇敬論』著作	
		827 ムウタズィラ学派の公認（48取消）		
			829 アブー・クッラ，カリフ・マアムーンと対談	
		830頃 バグダードに「叡智の館」建設	830頃 アブー・クッラ没	
		836 サーマッラーに遷都（-92）		
			877頃『聖像画崇敬論』の現存最古写本成立	
900				
		946 ブワイフ朝がバグダードを占領		
	1054 東西教会の代表が相互に破門			
	1204 十字軍によるコンスタンティノープル占領			
				1215 第四ラテラノ会議
		1258 アッバース朝滅亡		

アブー・クッラの著作一覧

本書第1章「二　著作」に和訳で掲げた作品一覧の原題はそれぞれ以下の通りである．なお，各作品に付した番号は和訳の題名の番号に対応している．

1　ギリシア語

(1)　*Θεοδώρου ἐπίκλην Ἀβουκαρᾶ τῶν Καρῶν ἐπισκόπου γεγονότος ὅτι, πέντε ἐχθροὺς ἔχομεν, ἐξ ὧν ἡμᾶς ὁ Σωτὴρ ἐλυτρώσατο. Κατὰ πεῦσιν, καὶ ἀπόκρισιν.*

(2)　*Διάκρισίς τε καὶ διασάφησις τῶν περὶ ἃς οἱ φιλόσοφοι καταγίνονται φωνῶν καὶ ἔλεγχος τῆς τῶν Ἀκεφάλων Σευηριανῶν ἤγουν Ἰακωβιτῶν ψυχοφθόρου αἱρέσεως, τοῦ αὐτοῦ Ἀβουκαρᾶ.*

(3)　*Διάλογος Θεοδώρου τοῦ γεγονότος ἐπισκόπου Καρῶν, τὸ ἐπίκλην Ἀβουκαρᾶ, γενόμενος πρὸς τὸν τοῦ δρόμου Ἐμέσης* 〔*λογοθέτην*〕, *αἰτησάμενον ἀπόδειξιν ἀποδοθῆναι αὐτῷ ἀπολογισμοῦ, ὅτι ἔστι Θεός.*

(4)　*Ἐπιστολὴ περιέχουσα τὴν ὀρθὴν καὶ ἀμώμητον πίστιν, πεμφθεῖσα παρὰ τοῦ μακαρίου πάππα Θωμᾶ πατριάρχου Ἱεροσολύμων, πρὸς τοὺς κατὰ τὴν Ἀρμενίαν αἱρετίζοντας, Ἀραβιστὶ μὲν ὑπὸ Θεοδώρου τοῦ τὸ ἐπίκλην Ἀβουκαρᾶ, τοῦ Καρῶν ἐπισκόπου γεγονότος, ὑπαγορευθεῖσα διὰ δε Μιχαὴλ πρεσβυτέρου, καὶ συγγέλου ἀποστολικοῦ θρόνου μεταφρασθεῖσα, μεθ᾽ οὗ καὶ ἀπέσταλται, μόνην, ἀληθινὴν, καὶ κατὰ τὸν ὅρον ἐν Χαλκηδόνι οὖσαν συγκεκροτημένης συνόδου τὸν περὶ τῆς εἰς Χριστὸν τὸν Θεὸν ἡμῶν πίστεως ὁρισθέντα λόγον.*

(5)　*Τοῦ αὐτοῦ Θεοδώρου τοῦ Ἀβουκαρᾶ ἐπισκόπου Καρῶν.* 〔*Ἐρώτησις. Διὰ τί λέγομεν, ὅτι, ἡ ἀνθρωπότης τοῦ Χριστοῦ αὕτη ἐστὶν ἡ ἀνθρωπότης Πέτρου, καὶ Παύλου, καὶ τῶν καθέκαστα ἀνθρώπων, οὐ λέγομεν δὲ, ὅτι τὸ σῶμα τοῦ Χριστοῦ, οὗ καὶ μεταλαμβάνομεν αὐτό ἐστι τὸ σώμα Πέτρου, καὶ Παύλου, καὶ ἑκάστου ἀνὰ μέρος ἀνθρωπών;*〕

(6)　*Παράδειγμα, δι᾽ οὗ ἀποδείκνυται, πῶς ὁ μολυσμὸς τῆς ἁμαρτίας τοῦ Ἀδὰμ εἰς ἅπαν τὸ ἀνθρώπειον διέβη γένος.*

(7)　*Τοῦ αὐτοῦ Θεοδώρου ἐπισκόπου Καρῶν, περὶ τῆς πάλης τοῦ Χριστοῦ μετὰ διαβόλου.*

(8)　*Ἐρώτησις Ἄραβων πρὸς Χριστιανόν.*

(9)　*Ἐρώτησις Ἀγαρηνοῦ πρὸς τὸν αὐτόν.*

(10)　*Πρὸς Ἰουδαῖον ὁ αὐτὸς διελέχθη.*

(11)　*Θεοδώρου τοῦ Ἀβουκαρᾶ, πρὸς Νεστοριανόν.*

(12)　*Ἐρώτησις πρὸς Νεστοριανόν.*

(13)　*Ἄλλη ἐρώτησις.*

(14)　*Ἄλλος διάλογος πρὸς Νεστοριανόν.*

(15)　*Πάλιν πρὸς Νεστοριανόν.*

(16)　*Ἐρώτησις ἀπίστου πρὸς αὐτὸν γενομένη.*

(17)　*Ἐρωτήθη Ἀβουκαρᾶς παρ᾽ ἀπίστου.*

(18)　*Ἐκ τῶν πρὸς τοὺς Σαῤῥακηνοὺς ἀντιῤῥήσεων τῶν αὐτοῦ διὰ φωνῆς Ἰωάννου Δαμασκηνοῦ.* 〔t. 94, coll. 1595-1598〕

(19) Ἐρώτησις, ὅτι ὁ Μωάμεθ οὐκ ἔστι ἐκ τοῦ Θεοῦ.

(20) Ἑτέρα ἐρώτησις ὅτι ὁ Μωάμεθ ἐχθρὸς ἦν τοῦ Θεοῦ, καὶ υπὸ δαίμονος ἠνωχλεῖτο, δι' ὑποδείγματος.

(21) Ἐρώτησις ὅτι καὶ ἐκ τῶν ἐλαττόνων κηρύγματος βεβαιοῦται τὸ Χριστιανῶν δόγμα.

(22) Ἑτέρα ἐρώτησις δεικνύουσα εἶναι τὸν εὐλογούμενον ἄρτον σῶμα Χριστοῦ.

(23) Ἑτέρα ἐρώτησις, ὅτι ὁ Χριστὸς γεγονὼς ἄνθρωπος, Θεὸς ἀληθινός ἐστιν.

(24) Ἑτέρα ἐρώτησις, περὶ μονογαμίας.

(25) Ἀπόδειξις ὅτι ἔχει ὁ Θεὸς Υἱὸν ὁμοούσιον, συναναρχόν τε κὰι συναΐδιον.

(26) Τοῦ αὐτοῦ διάλεξις ἀποδεικνύουσα, ὅτι ὁ Πατὴρ ἀεὶ γεννᾷ, ὁ δὲ Υἱὸς ἀεὶ γεννᾶται.

(27) Θεοδώρου φιλοσόφου ἐπισκόπου Καρῶν τοῦ Ἀβουκαρᾶ, περὶ Θεοῦ ὀνομάτων.

(28) Διὰλεξις Αἱρετκοῦ πρὸς Ὀρθόδοξον περὶ Θεοῦ, καὶ θεότητος.

(29) Διάλεξις πρὸς Νεστοριανὸν τοῦ αὐτοῦ.

(30) Ἄλλη διάλεξις τοῦ αὐτοῦ πρὸς Ἰακωβίτην.

(31) Ἐρώτησις Ὠριγενιαστοῦ, πρὸς πιστόν.

(32) *Theodori Abucarae, episcopi Carum, contra Saracenos Theopaschitas.* (ラテン語訳のみ)

(33) Ἄλλος διάλογος πρὸς Νεστοριανὸν τοῦ ἀυτοῦ.

(34) Τοῦ θεολόγου περὶ χρόνου, τοῦ αὐτοῦ Ἀβουκαρᾶ.

(35) Ἑτέρα ἐρώτησις τοῦ αὐτοῦ.

(36) Ἑτέρα ἐρώτησις.

(37) Ἑτέρα ἐρώτησις.

(38) Ἑτέρα ἐρώτησις.

(39) Τοῦ Ἀβουκαρᾶ, πρός τινα ἐρωτήσαντα ἀυτόν.

(40) Ἐκ τοῦ ἀυτοῦ Θεοδώρου ἐπισκόπου Καρῶν περὶ τοῦ Ἀδάμ. Φωτίου.

(41) Τί ἐστι θάνατος; καὶ πῶς θανατοῦται ὁ θάνατος; Δοξάζει γὰρ τοῦτο ἡ Ἐκκλησία· Καὶ ἰδοὺ ἀποθνήσκομεν.

(42) Σύντομος διδασκαλία περὶ θείων ὀνομάτων, τῶν τε κοινῶν Τριάδος, καὶ τῶν ἰδικῶν ἑκάστου τῆς Τριάδος.

(43) Περὶ ἑνώσεως καὶ σαρκώσεως καὶ ὅτι ἡ μὲν ὑπόστασις ἐσαρκώθη, ἡ δὲ φύσις τῆς θεότητος ἡνώθη τῇ ἀνθρωπίνῃ φύσει ἐν ὑποστάσει τοῦ Θεοῦ Λόγου.

(44) περὶ τῆς ἰδιαίτατα διαφορᾶς. (t. 94, coll. 594–595 の断簡)

2 アラビア語

(1) *Maymar qāla-hu Anbā Thāwdhūrus Usquf Ḥarrān al-Qiddīs, wa-huwa Abū Qurrah, yutthabitu fī-hi anna al-Sujūd li-Ṣūrah al-Masīḥ Ilāhi-nā, alladhī tajassada min al-Rūḥ al-Quds wa-min Maryam al-'Adhrā' al-Muṭahharah, wa-li-Ṣuwar Qiddisī-hi, Wājib alā kull Naṣrānī, wa-anna kull man 'aṭṭala min al-Naṣārā al-Sujūd li-hādhihi al-Ṣuwar inna-mā ta'ṭīlu-hu Jahl bi-mā fī Yaday-hi min Sharaf al-Naṣrānīyah, wa-anna-hu yalzamu-hu, in waqafa 'alā dhālika, ta'ṭīl Akthar Sarā'ir al-Naṣrānīyah, allatī bi-l-Īmān al-Muhaddhab kāna Qubūl al-Naṣārā īyā-hā min al-Sillīḥīyīna al-Muqaddasīna.*

(2) *Maymar fī Taḥqīq Nāmūs Mūsā al-Muqaddas, wa-l-Anbiyā' alladhīna tanabba'ū 'alā al-Masīḥ, wa-l-Injīl al-Ṭāhir alladhī naqala-hu ilā al-Umam Talāmīdh al-Masīḥ al-Mawlūd min Maryam al-'Adhrā' wa-Taḥqīq al-Urthūdhuksīyah allatī yansubu-hā al-Nās ilā al-Khalqīdūnīyah, wa-Ibṭāl kull Millah tantaḥilu al-Naṣrānīyah siwā hādhihi al-Millah.*

Waḍa'a-hu al-Mu'allim al-'Āmil wa-l-Faylasūf al-Kāmil wa-l-Ab al-Fāḍil Kīr Thāwdhūrus Usquf Ḥarrān.

(3) *Maymar yuḥaqqiqu li-l-Insān Ḥurrīyah Thābitah min Allāh fī Khalīqati-hi, wa-anna Ḥurrīyah al-Insān lā yadkhulu 'alay-hā al-Qahr min Wajh min al-Wujūh battah. Waḍa'a-hu al-Mu'allim Kīr Thāwdhūrus Usquf Ḥarrān.*

(4) *Maymar li-l-Ab al-Fāḍil Kīr Thāwdhūrus Usquf Ḥarrān, yuḥaqqiqu anna-hu lā yalzam al-Naṣārā an yaqūlū Thalāthah Ālihah idh yaqūlūna: al-Ab Ilāh wa-l-Ibn Ilāh wa-l-Rūḥ al-Quds Ilāh, wa-anna al-Ab wa-l-Ibn wa-l-Rūḥ al-Quds Ilāh Wāḥid, wa-law kāna kull Wāḥid min-hum Tāmm 'ala Ḥidati-hi.*

(5) *Maymar fī Mawt al-Masīḥ, wa-annā idhā qulnā inna al-Masīḥ māta 'an-nā, inna-mā naqūlu inna al-Ibn al-Azalī, al-Mawlūd min al-Ab qabla al-Duhūr, huwa alladhī māta 'an-nā, lā fī Ṭabī'ati-hi al-Ilāhīyah, bal fī Ṭabī'ah al-Insānīyah. Wa-kayfa yu'qalu hādhā al-Mawt, wa-anna-hu yaḥsunu an yuqāla 'alā al-Ibn al-Azalī fī al-Jihah allatī taqūlu-hu 'alay-hi al-Urthūdhuksīyah. Waḍa'a-hu al-Mu'allim al-Lāhūtī Thāwdhūrus Usquf Ḥarrān.*

(6) 〔*Maymar*〕 *fī Taḥqīq al-Injīl, wa-anna kull mā lā yuḥaqqiqu-hu al-Injīl fa-huwa Bāṭil. Waḍa'a-hu al-Mu'allim Thāwdhūrus Usquf Ḥarran.*

(7) *Maymar 'alā Sabīl Ma'rifah Allāh wa-Taḥqīq al-Ibn al-Azalī waḍa'a-hu al-Mu'allim al-Lāhūtī Kīr Thāwdhūrus Usquf Ḥarran.*

(8) *Maymar fī anna-hu lā yughfaru li-Aḥad Khaṭī'atu-hu illā bi-Awjā' al-Masīḥ, allatī ḥallat fī Sha'n al-Nās, wa-anna man lā yu'minu bi-hādhihi al-Awjā' wa-yuqarribu-hā li-l-Ab 'an Dhunūbi-hi, fa-lā Maghfarah li-Dhunūbi-hi Abad. Waḍa'a-hu al-Ab Kīr Thāwdhūrus Usquf Ḥarrān.*

(9) *Maymar yuḥaqqiqu anna li-Allāh Ibn huwa 'Idlu-hu fī al-Jawhar, wa-lam yazal ma'a-hu. Waḍa'a-hu al-Mu'allim al-Faylasūf Kīr Thāwdhūrus Usquf Ḥarrān.*

(10) *Risālah fī Ijābah Mas'alah kataba-hā Abū Qurrah al-Qiddīs ilā Ṣadīq la-hu kāna Ya'qūbī fa-ṣāra Urthūdhuksī 'inda Raddi-hi 'alay-hi al-Jawāb*

(11) *Maymar fī al-Radd 'alā man yankuru li-Allāh al-Tajassud wa al-Ḥulul fī mā aḥabba an yaḥulla fī-hi min Khalqi-hi, anna-hu fī Ḥulūli-hi fī al-Jasad al-Ma'khūdh min Maryam al-Muṭahharah, bi-Manzilah Julūsi-hi 'alā al-'Ursh fī al-Samā'. Waḍa'a-hu Kīr Thāwdhūrus Usquf Ḥarran.*

(12) 〔*Maymar fī Wujūd al-Khāliq wa-l-Dīn al-Qawīm.*〕

(13) *Amānah al-Urthūdhuksīyah qāla-hā Abū Qurrah.*

(14) *Maymar yuḥaqqiqu anna Dīn Allāh, alladhī ya'khudhu Allāh bi-hi al-'Ibād Yawm al-Qiyāmah, wa-lā yaqubalu min-hum Dīn ghayra-hu, huwa Dīn alladhī kharajat bi-hi al-Ḥawārīyūna ilā Aqṭār al-Arḍ wa-Jamī' Umam al-Dunyā wa-hum Rusul al-Masīḥ Rabbi-nā. Waḍa'a-hu Thiyādhurus Usquf Ḥarrān.*

(15) *Al-Masīḥ Maljā-ya wa-Nāṣirī amantu bi-hi. Usīla Abū Qurrah Anbā Thādhurus Usquf Ḥarrān 'an al-Masīḥ bi-Hawā-hu Ṣuliba am bi-ghayr Hawā-hu.*

(16) *Ziyādah fī Risālah Tāwdūrus Kataba-hā ilā Ahl Armīnīyah.*

参考文献

各書名の冒頭に本書において引用する際の略称を記した.

1 原 典

(1) キリスト教徒の著作

Abouna (ed.), *Chronicon*= A. Abouna (ed.), *Anonymi Auctoris Chronicon ad A. C. 1234 Pertinens, Corpus Scriptorum Christianorum Orientalium* (以下 *CSCO* と略記) vol. 354, Louvain, 1974

Arendzen (ed.), *Abū Ḳurra*= Ioannes Arendzen, *Theodori Abū Ḳurra De cultu imaginum libellus e codice Arabico nunc primum editus Latine versus illustratus*, Bonn, 1897

Arnoldus (ed.), tractatus= Andreas Arnoldus, Theodori Abucarae tractatus de unione et incarnatione (*S. Athanasii syntagma doctrinae*, Paris, 1685 所収)

Bāshā (ed.), *Mayāmir*= Qusṭanṭīn Bāshā (Constantin Bacha) (ed.), *Mayāmir Thāwdhūrus Abī Qurrah Usquf Ḥarrān, Aqdam Ta'līf 'Arabī Naṣrānī (Les œuvres arabes de Théodore Aboucara évêque d'Haran)*, Beirut, 1904

Bāshā (ed.), *Sīrah*= Mikhā'īl al-Sim'ānī al-Anṭākī, *Sīrah al-Qiddīs Yūḥannā al-Dimashqī al-Aṣlīyah (Biographie de Saint Jean Damascène)* ed. Qusṭanṭīn al-Bāshā, Harrissa (Lebanon), 1912

Chabot (ed.), *Chronique*= J. B. Chabot (ed.), *Chronique de Michel le Syrien; patriarche jacobite d'Antioche (1166-1199)*, 4vols, Paris, 1899-1910 (rep. 1963)

Cotelier (ed.), Démonstration= Jean-Baptiste Cotelier, Démonstration que Dieu a un Fils qui lui est coéternel, de Théodore Abucurra (*SS. Patrum qui temporibus apostolicus floruerunt, opera vera et suppositicia*, Paris, 1672 所収)

Cunningham (ed.), *Michael*= Mary B. Cunningham (ed.), *The Life of Michael the Synkellos*, Belfast, 1991

Dathiachivili (ed.), *traktatebi*= Leila Dathiachivili, *Theodore Abuḳuras traktatebi da dialogebi targmnili beržnulidan Arsen Iqaltoelis mier*, Tbilissi, 1980

Dīk (ed.), *al-Īqūnāt*= Thāwdhūrus Abū Qurrah, *Maymar fī Ikrām al-Īqūnāt*, ed. Ighnāṭiyūs Dīk (Ignace Dick), Jounieh (Lebanon), 1986

Dīk (ed.), *Wujūd*= Thāwdhūrus Abū Qurrah, *Maymar fī Wujūd al-Khāliq wa-l-Dīn al-Qawīm*, ed. Ighnāṭiyūs Dīk, Jounieh (Lebanon), 1982

Eusebius, *History*= Eusebius, *The Ecclesiastical History*, trans. Kirsopp Lake - J. E. L. Oulton, 2vols., London, 1926-1932

Graf (ed.), *Abū Rā'iṭa*= Georg Graf (ed.), *Die Schriften des Jacobiten Ḥabīb Ibn Ḫidma Abū Rā'iṭa, CSCO* vol. 130, Louvain, 1951

Gretser (ed.), *contra haereticos*= Jacob Gretser, *Theodori Abucarae episcopi Cariae varia contra haereticos, Iudaeos et Saracenos opuscula nunc primum graece et latine...*, Ingolstad, 1606

Lamoreaux (ed.), *Stephen*= John C. Lamoreaux (ed.), *The Life of Stephen of Mar Sabas, CSCO* vol. 578, Louvain, 1999

Le Quien (ed.), *opera*= Michaelis Le Quien, *Sancti Patris nostri Joannis Damasceni, monachi et presbyteri Hierosolymitani, opera omnia quae extant et ejus nomine circumferuntur...*,

Paris, 1712
Migne (ed.), *PG*= J. P. Migne (ed.), *Patrologia Cursus Completus. Series Graeco-Latina*, 161vols. in 166, Paris, 1857-1866
Muyldermans (ed.), *Vardan*= J. Muyldermans, *La domination arabe en Arménie. Extrait de l'histoire universelle de Vardan*, Paris-Louvain, 1927
Ṣāliḥānī (ed.), *Ta'rīkh*= Ghurīghūriyūs Abū al-Faraj (Ibn al-'Ibrī) *Ta'rīkh Mukhtaṣar al-Duwal*, ed. Anṭūn Ṣāliḥānī, Beirut, 1890
Samir et al. (eds.), correspondance= Khalil Samir & Paul Nwyia (eds.), Une correspondance islamo-chrétienne entre Ibn al-Munağğim Ḥunayn Ibn Isḥāq et Qusṭā Ibn Lūqā, *Patrologia Orientalis* 40 (1981), fasc. 4
Shaykhū et al. (eds.), *Maqālāt*= Lūyis Shaykhū (Louis Cheikho) et. al. (ed.), *Maqālāt Dīnīyah Qadīmah li-Ba'ḍ Mashāhīr al-Katabah al-Naṣārā min al-Qarn al-Tāsi' ilā al-Qarn al-Thālith 'Ashr (Seize traités théologiques d'auteurs arabes chrétiens IXe-XIIIe siècle)*, Beirut, 1906
Shaykhū et al. (eds.), *al-Ta'rīkh*= Sa'īd b. Biṭrīq (Eutychios of Alexandria), *Kitāb al-Ta'rīkh al-Majmū' 'alā al-Taḥqīq wa-l-Taṣdīq (Eutychii Patriarchae Alexandrini Annals)*, ed. Louis Cheikho et al., 2vols., Beirut, 1905-1909 (rep. Louvain, 1960-1962)
Vasiliev (ed.), *al-'Unwān*= Agapius (Mahboub) de Menbidj, *Kitāb al-'Unwān*, ed. Alexandre Vasiliev, *Patrologia Orientalis* 8 (1912)
al-Yāzijī (ed.), *Yūḥannā al-Dimashqī*= Kamāl al-Yāzijī (ed.), *Yūḥannā al-Dimashqī*, Beirut, 1984

(2) ムスリムの著作

'Abd al-Jabbār, *al-Mughnī*= Abū al-Ḥasan 'Abd al-Jabbār al-Asadābādī, *al-Mughnī fī Abwāb al-Tawḥīd wa-l-'Adl*, ed. Maḥmūd Muḥammad al-Khuḍayrī, Cairo, 1958
Abū Yūsuf, *al-Kharāj*= Abū Yūsuf Ya'qūb b. Ibrāhīm, *Kitāb al-Kharāj*, Beirut, n. d.
'Alī, *Nahj al-Balāghah*= 'Alī b. 'Abī Ṭālib, *Nahj al-Balāghah*, ed. Muḥammad b. al-Ḥasan al-Sharīf al-Raḍī, Beirut, (2nd ed.) 1987
al-Aṣbahānī, *al-Aghānī*= Abū al-Faraj 'Alī b. al-Ḥusayn b. Muḥammad al-Qurashī al-Aṣbahānī, *Kitāb al-Aghānī*, 20vols., Cairo, 1900 (rep. Beirut, 1970)
al-Ash'arī, *al-Ibānah*= Abū al-Ḥasan 'Alī b. Ismā'īl al-Ash'arī, *al-Ibānah 'an Uṣūl al-Diyānah*, ed. 'Abd al-Qādir al-Arnā'ūṭ, Damascus, 1981
al-Ash'arī, *Maqālāt*= al-Ash'arī, *Maqālāt al-Islāmīyīn wa-Ikhtilāf al-Muṣallīn*, ed. Muḥammad Muḥī al-Dīn 'Abd al-Ḥamīd, 2vols. in 1, Cairo, 1979
al-Azraqī, *Akhbār Makkah*= Abū al-Walīd Muḥammad b. 'Abd Allāh b. Aḥmad al-Azraqī, *Akhbār Makkah wa-mā jā'a fī-hā min al-Āthāl*, ed. Rushdī al-Ṣāliḥ Malḥas, 2vols in 1, Mecca, (6th ed.) 1994
al-Balādhrī, *Futūḥ al-Buldān*= Abū al-'Abbās Aḥmad b. Yaḥyā b. Jābir al-Balādhrī, *Kitāb Futūḥ al-Buldān*, ed. M. J. de Goeje, Leiden, (2nd ed.) 1968
al-Bīrūnī, *al-Āthār al-Bāqiyah*= Abū al-Rayḥān Muḥammad b. Aḥmad al-Khuwārizmī al-Bīrūnī, *Kitāb al-Āthār al-Bāqiyah 'an al-Qurūn al-Khāliyah*, ed. C. Eduard Sachau, Leipzig, 1923
al-Ghazālī, *Iḥyā'*= Abū Ḥāmid Muḥammad b. Muḥammad al-Ghazālī, *Iḥya' 'Ulūm al-Dīn*, 5+1vols., Beirut, n. d.
al-Harawī, *al-Ziyārāt*= Abū al-Ḥasan 'Alī b. Abī Bakr al-Harawī, *Kitāb al-Ishārāt ilā Ma'rifah al-Ziyārāt*, ed. Janine Sourdel-Thomine, Damascus, 1953
Ibn 'Abd Rabbi-hi, *al-'Iqd al-Farīd*= Abū 'Umar Aḥmad b. Muḥammad b. 'Abd Rabbi-hi

al-Andalsī, (Ibn 'Abd Rabbi-hi) *Kitāb al-'Iqd al-Farīd*, ed. Aḥmad Amīn et al., 7vols., Cairo, 1944-1956
Ibn Abī Uṣaybi'ah, *Ṭabaqāt al-Aṭibbā'*= Muwaffaq al-Dīn Abū al-'Abbās Aḥmad b. al-Qāsim b. Khalīfah b. Yūnis al-Sa'dī al-Khazarjī (Ibn Abī Uṣaybi'ah), *'Uyūn al-Anbā' fī Ṭabaqat al-Aṭibbā'* ed. Nizār Riḍā, Beirut, n. d.
Ibn al-'Arabī, *al-Futūḥāt al-Makkīyah*= Muḥīy al-Dīn Abū 'Abd Allāh Muḥammad b. 'Alī b. al-'Arabī al-Ḥātimī al-Ṭā'ī, *al-Futūḥāt al-Makkīyah*, 4vols., (Cairo), n. d.
Ibn Ḥazm, *al-Faṣl*= Abū Muḥammad 'Alī b. Aḥmad b. Ḥazm, *al-Faṣl fī al-Milal wa-l-Ahwā' wa-l-Niḥal*, 5vols. in 3, n. p. 1980
Ibn Hishām, Sīrah= 'Abd al-Malik b. Hishām b. Ayyūb al-Ḥimyarī al-Baṣrī (Ibn Hishām), *Kitāb Sīrah Rasūl Allāh*, ed. Muṣṭafā al-Saqā et al., 4vols., Beirut, 1985
Ibn Juljul, *Ṭabaqāt al-Aṭibbā'*= Abū Dāwūd Sulaymān b. Ḥassān al-Andalsī (Ibn Juljul), *Ṭabaqāt al-Aṭibbā' wa-l-Ḥukamā'*, ed. Fu'ād Sayid, Cairo, 1955
Ibn Manẓūr, *Lisān al-'Arab*= Abū al-Faḍl Jamāl al-Dīn Muḥammad b. Mukarram b. Manẓūr al-Ifrīqī al-Miṣrī, *Lisān al-'Arab*, 15vols., Beirut, n. d. (ca. 1883)
Ibn al-Nadīm, *al-Fihrist*= Abū al-Faraj Muḥammad b. Isḥaq b. al-Nadīm (Ibn al-Nadīm), *al-Fihrist*, ed. anon., Beirut, 1978
Ibn al-Qifṭī, *Akhbār al-Ḥukamā'*= Jamāl al-Dīn Abū al-Ḥasan 'Alī b. al-Qaḍī al-Ashraf Yūsuf al-Qifṭī (Ibn al-Qifṭī), *Kitāb Ikhbār al-'Ulamā' bi-Akhbār al-Ḥukamā'*, Cairo, n. d.
Ibn Rustah, *al-A'lāq al-Nafīsah*= Abu 'Alī Aḥmad b. 'Umar b. Rustah, *Kitāb al-A'lāq al-Nafīsah*, ed. M. J. de Goeje, Leiden, 1892
Ibn Sa'd, *al-Ṭabaqāt al-Kubrā*= Abū 'Abd Allah Muḥammad b. Sa'd b. Manī' al-Baṣrī al-Hāshimī Kātib al-Wāqidī (Ibn Sa'd), *al-Ṭabaqāt al-Kubrā*, 8+1vols., Beirut, n. d. (1958)
Ibn Taymīyah, *Risālah al-Qubruṣīyah*= Taqī al-Dīn Aḥmad b. Taymīyah, *Risālah al-Qubruṣīyah - Khitāb li-Sarjwās Malik Qubruṣ*, Cairo, 1901/02
al-Jahshiyārī, *al-Wizarā' wa-l-Kuttāb*= Abū 'Abd Allāh Muḥammad b. 'Abdūs al-Jahshiyārī, *Kitāb al-Wizarā' wa-l-Kuttāb*, ed. Muṣṭafā al-Saqā et al., Cairo, 1938
Mālik b. Anas, *al-Muwaṭṭa'*= Abū 'Abd Allāh Mālik b. Anas al-Aṣbaḥī, *al-Muwaṭṭa'*, ed. 'Abd al-Wahhāb 'Abd al-Laṭīf, Beirut n. d.
al-Maqrīzī, *al-Khiṭaṭ*= Taqī al-Dīn Abū al-'Abbās Aḥmad b. 'Alī 'Abd al-Qādir al-Ḥusaynī al-Maqrīzī, *Kitāb al-Mawā'iẓ wa-l-I'tibār bi-Dhikr al-Khiṭaṭ wa-l-Āthār*, 2vols., Cairo, 1853/1854 (rep. Beirut, n. d.)
al-Maqrīzī, *al-Nuqūd*= al-Maqrīzī, *Shudhūr al-'Uqūd fī Dhikr al-Nuqūd*, ed. Muḥammad Baḥr al-'Ulūm, al-Najaf, 1967
al-Mas'ūdī, *al-Tanbīh wa-l-Ishrāf*= Abū al-Ḥasan 'Alī b. al-Ḥusayn b. 'Alī al-Mas'udī, *Kitāb al-Tanbīh wa-l-Ishrāf*, ed. M. J. de Goeje, Leiden, 1894 (rep. 1967)
Muslim, *Ṣaḥīḥ*= Abū al-Ḥusayn Muslim b. al-Ḥajjāj b. Muslim al-Qushayrī al-Nīsābūrī, *Ṣaḥīḥ Muslim, ed. Muḥammad* Dhihnī, 8vols., Istanbul, 1912-1916
al-Ṣafadī, *al-Ghayth al-Musajjam*= Ṣalāḥ al-Dīn Khalīl b. Aybak b. 'Abd Allah Abū al-Ṣafā' al-Ṣafadī, *al-Ghayth al-Musajjam fī Sharh Lāmīyah al-'Ajam*, 2 vols., Beirut, 1975
al-Shābushtī, *al-Diyārāt*= Abū al-Ḥasan 'Alī b. Muḥammad (al-Shābushtī), *Kitāb al-Diyārāt*, ed. Kūrkīs 'Awwād, Beirut, (3rd ed.), 1986
al-Ṭabarī, *Ta'rīkh*= Abū Ja'far Muḥammad b. Jarīr al-Ṭabarī, *Ta'rīkh al-Umam wa-l-Mulūk*, 5vols., Beirut, 1987
al-'Umarī, *Masālik al-Abṣār*= Shihāb al-Dīn Aḥmad b. Faḍl Allāh al-'Umarī, *Masālik al-Abṣār fī Mamālik al-Amṣār*, ed. Aḥmad Zakī Bāshā, Cairo, 1924

al-Wāqidī, *Futūḥ al-Shām*= Abū 'Abd Allāh Muḥammad b. 'Umar al-Wāqidī, *Futūḥ al-Shām*, (Cairo), 1906

Yāqūt, *Mu'jam al-Buldān*= Shihāb al-Dīn Abū 'Abd Allāh Yāqūt b. 'Abd Allāh al-Ḥamawī al-Rūmī al-Baghdādī (Yāqūt), *Mu'jam al-Buldān*, 5vols., Beirut, 1986

2 翻　訳

Anderson (trans.), *Divine Images*= St. John of Damascus, *On the Divine Images: Three Apologies against Those Who Attack the Divine Images*, trans. David Anderson, New York, 1980

Bāshā (trans.), *traité*= Qusṭanṭīn Bāshā, *Un traité des œuvres arabes de Théodore Aboukurra*, Tripoli-Paris, 1905

Dodge (ed. & trans.), *Fihrist*= Bayard Dodge (ed. & trans.), *The Fihrist of al-Nadīm*, 2vols. New York & London, 1970

Genebrardus (trans.), contra haereticos= Gilbertus Genebrardus, Theodori Abucarae, episcopi Cariae, varia contra haereticos, judaeos et sarracenos opuscula (Margarin de la Bigne, *Bibliotheca veterum patrum*, Paris, 1575, 1579 所収)

Graf (trans.), *Schriften*= Georg Graf, *Die arabischen Schriften des Theodore Abū Qurra, Bischofs von Ḥarrān (ca. 740-820),* [*Forschungen zur Christlichen Literatur - und Dogmengeschichte*], Paderborn, 1910

Graf (trans.), *Traktat*= Georg Graf, *Des Theodor Abū Kurra Traktat über den Schöpfer und die wahre Religion,* [*Beiträge zur Geschichte der Philosophie des Mittelalters*], Münster, 1913

Griffith (trans.), *Treatise*= Theodore Abū Qurrah, *A Treatise on the Veneration of the Holy Icons written in Arabic by Theodore Abū Qurrah, Bishop of Harrān (c. 755-c. 830 A. D.)*, trans. Sidney Harrison Griffith, Louvain, 1997

Mango et al. (trans.), *Chronicle*= Theophanes Confessor, *The Chronicle of Theophanes Confessor*, trans. Cyril Mango and Roger Scott, Oxford, 1997

Pizzo (trans.), *Trattato*= Teodoro Abū Qurrah, *La difesa delle Icone, Trattato sulla venerazione delle immagini*, trans. Paola Pizzo, Milano, 1995

Roth (trans.), *Holy Icons*= St. Theodore the Studite, *On the Holy Icons*, trans. Catharine P. Roth, New York, 1981

Turrianus (trans.), disputatio= Franciscus Turrianus (Francisco de Torres), Theodori Hagiopolitani disputatio de nomine Dei, De Dei et Deitate, disputatio cum nestoriano (H. Canisius, *Henrici Canisii Lectiones Antiquae*, Ingolstad, 1603 所収)

Vasiliev (trans.), Арабская Версия= Alexander Vasiliev, Арабская Версия Жития Св. Иоанна Дамаскина, St. Petersburg, 1913

井筒（訳）『コーラン』= 井筒俊彦（訳）『コーラン』岩波書店　改版　1964

牧野（訳）『ハディース』= 牧野信也（訳）『ハディース　イスラーム伝承集成』中央公論社 1993-1994

山本（訳）『カテゴリー論』= 山本光雄（訳）『カテゴリー論』(『アリストテレス全集１』岩波書店 1971年 所収)

3 研究書・事典

Alexander, *Nicephorus*= Paul J. Alexander, *The Patriarch Nicephorus of Constantinople: Ecclesiastical Policy and Image Worship in the Byzantine Empire*, Oxford, 1958

Assemani, *Bibliotheca orientalis*= Joseph Simonius Assemani (Yūsuf b. Sham'ūn

al-Sim'ānī), *Bibliotheca orientalis Clementino-Vaticana*..., 3vols. in 4, Rome, 1719-1728

Barnard, *Background*= L. W. Barnard, *The Graeco-Roman and Oriental Background of the Iconoclastic Controversy*, Leiden, 1974

al-Bāshā, *al-Taṣwīr al-Islāmī*= Ḥasan al-Bāshā, *al-Taṣwīr al-Islāmī fī al-'Uṣūr al-Wusṭā*, Cairo, (1959)

Brubaker et al., *Byzantium*= Leslie Brubaker & John Haldon, *Byzantium in the Iconoclast Era (ca 680-850): The Sources: An Annotated Survey*, Aldershot, 2001

Fiey, *Chrētiens syriaques*= Jean Maurice Fiey, *Chrētiens syriaques sous les abbasides surtout ā Bagdad (749-1258), CSCO* vol. 420, Louvain, 1980

Gero, *Byzantine Iconoclasm*= Stephen Gero, *Byzantine Iconoclasm during the Reign of Leo III, with Particular Attention to the Oriental Sources, CSCO* vol. 346, Louvain, 1973

Giakalis, *Images*= Ambrosios Giakalis, *Images of the Divine: The Theology of Icons at the Seventh Ecumenical Council*, Leiden, 1994

Goussous, *Umayyad Coinage*= Nayef G. Goussous, *Umayyad Coinage of Bilad al-Sham*, Amman, 1996

Grabar, *Islamic Art*= Oleg Grabar, *The Formation of Islamic Art* (2nd ed.), New Haven - London, 1987

Graf, *GCAL*= Georg Graf, *Geschichte der christlichen arabischen Literatur*, 5vols., Vatican, 1944-1953

Hussey, *Orthodox Church*= Joan Mervyn Hussey, *The Orthodox Church in the Byzantine Empire*, Oxford, 1986

Kazhdan (ed.), *ODB*= A. P. Kazhdan (ed.), *The Oxford Dictionary of Byzantium*, 3vols., Oxford, 1991

Le Quien, *Oriens Christianus*= Michaelis Le Quien, *Oriens Christianus, in Quatuor Patriarchatus Digestus; quo exhibentur Ecclesiae, Patriarchae, Caeterique Praesules Totius Orientis*, 3vols. Paris, 1740 (rep. Graz (Austria), 1958)

Mango, *Art*= Cyril Mango, *The Art of the Byzantine Empire 312-1453: Sources and Documents*, (New Jersey), 1972 (rep. Toronto, 1986)

Martin, *Iconoclastic Controversy*= Edward James Martin, *A History of the Iconoclastic Controversy*, London, 1930

Nasrallah et al., *HMLEM*= Joseph Nasrallah and Rachid Haddad, *Histoire de mouvement littēraire dans l'Église melchite du Ve au XXe siēcle*, 4vols., Paris-Louvain, Damascus, 1979-

Nasrallah, *Saint Jean de Damas*= Joseph Nasrallah, *Saint Jean de Damas: son ēpoque - sa vie - son œuvre*, Harissa (Lebanon), 1950

Ostrogorsky, *Byzantine State*= George Ostrogorsky, *History of the Byzantine State*, trans. Joan Mervyn Hussey, Oxford, 1968 (2nd ed.)

Parry, *Depicting the Word*= Kenneth Parry, *Depicting the Word: Byzantine Iconophile Thought of the Eighth and Ninth Centuries*, Leiden, 1996

Pelikan, *Imago Dei*= Jaroslav Jan Pelikan, *Imago Dei: the Byzantine Apologia for Icons*, New Jersey, 1990

Rosenthal, *Classical Heritage*= Franz Rosenthal, *The Classical Heritage in Islam* (English ed.), London, 1975

Rustum, *Anṭākīyah*= Asad Rustum, *Kanīsah Madīnah Allāh Anṭākīyah al-'Uẓmā*, 3vols, Beirut, (2nd ed.) 1988

Sahas (ed. & trans.), *Icon and Logos*= Daniel J. Sahas (ed. & trans.), *Icon and Logos:*

Sources in Eighth-Century Iconoclasm, Toronto, 1986

Sahas, *John of Damascus*= Daniel J. Sahas, *John of Damascus on Islam: the heresy of the Ishmaelites*, Leiden, 1972

Segal, *Edessa*= J. B. Segal, *Edessa, 'the Blessed City'*, Oxford, 1970

Smith (ed.) *Thesaurus Syriacus*= R. Payne Smith (ed.) *Thesaurus Syriacus*, 2vols., Oxford, 1879–1901

Sophocles, *Greek Lexicon*= Evangelinus Apostolides Sophocles, *Greek Lexicon of the Roman and Byzantine Periods*, Cambridge, 1914

al-Ṣuwā, Mawqif al-Islām= 'Alī al-Ṣuwā, Mawqif al-Islām min ghair al-Muslimīn fī al-Mujtama' al-Islāmī, *Mu'āmalah ghair al-Muslimīn fī al-Islām*, 2vols., Amman, 1989

Taymūr, *al-Taṣwīr*= Aḥmad Taymūr Bāshā, *al-Taṣwīr 'inda al-'Arab*, Cairo, 1942

Ware, Christian Theology= Kallistos Ware, Christian Theology in the East 600–1453 (Hubert Cunliffe-Jones et al. (eds.) *A History of Christian Doctrine*, Edinburgh, 1978 所収)

Ware, *Orthodox Church*= Timothy (Kallistos) Ware, *The Orthodox Church* (2nd ed.), 1993, London

Wellesz, *Byzantine Music*= Egon Wellesz, *A History of Byzantine Music and Hymnography*, (2nd ed.), Oxford, 1961

Zakkar, *Aleppo*= Suhayl Zakkar, *The Emirate of Aleppo 1004–1094*, Beirut, 1971

4　雑誌論文

Armala (trans.), Ta'rīkh al-Duwal= Abū al-Faraj al-Malaṭī (Ibn al-'Ibrī), Ta'rīkh al-Duwal al-Suryānī, trans. Isḥāq Armala al-Suryānī, *al-Mashriq* 43 (1949)

Bāshā (ed.), Ṣiḥḥah al-Dīn al-Masīḥī= Qusṭanṭīn Bāshā (ed.), Maymar fī Ṣiḥḥah al-Dīn al-Masīḥī, li-l-Ab al-Fāḍil wa-Faylasūf al-Kāmil Thāwdūrus Abī Qurrah Usquf Ḥarrān, *al-Mashriq* 6 (1903)

Brock, Greek into Syriac= Sebastian Brock, Greek into Syriac and Syriac into Greek, *Journal of the Syriac Academy* 3 (1977), Baghdad

Creswell, Lawfulness= Keppel A. C. Creswell, The Lawfulness of Painting in Early Islam, *Ars Islamica* 11–12 (1946)

Dick, Antoine Ruwah= Ignace Dick, La passion arabe de S. Antoine Ruwah, néo-martyr de Damas († 25 déc. 799), *Le Muséon* 74 (1961)

Dick, continuateur arabe= Ignace Dick, Un continuateur arabe de saint Jean Damascène: Théodore Abuqurra, évêque melkite de Harran, La personne et son milieu, *Proche-Orient chrétien* 12 (1962), 13 (1963)

Dick, Deux écrits inédits= Ignace Dick, Deux écrits inédits de Théodore Abuqurra, *Le Muséon* 72 (1959)

Graf (trans.), Vita= Georg Graf, Das arabische Original der Vita des hl. Johannes von Damaskus, *Der Katholik* (1913)

Grierson, Monetary Reforms= Philip Grierson, The Monetary Reforms of 'Abd al-Malik, *Journal of the Economic and Social History of the Orient* 3 (1960)

Griffith, Arabic Account= S. H. Griffith, The Arabic Account of 'Abd al-Masīḥ an-Naǧrānī al-Ghassānī, *Le Muséon* 98 (1985)

Griffith, Arabic Sayings= S. H. Griffith, Some Unpublished Arabic Sayings Attributed to Theodore Abū Qurra, *Le Muséon* 92 (1979)

Griffith, Bashīr/Bēsēr= S. H. Griffith, Bashīr/Bēsēr: Boon Companion of the Byzantine Emperor Leo III; the Islamic Recension of his Story in Leiden Oriental MS 951 (2), *Le*

Muséon 103 (1990)
Griffith, Eutychius of Alexandria= S. H. Griffith, Eutychius of Alexandria on the Emperor Theophilus and Iconoclasm in Byzantium; a 10th-century moment in Christian apologetics in Arabic, *Byzantion* 52 (1982)
Griffith, Faith and Reason= S. H. Griffith, Faith and Reason in Christian Kalām: Theodore Abū Qurrah on Discerning the True Religion (Samir Khalil Samir & Jørgen S. Nielsen (eds.) *Christian Arabic Apologetics during the Abbasid Period (750–1258)*, Leiden, 1994 所収)
Griffith, Monks of Palestine= S. H. Griffith, The Monks of Palestine and the Growth of Christian Literature in Arabic, *The Muslim World* 78 (1988)
Griffith, Prophet Muhammad= S. H. Griffith, The Prophet Muhammad, his Scripture and his Message, according to the Christian Apologies in Arabic and Syriac from the first Abbasid Century, *La vie du Prophète Mahomet*: *Colloque de Strasbourg* 1983
Griffith, Reflections= S. H. Griffith, Reflections on the Biography of Theodore Abū Qurrah, *Parole de l'Orient* 18 (1993)
Griffith, Summa Theologiae Arabica= S. H. Griffith, A Ninth Century Summa Theologiae Arabica, *Orientalia Christiana Analecta* 226 (1986)
Griffith, Venerating Images= S. H. Griffith, Theodore Abū Qurrah's Arabic Tract on the Christian Practice of Venerating Images, *Journal of the American Oriental Society* 105 (1985)
Guillaume, Theodore Abu Qurra= Alfred Guillaume, Theodore Abu Qurra as Apologist, *The Moslem World* 15 (1925)
Haddad, Iconoclasts and Mu'tazila= Robert M. Haddad, Iconoclasts and Mu'tazila: the Politics of Anthropomorphism, *The Greek Orthodox Theological Review* 27 (1982)
'Īsā, Muslims and Taṣwīr= Aḥmad Muḥammad 'Īsā, Muslims and Taṣwīr, trans. Harold W. Glidden, *The Muslim World* 45 (1955)
Krachkovckii, Федор Абу-Ḳурра= Ignatii Krachkovckii, Федор Абу-Ḳурра у мусульманских писателей IX-X века, Христианский Восток 4 (1915)
Lammens, L'attitude de l'islam= Henri Lammens, L'attitude de l'islam primitif enface des arts figurés, *Journal Asiatique* (1915)
Lamoreaux, Armenians= John C. Lamoreaux, An Unedited Tract against the Armenians by Theodore Abū Qurrah, *Le Muséon* 105 (1992)
Nasrallah, Regard critique= Joseph Nasrallah, Regard critique sur I. Dick, Th. Abū Qurra, De l'existence du Créateur et de la vraire religion, *Proche-Orient chrétien* 36 (1986)
Padwick, Al-Ghazali= Constance E. Padwick, Al-Ghazali and the Arabic Versions of the Gospels, *The Moslem World* 29 (1939)
Peeters (ed.), Michael le Sabaïte= Paul Peeters (ed.), La passion de saint Michael le Sabaïte, *Analecta Bollandiana* 48 (1930)
Peeters (ed.), S. Romain le néomartyr= Paul Peeters (ed.), S. Romain le néomartyr († 1 mai 780) d'après un document géorgien, *Analecta Bollandiana* 30 (1911)
Sahas, Cultural Interaction= Daniel J. Sahas, Cultural Interaction during the Ummayad Period: The "circle" of John of Damascus, *Aram* 6 (1994)
Samīr, al-Jadīd= Samīr Khalīl Samīr (Samir Khalil Samir), al-Jadīd fī Sīrah Thāwdūrus Abī Qurrah wa-Āthāri-hi, *al-Mashriq* 73 (1999)
Samir, Yanna= Samir Khalil Samir, Yanna, dans l'onomastique arabo-copte, *Orientalia Christiana Periodica* 45 (1979)

Shaykhū (ed.), al-Muḥāwarah al-Dīnīyah= Lūyis Shaykhū (ed.), al-Muḥāwarah al-Dīnīyah allatī Jarat bayna al-Khalīfah al-Mahdī wa-Tīmāthāwus al-Jāthlīq, *al-Mashriq* 19 (1921)
Shaykhū (ed.), Wujūd= Lūyis Shaykhū (ed.), Maymar li-Thāwdhūrus Abī Qurrah fī Wujūd al-Khāliq wa-l-Dīn al-Qawīm, *al-Mashriq* 15 (1912)
Sourdel, pamphlet muslman= Dominique Sourdel, Un pamphlet muslman anonyme d'époque 'abbāside contre les chrētiens, *Revue des Études Islamiques*, 34 (1966)

註

序章　本書の課題と歴史的背景

1) Sahas, Cultural Interaction, p. 64.

2) コンスタンティノープルが公式に首都と定められたのは330年である.

3) コンスタンティノープルの古名ビザンティウムに由来する「ビザンティン帝国」という呼称は，16世紀のヒエロニムス・ヴォルフ（Hieronymus Wolf 1516-80年）以降，欧州の学者の間で一般化した．人文主義者が西欧をギリシア・ローマ文明の継承者と位置づけるにあたり，本来の後継帝国を極力異質・矮小化して認識しようとしたのであろう．しかし，「ビザンティン帝国」は，政治的，行政的，文化的にみてローマ帝国の延長そのものに他ならない．本書では古代ローマ帝国と区別するため，東西分割後のコンスタンティノープルを首都とするキリスト教ローマ帝国を「東ローマ帝国」と記述する．なお，東ローマ帝国の当時の自称は単に「ローマ帝国 *βασιλεία τῶν Ρωμαῖων*」であり，アラビア語でも「ローマ人〔の国〕al-Rūm」と呼ばれていた．

4) 旧西ローマ帝国に属する地域では，450年までにギリシア語を解する者は稀になり，東ローマ帝国では600年以降ラテン語を話す者はほとんどいなくなった．Ware, *Orthodox* Church, p. 46.

第1章　テオドロス・アブー・クッラについて

1) アブー・クッラの略伝については，下記参照．Griffith (trans.), *Treatise*, pp. 1-28 (Introduction). idem., Reflections. Dīk (ed.), *Wujūd*, pp. 39-58（ディークによる解説部分）．Graf, *GCAL*, vol. 2, pp. 7-11. Nasrallah et al., *HMLEM*, vol. 2, t. 2, pp. 104-135. Kazhdan (ed.) *ODB*（Theodore Abu-Qurra の項目）．Samīr, al-Jadīd, pp. 417-449.

2) Chabot (ed.), *Chronique*, vol. 3, p. 32. Griffith (trans.), *Treatise*, pp. 7-8.

3) Dīk (ed.), *al-Īqūnāt*, p. 208.

4) Griffith (trans.), *Treatise*, p. 11.

5) テオドレトスのアンティオキア総主教在位は長らくイブン・ビトリークの年代記に従い795-812年とされていた．Le Quien, *Oriens Christianus*, vol. 2, col. 746. Griffith, Venerating Images, pp. 54-55. しかしナスラッラーは，テオドレトスが第二ニケア公会議の時点で総主教の地位にあったと考える．また，アブー・クッラと同時代のネストリオス派カトリコス・ティモセオスⅠ世（在位799-823年）による799年の書簡に，ティモセオスがカリフ・マフディーの求めにより正教会の総主教の助力でアリストテレスのギリシア語版『トピカ』をアラビア語に翻訳したという記述を見出し，この正教会の総主教とはテオドレトスの後任のヨブに他ならないという理由でテオドレトスの在位は799年以前までであると主張した．Nasrallah, Regard critique, pp. 59-60. Fiey, *Chrétiens syriaques*, p. 38. グリフィスは後にナスラッラーの説を受け容れ，テオドレトスの在位

年を修正した. cf. Griffith, Reflections, p. 146.

6) idem., *Treatise*, pp. 11-12. 一方ナスラッラーはアブー・クッラがダマスクスのヨハネに師事したとの仮説に基づいて，アブー・クッラの生年を725年と推定し，829年に104歳で没したと述べている. Nasrallah et al., *HMLEM*, vol. 2, t. 2, pp. 109-115.

7) Peeters (ed.), Michael le Sabaïte, p. 77. Griffith (trans.), *Treatise*, pp. 13-14.

8) Segal, *Edessa*, p. 104.

9) Ibn al-Nadīm, *al-Fihrist*, p. 445.

10) Griffith, Reflections, p. 167.

11) Dīk (ed.), *Wujūd*, p. 179.

12) Bāshā (ed.), *Mayāmir*, p. 104.

13) Migne (ed.), *PG*, t. 97, coll. 1503-1522. 原題は後述するアブー・クッラのギリシア語著作中の（4）を参照.

14) Lamoreaux, Armenians, pp. 327-341. アブー・クッラのアラビア語著作の（16）.

15) Griffith (trans.), *Treatise*, pp. 9-10.

16) Chabot (ed.), *Chronique*, vol. 3, pp. 32-34. Griffith, Monks of Palestine, pp. 22-23.

17) Graf (ed.), *Abū Rā'iṭa*.

18) Chabot (ed.), *Chronique*, vol. 3, p. 33.

19) Muyldermans (ed.), *Vardan*, p. 115. Dīk (ed.), *Wujūd*, p. 30. Griffith, Faith and Reason, p. 41.

20) idem., *Treatise*, p. 9.

21) Cunningham (ed.), *Michael*, p. 56, n. 48.

22) *ibid*., p. 10.

23) Dīk (ed.), *Wujūd*, p. 46.

24) Abouna (ed.), *Chronicon*, p. 16, Griffith (trans.), *Treatise*, pp. 10-11, Dīk (ed.), *Wujūd*, p. 27

25) パリ国立図書館のMS70は未だ校訂出版されていないが，次の英文概要が存在する. Guillaume, Theodore Abu Qurra, pp. 42-51.

26) Griffith (trans.), *Treatise*, p. 11. Dīk (ed.), *Wujūd*, p. 57.

27) Bāshā (ed.), *Mayāmir,* p. 60. Griffith, Monks of Palestine, pp. 22-23.

28) Samīr, al-Jadīd, p. 422.

29) ディークはアブー・クッラがギリシア語でも著作を行ったとしている. cf. Dīk (ed.), *Wujūd*, p. 59. グリフィスはアブー・クッラ自身がギリシア語で書いたことに疑問を呈する. cf. Griffith, Monks of Palestine, p. 23.

30) Migne (ed.), *PG*, t. 97, coll. 1461-1610.

31) *ibid*., t. 94, coll. 594-595, 1595-1598.

32) Dīk (ed.), *Wujūd*, pp. 63-73.

33) 以下『聖像画崇敬論』と略記.

34) 写本に題はなく，校訂者シェイホーが題を付した.

35）Samīr, al-Jadīd, pp. 433-435.

36）Dīk (ed.), *Wujūd*, pp. 74-76.

37）*ibid*., p. 89. Dathiachivili (ed.), *traktatebi*.

38）本節の記述は Dīk (ed.), *Wujūd*, pp. 15-101, Griffith, Venerating Images 等による．アブー・クッラのギリシア語の著作に関する研究史については，Migne (ed.), *PG*, t. 97, coll. 1445-1460 参照．

39）Ibn al-Nadīm, *al-Fihrist*, p. 36.

40）この説を最初に唱えたのはクラチコフスキーである．Krachkovckii, Федор Абу-Ķyppa, p. 306. Dīk (ed.), Wujūd, p. 36. Griffith, Venerating Images, p. 55, n. 9.

41）Dodge (ed. & trans.), *Fihrist*, vol. 1, p. 394. ムルダールのこの著作は現存しない．ドッジによる『目録の書』英訳本はダブリンのチェスター・ビーティ図書館蔵のMS3315を底本としているが，ムウタズィラ学派の項目を含む第5章はフリューゲル版，カイロ版，レバノン版と著しく異なっており，当該記述はMS3315にしか存在しない．ドッジの解説によれば，MS3315は『目録の書』の前半のみ残存し，イブン・アンナディームの自筆稿本を筆跡まで忠実に書写した模本に相当する写本であるという．さらにMS3315にはエジプトの歴史家マクリージーの所蔵を示す署名と，イスラーム暦824年の日付があり，後年アフマド・アルジャッザール（1804年没）によりアッカの大モスクのワクフとして寄進されたという．前掲書 vol. 1, xxiv-xxvii 参照．

42）Dīk (ed.), *Wujūd*, p. 38.

43）Shaykhū et al. (eds.), *al-Ta'rīkh*, vol. 2, p. 64.

44）'Abd al-Jabbār, *al-Mughnī*, vol. 5, p. 144. Griffith, Reflections, p. 155.

45）Dīk (ed.), *Wujūd*, pp. 24-38.

46）Genebrardus (trans.), contra haereticos. ゲネブラルドは，本文中で付したアブー・クッラのギリシア語著作の番号（1），（3），（7），（8），（9），（10），（11），（13），（14），（16），（23），（25），（31），（32），（33）をラテン語に訳出した．Dick, continuateur arabe, p. 214, n. 8.

47）Turrianus (trans.), disputatio. この選集に入っている著作は，（27），（28），（29）．Dick, continuateur arabe, loc. cit.. なお，「ハギオポリス」とはエルサレムを指すが，必ずしもエルサレム出身の意味ではなく，聖サバ修道院などパレスティナ地方で活躍した神学者に言及する際用いられた．Sahas, Cultural Interaction, p. 39.

48）Gretser (ed.), *contra haereticos*. Dick, continuateur arabe, loc. cit..

49）ギリシア語著作の（18），（25），（32）．

50）Cotelier (ed.), Dêmonstration. ギリシア語著作の（25）．Dick, continuateur arabe, p. 215, n. 10. Le Quien (ed.), *opera*. ギリシア語著作の（18）．ギリシア語著作（32）は結局原文が発見されず，ミーニュの版でもラテン語訳のみ掲載されている．

51）Arnoldus (ed.), tractatus. ギリシア語著作の (43). Dick, continuateur arabe, loc. cit..

52）Migne (ed.), *PG*, t. 97, coll. 1459-1460.

53) *Maxima Bibliotheca Veterum Patrum*, 27 vols. Lyons, 1677, t. 16, pp. 727-753. Dick, continuateur arabe, p. 215.

54) Migne (ed.), *PG*, t. 97, coll. 1445-1448.

55) Le Quien, *Oriens Christianus*, vol. 2, coll. 847-850. Dīk (ed.), *Wujūd*, pp. 16-17.

56) レバノン出身のシムアーニーは，ローマで学んだ後教皇庁に迎えられ，東洋学者として重きをなした．Assemani, *Bibliotheca orientalis*, vol. 2, p. 292, n. 3.

57) Arendzen (ed.), *Abū Ḳurra*. アラビア語著作の（1）．

58) Bāshā (ed.), *Mayāmir*, p. 5. Dick, continuateur arabe, p. 218. Nasrallah et al., *HMLEM*, vol. 2, t. 2, p. 116.

59) Bāshā (ed.), Ṣiḥḥah al-Dīn al-Masīḥī, pp. 633-643, 693-702, 800-809. アラビア語著作の（2）．なお，本篇は次の書物に再録されている．Shaykhū et al. (eds.), *Maqālāt*, pp. 56-87.

60) Bāshā (ed.), *Mayāmir*. アラビア語著作の（2）～(11)．

61) idem, *traité*.

62) Graf (trans.), *Schriften*.

63) アラビア語著作の（2），（4），（5），（8）．

64) Shaykhū (ed.), Wujūd, pp. 757-774, 825-842. アラビア語著作の（12）．

65) Graf (trans.), *Traktat*.

66) Dick, Deux écrits inédits, pp. 53-67. アラビア語著作の（13），（14）．ディークのこの論文で存在が明らかにされたアラビア語写本には，『聖像画崇敬論』の異本MS330が含まれている．

67) Griffith, Arabic Sayings, pp. 29-35. アラビア語著作の（15）．この論考の内容はギリシア語著作の（9）と符合している．ギリシア語とアラビア語の著作が対応する唯一の例であり，両言語で残された論考の著者が同一であることを示す根拠ともなっている．なお，897年に作成された四福音書を筆写したのはラムラのイスターファーナー・ブン・ハカムであり，『聖像画崇敬論』の877年頃の写本（BL4950）の作成者と同一人物である．Padwick, Al-Ghazali.

68) Samīr, al-Jadīd.

69) Pizzo (trans.), *Trattato*.

70) Griffith (trans.), *Treatise*.

第2章　正教会における聖像画破壊運動（イコノクラスム）

1) Alexander, *Nicephorus*, p. 27.

2) Migne (ed.), *PG*, t. 20, coll. 1108-1112 (Eusebius, *Vita Constantini*III). Mango, *Art*, pp. 10-11.

3) Migne (ed.), *PG*, t. 20, coll. 1545-1549 (Eusebius, *Epistola ad Constantiam Augustam*), Mango, *Art*., pp. 16-17.

4) Alexander, *Nicephorus*, pp. 27-28.

5) Hussey, *Orthodox Church*, pp. 30-32.
6) Giakalis, *Images*, p. 41. Mango, *Art*, pp. 140-141. Alexander, *Nicephorus*, pp. 31-33.
7) Mango, *Art*, pp. 139-140. トルルス会議は別名クィニセクスト会議（Quinisext, *Πενθέκτη*,「第五・第六」の意）と呼ばれる通り第五回，第六回の公会議（第二コンスタンティノープル公会議（553年），第三コンスタンティノープル公会議（680-81年））の補完を標榜しており，単性論派に対抗して正統信仰の確立を目指した会議であった．教令第82条はキリストの人性の強調という要請を画像表現に反映したものである．
8) Kazhdan (ed.) *ODB*（Mandylion の項目）．この聖蓋布は944年エデッサを奪還した東ローマ軍によりコンスタンティノープルに持ち帰られた．その後，第四回十字軍によって略奪されて1247年にはルイIX世の所有に帰し，パリに安置されたと伝えられる．さらにフランス革命の混乱によって行方不明になったといわれる．
9) Giakalis, *Images*, p. 49.
10) Mango et al. (trans.), *Chronicle*, p. 558.
11) *ibid*., p. 565, Hussey, *Orthodox Church*, pp. 37-38.
12) Migne (ed.), *PG*, t. 94, coll. 1231-1420. Anderson (trans.), *Divine Images*.
13) Hussey, *Orthodox Church*, pp. 34-35. Gero, *Byzantine Iconoclasm*, pp. 32-33.
14) Mango et al. (trans.), *Chronicle*, p. 560. ただし，この表現は聖像画破壊論者がヒエリア会議においてダマスクスのヨハネを呪詛した時にも使われており，論敵を異教徒に結びつける修辞であることに留意する必要がある．
15) Mango et al. (trans.), *Chronicle*, p. 555.
16) Barnard, *Background*, pp. 15-16.
17) *ibid*., pp. 17-18.
18) Mango et al. (trans.), *Chronicle*, p. 555.
19) Griffith, Bashīr/Bēsēr, pp. 293-327.
20) *ibid*., p. 326.
21) Vasiliev (ed.), *al-'Unwān*, p. 533.
22) Brubaker et al., *Byzantium*, p. 35.
23) Giakalis, *Images*, pp. 14-15.
24) al-Mas'ūdī, *al-Tanbīh wa-l-Ishrāf*, pp. 158-159. Dīk (ed.), *al-Īqūnāt*, p. 25.
25) Migne (ed.), *PG*, t. 108, col. 1028. Alexander, *Nicephorus*, p. 128.
26) Ostrogorsky, *Byzantine State*, p. 206.
27) Shaykhū et al. (eds.), *al-Ta'rīkh*, vol. 2, p. 63.
28) ヒエリア会議の議事録では，聖像画の破壊に「何らの外的要因はない」（*οὐδὲν τῶν ξένων ἐστὶν ἐν αὐτῇ*）とされている．Barnard, *Background*, p. 26.
29) Hussey, *Orthodox Church*, p. 42.
30) Parry, *Depicting the Word*, p. 8.
31) Mango, *Art*, p. 41. 第三章で述べるように，ダマスクスのヨハネは『知識の泉』第二部の大半をサラミスのエピファニオスが著した『薬籠集』から引用しており，本文の

典拠は聖像画破壊論者にとって都合の良い文章であったに違いない。

32) Migne (ed.), *PG*, t. 94, col. 1272. Anderson (trans.), *Divine Images*, p. 41. 対応するレオンティオスの原文は，Migne (ed.), *PG*, t. 93, coll. 1601-1602. この議論はアブー・クッラに受け継がれている。

33) Migne (ed.), *PG*, t. 94, col. 1257. Anderson (trans.), *Divine Images*, p. 32.

34) Migne (ed.), *PG*, t. 94, col. 1308. Anderson (trans.), *Divine Images*, p. 65, Barnard, *Background*, p. 103.

35) Migne (ed.), *PG*, t. 94, col. 1337. Anderson (trans.), *Divine Images*, pp. 73-74.

36) Migne (ed.), *PG*, t. 94, coll. 1337-1343. Anderson (trans.), *Divine Images*, pp. 74-78.

37) Migne (ed.), *PG*, t. 94, col. 1248. Anderson (trans.), *Divine Images*, pp. 25-26.

38) Migne (ed.), *PG*, t. 94, col. 1288. Anderson (trans.), *Divine Images*, pp. 52-53.

39) Migne (ed.), *PG*, t. 94, col. 1256. Anderson (trans.), *Divine Images*, p. 31.

40) 『霊魂の楽園』の著者をエルサレム総主教ソフロニオスとしたのはダマスクスのヨハネの誤りで，実際はソフロニオスの師イオアンネス・モスコス（545頃-634年頃）の作品である。

41) Migne (ed.), *PG*, t. 94, col. 1280. Anderson (trans.), *Divine Images*, pp. 46-47.

42) Migne (ed.), *PG*, t. 94, col. 1280. Anderson (trans.), *Divine Images*, p. 47.

43) Alexander, *Nicephorus*, p. 189.

44) Pelikan, *Imago Dei*, p. 58.

45) Alexander, *Nicephorus*, p. 49.

46) *ibid*., p. 138.

47) Roth (trans.), *Holy Icons*, p. 101. Ware, Christian Theology, p. 200.

48) Roth (trans.), *Holy Icons*, p. 11.

49) 山本（訳）『カテゴリー論』pp. 22-31.

50) Roth (trans.), *Holy Icons*, pp. 11-12.

51) Alexander, *Nicephorus*, p. 189.

52) Parry, *Depicting the Word*, p. 173.

53) Alexander, *Nicephorus*, p. 139.

54) Martin, *Iconoclastic Controversy*, pp. 184-188.

55) Alexander, *Nicephorus*, p. 245.

56) Hussey, *Orthodox Church*, p. 58.

57) Ware, Christian Theology, p. 197.

第3章　ダマスクスのヨハネ

1) Shaykhū et al. (eds.), *al-Ta'rīkh*, vol. 2, p. 5.

2) *ibid*., vol. 2, p. 15.

3) al-Mas'ūdī, *al-Tanbīh wa-l-Ishraīf*, pp. 302, 306, 307, 312, 316. al-Jahshiyārī,

al-Wizarā' wa-l-Kuttāb, pp. 23, 31, 32, 33, 40. Ibn 'Abd Rabbi-hi, *al-'Iqd al-Farīd*, vol. 4, p. 169.

4) 原詩は次の通り．

＊Rufi'ta fa-ḥāwarta al-siḥāb wa-fawqa-hu fa-mā la-ka illā marqab al-shams marqab＊

5) al-Jahshiyārī, *al-Wizarā' wa-l-Kuttāb*, p. 31.

6) al-Ṭabarī, *Ta'rīkh*, vol. 3, p. 280.

7) Mango et al. (trans.), *Chronicle*, p. 510.

8) al-Jahshiyārī, *al-Wizarā' wa-l-Kuttāb*, p. 40.

9) Ibn 'Abd Rabbi-hi, *al-'Iqd al-Farīd*, vol. 4, pp. 169–170.

10) *ibid*., vol. 4, p. 399.

11) al-Balādhrī, *Futūḥ al-Buldān*, p. 193.

12) Ṣāliḥānī (ed.), *Ta'rīkh*, p. 195.

13) Mango et al. (trans.), *Chronicle*, p. 524.

14) *ibid*., p. 596.

15) *ibid*., p. 569.

16) テオファネスの年代記の刊本には，おそらくサルジューン・ブン・マンスールの兄弟（すなわちダマスクスのヨハネの伯父）ではないかとの註釈がある．しかし，マンスール・ブン・サルジューンがマウリキオス帝に仕えていたという記録とあわせ読むと，彼の実子が733/734年に追放されたというのは無理であろう．*ibid*., p. 569, n. 2. ナスラッラーは，「テオドロス」がダマスクスのヨハネの兄弟で，ヨハネの甥であるグレゴリオスとステファノスの父にあたるとしている．Nasrallah et al., *HMLEM*, vol. 2, t. 1, p. 193. ルストゥムは，「テオドロス」には言及していないが，ヨハネに名前不詳の兄弟がいて，その子がグレゴリオスとステファノスであると書いている．Rustum, *Anṭākīyah*, vol. 2, p. 68.

17) Lamoreaux (ed.), *Stephen*, p. 140. Nasrallah et al., *HMLEM*, vol. 2, t. 1, p. 193. Kazhdan (ed.), *ODB*（Stephen Sabaitesの項目）．

18) Shaykhū et al. (eds.), *al-Ta'rīkh*, vol. 2, pp. 61–62.

19) *ibid*., vol. 2, p. 69.

20) Lamoreaux (ed.), *Stephen*, p. 144. Sahas, *John of Damascus*, p. 48.

21) 原文がギリシア語である『聖サバ修道院のステファノス伝』は写本が一点しか発見されておらず，この写本は冒頭の約1/4を欠いていた．903年にアラビア語訳されたとの奥書のある写本がシナイ山の聖カテリナ修道院に所蔵されていることが，1959年明らかになった．アラビア語の写本では，始めの部分にステファノスはパレスティナのアスカラン（アシュケロン）地方のジュルス（al-Juls）という村に生まれ，父の名はキリコス（Kīriqus），伯父の名はザカリヤ（Zakhāriyā）であると書かれている．Lamoreaux (ed.), *Stephen*, pp. 8, 11. さらに，アラビア語写本に「……（修道士テオクティストスは，）我らの父である偉大な聖サバのこの修道院で，遊牧民によって殺された殉教者，聖者たる父たちの一人であったからである．彼らの物語と殉教を記録したの

は，我らの修道院の誇りである善良な聖者，ダマスクスのイスターファナー・ブン・マンスール（Istāfanā b. Manṣūr）であった.」(Lamoreaux (ed.), *Stephen*, p. 140.）と797年の殉教事件についての言及があり，「聖サバ修道院のステファノス」がダマスクスのヨハネの甥とは別人であることを強く示唆している.

22) Nasrallah, *Saint Jean de Damas*, p. 58.

23) al-Aṣbahānī, *al-Aghānī*, vol. 16, p. 70. なお『歌の書』の著者は地名イスファハーンの連想からイスファハーニーと俗称されるが，誤りである.

24) *ibid*., vol. 7, p. 174.

25) ミハイルによるダマスクスのヨハネ伝には，二種の刊本がある. Bāshā (ed.), *Sīrah*: バシャがヴァチカンのアラビア語写本MS79（聖サバ修道院で1223年に筆写），1646年のカファル・ブー写本，ヒムスの古写本を用いて校訂したもの. al-Yāzijī (ed.), *Yūḥannā al-Dimashqī*: ヤージジーがシナイ山の聖カテリナ修道院の13世紀の写本四種（うち一点には1223年の日付がある）に基づいて出版したもの.

26) Migne (ed.), *PG*, t. 94, coll. 429-490. Kazhdan (ed.), *ODB*（John of Damascusの項目）.

27) Bāshā (ed.), *Sīrah*, pp. 9-10. al-Yāzijī (ed.), *Yūḥannā al-Dimashqī*, pp. 23-24.

28) 本節では，原文の表現にかかわらず修道士になる前は「マンスール」，その後ば「ヨハネ」と呼ぶこととした.

29) Bāshā (ed.), *Sīrah*, p. 12. al-Yāzijī (ed.), *Yūḥannā al-Dimashqī*, p. 28.

30) Bāshā (ed.), *Sīrah*, p. 12. al-Yāzijī (ed.), *Yūḥannā al-Dimashqī*, p. 29.「バシリコス」（*βασιλικός*）とは，本来皇帝の官吏という意味である.

31) Migne (ed.), *PG*, t. 94, col. 437.

32) Bāshā (ed.), *Sīrah*, pp. 13-14. al-Yāzijī (ed.), *Yūḥannā al-Dimashqī*, pp. 32-33.

33) Bāshā (ed.), *Sīrah*, p. 14. al-Yāzijī (ed.), *Yūḥannā al-Dimashqī*, p. 33.

34) Bāshā (ed.), *Sīrah*, pp. 14-15. al-Yāzijī (ed.), *Yūḥannā al-Dimashqī*, pp. 33-36.

35) Bāshā (ed.), *Sīrah*, p. 15. al-Yāzijī (ed.), *Yūḥannā al-Dimashqī*, p. 36. この時のカリフは，アブド・アルマリクと推定される.

36) Migne (ed.), *PG*, t. 94, col. 449.

37) Bāshā (ed.), *Sīrah*, pp. 15-16. al-Yāzijī (ed.), *Yūḥannā al-Dimashqī*, pp. 37-38. これは，726年から730年にかけて書かれたとされる聖像画擁護の三つの論考を指していると考えられる.

38) Bāshā (ed.), *Sīrah*, pp. 16-17. al-Yāzijī (ed.), *Yūḥannā al-Dimashqī*, pp. 38-41. ミハイルによる伝記ではカリフの名が明らかでないが，レオンIII世の策略がカリフのマンスールに対する信任を傷つけるのが目的であったとの記述を前提とすれば，聖像画擁護の論考が書かれた時期（726-30年）はマンスールがウマイヤ朝の宮廷から引退した後ではなく，未だカリフの下にあった時期であると考えるのが自然であり，ヒシャーム（在位724-43年）の治世であったはずである. しかし，マンスールは少なくともヤジードII世（在位720-24年）の時代までには既に引退しており，聖像画破壊運動と関連づけられ

たレオンIII世による策略の話は伝説であるとの意見が有力である．*ibid*., p. 79.

39） Bāshā (ed.), *Sīrah*, pp. 17-19. al-Yāzijī (ed.), *Yūḥannā al-Dimashqī*, pp. 41-44. この伝承はダマスクスのヨハネの著作上裏付けがなく，伝説に過ぎないと解されている．

40） Bāshā (ed.), *Sīrah*, pp. 23-24. al-Yāzijī (ed.), *Yūḥannā al-Dimashqī*, pp. 56-57. 讃美歌作者として著名であったコズマーの主教就任は743年頃（一説には734年頃），またマーユーマーにおける没年は752年頃と伝えられる．Kazhdan (ed.), *ODB* (Kosmas the Hymnographer の項目)．

41） Sahas (ed. & trans.), *Icon and Logos*, pp. 168-169.

42） *ibid*., pp. 169-170.

43） Mango et al. (trans.), *Chronicle,* p. 565.「黄金の流れ」（*Χρυσοῤῥόας*）とはダマスクスのバラダ川の美称とも言われ，ヨハネを讃える呼び名である．テオファネスの年代記での用例が文献としては最も古い．テオファネスもヨハネを「マンスールの子」と記しているが，正しくは「サルジューンの子」というべきであろう．

44） Nasrallah et al., *HMLEM* vol. 2, t. 1, pp. 123-124.

45） Migne (ed.), *PG*, t. 94, coll. 521-1228.

46） Sahas, *John of Damascus*, p. 54. コズマーは743年に殉教したマーユーマー主教ペトロスの後任となった．

47） Migne (ed.), *PG*, t. 94, coll. 525-676.

48） *ibid*., t. 94, col. 524.

49） *ibid*., t. 94, col. 532.

50） *ibid*., t. 94, coll. 677-780.

51） *ibid*., t. 94, coll. 789-1228.

52）「正統信仰の正確な解説」は1150年頃ピサのブルグンディオによってラテン語に翻訳され，神学の標準的教科書とされたペトルス・ロンバルドゥス（1110頃-60年）の『神学命題集』（*Sententiarum libri quatuor*）や，トマス・アクィナス（1225頃-74年）の『神学大全』（*Summa Theologica*）に影響を及ぼしている．

53） Nasrallah et al., *HMLEM* vol. 2, t. 1, pp. 125-126.

54） Migne (ed.), *PG*, t. 94, coll. 1231-1420. なお，これらの著作の成立年代については議論があり，そのすべてをコンスタンティノスV世の治世前期（741-50年頃）の作とする説が行われている．Brubaker et al., *Byzantium*, p. 248.

55） Nasrallah, *Saint Jean de Damas*, pp. 112-113.

56） Migne (ed.), *PG*, t. 94, coll. 1231-1284.

57） *ibid*., t. 94, coll. 1283-1318.

58） *ibid*., t. 94, coll. 1317-1420.

59） *ibid*., t. 94, coll. 763-774.

60） Sahas, *John of Damascus*, p. 58.

61） Migne (ed.), *PG*, t. 94, col. 764. Sophocles, *Greek Lexicon*（*Σαρακηνός* の項目）は，アラビア語の東（al-sharq）が語源であるとする．

62) イスラーム教徒自身は，イブラーヒーム（アブラハム）の子イスマーイール（イシュマエル）を預言者の一人として扱っている．コーランには，12か所に「イスマーイール」の名が現れている．

63) Migne (ed.), *PG*, t. 94, coll. 764-765. ムハンマドと接点をもつ可能性があったのは実際には単性論派やネストリオス派のキリスト教徒であり，アリウス派がアラビア半島に到達した可能性は薄い．

64) *ibid*., t. 94, coll. 764-765.

65) *ibid*., t. 94, col. 765.

66) *ibid*., t. 94, col. 768.

67) *ibid*., t. 94, coll. 768-769.

68) 『サラセン人とキリスト教徒の対話』と題される著作はミーニュの版に t. 94, coll. 1585-1596（ル・キヤン校訂）と t. 96, coll. 1336-1348（ガランディ校訂）の二種があり，これらとアブー・クッラの論考（9）及び（35）～(38) は相互に対応している．また，アブー・クッラの論考（18）には「ダマスクスのヨハネの議論を用いた」との記述がある．サハスは，ダマスクスのヨハネのイスラームに関する複数の短編を一つの対話に編集したものがミーニュの版に伝わる『サラセン人とキリスト教徒の対話』であり，元の短編を個別に継承するのがアブー・クッラの論考（9）及び（35）～(38) であって，さらに（18）は独立した著作であると推測している．Sahas, *John of Damascus*, pp. 99-101.

69) Migne (ed.), *PG*, t. 96, coll. 859-1240.

第 4 章　画像に関するイスラームの教義

1) 井筒（訳）『コーラン』．以下本書におけるコーランの引用は，同訳書による．

2) ʿĪsā, Muslims and Taṣwīr, p. 252.

3) Mālik b. Anas, *al-Muwaṭṭa'*, pp. 320-321.

4) 牧野（訳）『ハディース』中巻，pp. 149-150.

5) 同上　p. 149.

6) 同上　p. 150. Muslim, *Ṣaḥīḥ*, vol. 6, pp. 155-156.

7) 牧野（訳）『ハディース』中巻，p. 165; p. 924 など．

8) 同上　上巻，p. 553.

9) 同上　p. 925.

10) 同上　p. 924.

11) Muslim, *Ṣaḥiḥ*, vol. 6, pp. 161-162.

12) ʿAlī, *Nahj al-Balāghah*, pp. 344-345.

13) Ware, Christian Theology, pp. 193-194.

14) Ibn Manẓūr, *Lisān al-ʿArab*, vol. 4, p. 475.

15) Dīk (ed.), *al-Īqūnāt*, p. 136.

16) Haddad, Iconoclasts and Muʿtazila, pp. 287-305 参照．

17） ʻAbd al-Jabbār, *al-Mughnī*, vol. 5, pp. 158-159.
18） al-Ghazālī, *Iḥyā'*, vol. 2, p. 339.
19） Abū Yūsuf, *al-Kharāj*, p. 72. al-Balādhrī, *Futūḥ al-Buldān*, p. 64. al-Ṣuwā, Mawqif al-Islām, vol. 1, p. 217.
20） al-Balādhrī, *Futūḥ al-Buldān*, p. 121.
21） al-Wāqidī, *Futūḥ al-Shām*, p. 43.
22） *ibid*., p. 44.
23） *ibid*., p. 45.
24） *ibid*., p. 53.
25） ローマ時代後期に Aelia Capitolina と呼ばれたことに起源をもつエルサレムの異称.
26） al-Ṭabarī, *Ta'rīkh*, vol. 2, p. 449. al-Balādhrī, *Futūḥ al-Buldān*, pp. 138-139.
27） Abū Yūsuf, *al-Kharāj*, p. 138.
28） *ibid*., p. 127.
29） al-Ṭabarī, *Ta'rīkh*, vol. 5, p. 3.
30） Ibn Taymīyah, *Risālah al-Qubruṣīyah*, p. 17.
31） 牧野（訳）『ハディース』上巻，p. 137.
32） 同上　中巻，p. 924.
33） Ibn Saʻd, *al- Ṭabaqāt al-Kubrā*, vol. 2, pp. 239-240. Lammens, L'attitude de l'islam, p. 247, n. 1.
34） Ibn Saʻd, *al- Ṭabaqāt al-Kubrā*, vol. 2, p. 240.
35） *ibid*., vol. 2, p. 241.
36） Sourdel, pamphlet muslman, p. 29. Griffith, Eutychius of Alexandria, pp. 178-179.
37） Ibn Ḥazm, *al-Faṣl*, vol. 2, p. 72.
38） Ibn al-ʻArabī, *al-Futūḥāt al-Makkīyah*, vol. 1, p. 223.
39） *ibid*., vol. 1, p. 409.
40） Peeters (ed.), S. Romain le nêomartyr, pp. 393-427. Alexander, *Nicephorus*, pp. 16-17.
41） Peeters (ed.), S. Romain le nêomartyr, p. 414.
42） *ibid*., p. 416.
43） *ibid*., pp. 418-419.
44） al-Maqrīzī, *al-Khiṭaṭ*, vol. 2, p. 494.
45） Kazhdan (ed.), *ODB*（Makīn, al- の項目）. Graf, *GCAL*, vol. 2, pp. 348-351.

第5章　イスラーム教徒の画像への対応の実際

1） Grabar, *Islamic Art*. al-Bāshā, *al-Taṣwīr al-Islāmī*, pp. 49-91. Creswell, Lawfulness, pp. 159-166. クレスウェルの論考は，画像の禁止がイスラーム初期には一般化していなかったことをアズラキーの引用等により指摘し，かつイスラーム帝国内のキリスト教徒の活動に視野を広げてダマスクスのヨハネやアブー・クッラに言及した点におい

て画期的であった．ただし，ダマスクスのヨハネの聖像画擁護論をそのままイスラーム側の画像容認の証左とし，イスラームに改宗したユダヤ教徒学者の存在をもって直ちにイスラームにおける画像禁止をユダヤ教の影響と結論づけるなど，議論の進め方に限界がみられる．

2) al-Maqrīzī, *al-Nuqūd*, p. 9. なお，引用箇所で言及されている貨幣は，アブド・アルマリクの時代の「カリフの立像」型金貨と混同されている可能性がある．

3) Grierson, Monetary Reforms, pp. 244–245. Goussous, *Umayyad Coinage*, pp. 42–53.

4) Mango et al. (trans.), *Chronicle*, pp. 509–510. この記事自体が事実を反映したものか否か学説が分かれている．692-694年に現れたと推定されるイスラーム帝国によって模倣された東ローマの金貨がこれに該当するであろう．

5) al-Balādhrī, *Futūḥ al-Buldān*, p. 240.

6) al-Maqrīzī, *al-Nuqūd*, pp. 10–11.

7) *ibid*., p. 11.

8) al-Shābushtī, *al-Diyārāt*, p. 284.

9) *ibid*., p. 286. 原詩を参考に掲げる．

* Kam khala'tu al-'idhāra fī-hi wa-lam ar-　'a mashīban bi-mafriqī wa-'idhārī *
* Kam sharibnā 'alā al-taṣāwīri fi-hi　bi-ṣighārin maḥthūthatin wa-kibārin *
* Ṣūratun min muṣawwirin fī-hi ẓallat　fitnatan li-l-qulūbi wa-l-abṣāri *
* Aṭrabatnā bi-ghair shadwin fa-aghnat　'an samā' al-'īdān wa-l-mizmāri *
* Yaftur al-jism ḥīna tarmī-hi ḥusnan　bi-funūnin min ṭarfi-hā al-saḥḥāri *

10) al-'Umarī, *Masālik al-Abṣār*, p. 261.

11) *ibid*., p. 302 及び p. 339.

12) al-shahhār の語は *Lisān al-'Arab, al-Qāmūs al-Muḥīṭ* 等アラビア語の辞典には見えないが，シリア語の shahorō が起源であると推定して訳語を付した．Smith (ed.) *Thesaurus Syriacus*, vol. 2, col. 4076.

13) Yāqūt, *Mu'jam al-Buldān*, vol. 5, pp. 70–71. 原詩を示す．

* Mā ra'aynā ka-bahjati al-Mukhtāri　lā wa-lā mithla ṣūrati al-shahhāri *
* Majlisun ḥuffa bi-l-surūri wa-bi-l-nar-　jisi wa-l-āsi wa-l-ghinā wa-l-zimāri *
* Laysa fī-hi 'aybun siwā anna mā fi-　hi sa-yufnā bi-nāzili al-aqdāri *

なお，引用した物語の伝承者であるアブー・アルハサン・アリー・ブン・ヤフヤー・アルムナッジムは，カリフ・マアムーンの求めによりイスラームに改宗した宮廷天文学者の子であり，一族は歴代カリフの近侍として知られる．アブー・アルハサンは861/862年頃，キリスト教徒の友人であるフナイン・ブン・イスハークとクスター・ブン・ルーカー（912年没）に『ブルハーン（論証）』という題の書簡を送ってイスラームへの改宗を勧めた．フナインとクスターはそれぞれ反論を残している．Samir et al. (eds.), correspondance. Griffith, Prophet Muhammad, pp. 104–105. Ibn al-Nadīm, *al-Fihrist*, pp. 410–411.

14) al-Azraqī, *Akhbār Makkah*, vol. 1, p. 157. なお，バークーム（Bāqūm）とはパコミ

オスの訛と考えられている.

15) *ibid*., pp. 165-166. アズラキーはまた，伝承者の異なる同旨の話をあわせ伝えている. *ibid*., pp. 168-169. Taymūr, *al-Taṣwīr*, p. 2 及び p. 119 参照.

16) al-Azraqī, *Akhbār Makkah*, p. 167.

17) *ibid*., pp. 167-168.

18) Ibn Hishām, *Sīrah*, vol. 4, p. 55.

19) al-Harawī, *al-Ziyārāt*, p. 85.

20) Ibn Rustah, *al-A'lāq al-Nafīsah*, p. 66. Creswell, Lawfulness, p. 160.

21) al-Maqrīzī, *al-Khiṭaṭ*, vol. 2, pp. 492-493.

22) Ibn Juljul, *Ṭabaqāt al-Aṭibbā'*, pp. 79-80.

23) Ibn al-Qifṭī, *Akhbār al-Ḥukamā'*, pp. 118-119.

24) Ṣāliḥānī (ed.), *Ta'rīkh*, p. 252.

25) Ibn Abī Uṣaybi'ah, *Ṭabaqāt al-Aṭibbā'*, pp. 263-264.

26) *ibid*., p. 266.

27) *ibid*., pp. 267-268.

28) Ibn al-Nadīm, *al-Fihrist*, pp. 409-410.

29) al-Ṭabarī, *Ta'rīkh*, vol. 5, p. 304.

第6章　アブー・クッラの『聖像画崇敬論』

1) Dīk (ed.), *al-Īqūnāt*.

2) Arendzen (ed.), *Abū Ḳurra*, p. xiii. Griffith, Summa Theologiae Arabica, p. 124.

3) Dīk (ed.), *al-Īqūnāt*, p. 28.

4) idem. (Dick), Deux écrits inédits. idem., *al-Īqūnāt*, p. 29.

5) idem., *Wujūd*, p. 34.

6) Griffith, Eutychius of Alexandria, pp. 179-180. Dick, continuateur arabe, 12 (1962), pp. 209-223; 319-332; 13 (1963) pp. 114-129.

7) idem., *al-Īqūnāt*, p. 173.

8) *ibid*., p. 26. Griffith, Arabic Account, pp. 347-348.

9) al-Bīrūnī, *al-Āthār al-Bāqiyah*, p. 292.

10) Dick, Antoine Ruwah, p. 119.

11) *ibid*., p. 120.

12) *ibid*., p. 120.

13) *ibid*., p. 121.

14) *ibid*., p. 122.

15) *ibid*., p. 125.

16) *ibid*., p. 126.

17) Armala (trans.), Ta'rīkh al-Duwal, p. 497. Rustum, *Anṭākīyah*, vol. 2, p. 111.

18) Dīk (ed.), *al-Īqūnāt*, p. 87.

19) Griffith, Reflections, pp. 167-168.
20) Dīk (ed.), *al-Īqūnāt*, p. 26.
21) *ibid*., p. 87.
22) *ibid*., p. 39. エデッサ主教ヨハネは，ハールーン・アッラシード臨席のもとにユダヤ教徒フィンハースと教義問答を行ったと伝えられる．Graf, *GCAL*, vol. 2, p. 25.
23) Griffith, Reflections, pp. 168-169. Samir, Yanna, pp. 166-170.
24) Dīk (ed.), *al-Īqūnāt*, pp. 141-142.
25) *ibid*., pp. 147-148.
26) *ibid*., p. 149.
27) *ibid*., p. 152.
28) *ibid*., p. 152.
29) *ibid*., p. 160.
30) *ibid*., p. 170.
31) *ibid*., p. 181.
32) *ibid*., p. 182.
33) *ibid*., pp. 191-192.
34) *ibid*., p. 205.
35) *ibid*., p. 211.
36) *ibid*., p. 107.
37) *ibid*., p. 188.
38) *ibid*., p. 107.
39) Migne (ed.), *PG*, t. 94. col. 1237. Anderson (trans.), *Divine Images*, p. 18.
40) Migne (ed.), *PG*, t. 94. col. 1289. Anderson (trans.), *Divine Images*, p. 54.
41) Migne (ed.), *PG*, t. 94. col. 1248. Anderson (trans.), *Divine Images*, p. 25.
42) Migne (ed.), *PG*, t. 94. col. 1244. Anderson (trans.), *Divine Images*, pp. 21-22.
43) Dīk (ed.), *al-Īqūnāt*, p. 140.
44) *ibid*., p. 88.
45) *ibid*., p. 106.
46) *ibid*., p. 130.
47) *ibid*., p. 131.
48) *ibid*., p. 106.
49) *ibid*., p. 132.
50) *ibid*., p. 170.
51) *ibid*., p. 145.
52) *ibid*., p. 139.
53) *ibid*., p. 202.
54) *ibid*., p. 112.
55) *ibid*., p. 212.

56) Shaykhū et al. (eds.), *al-Ta'rīkh*, vol. 2, p. 64. なお，ソフロニオスⅠ世の書物は散佚した.

第7章 『聖像画崇敬論』が提起する問題の広がり

1) Griffith, Monks of Palestine, p. 5.

2) ギリシア語文献のシリア語への翻訳の歴史については，次の論文に従う. Brock, Greek into Syriac, pp. 406-422.

3) *ibid*., p. 422.

4) *ibid*., p. 420.

5) *ibid*., pp. 418-420.

6) *ibid*., pp. 417-418.

7) al-Ṣafadī, *al-Ghayth al-Musajjam*, vol. 1, p. 79. Rosenthal, *Classical Heritage*, p. 17.

8) Graf (ed.), *Abū Rā'iṭa*, pp. 163-165.

9) Shaykhū (ed.), al-Muḥāwarah al-Dīnīyah, pp. 368-369. シェイホーは出典を明示していないが，シリア語の原典からアラビア語に翻訳されたと解説している.

10) *ibid*., p. 370.

11) Paris MS Arabe 70, ff. 148r-149v.

12) Paris MS Arabe 70, f. 150r-150v.

13) Paris MS Arabe 70, ff. 152v-153r. Guillaume, Theodore Abu Qurra, pp. 46-47.

14) Paris MS Arabe 70, ff. 165v-174v. Guillaume, Theodore Abu Qurra, p. 48.

15) Paris MS Arabe 70, ff. 175r-176v. Guillaume, Theodore Abu Qurra, pp. 47-49.

16) Paris MS Arabe 70, ff. 180v-189v. Guillaume, Theodore Abu Qurra, p. 49.

17) Paris MS Arabe 70, f. 192r-192v. Guillaume, Theodore Abu Qurra, pp. 49-50.

18) キリストが自らの意志で十字架にかけられたか否かという主題は，アブー・クッラのギリシア語著作（9），アラビア語著作（15）にみられ，当時キリスト教徒とイスラーム教徒の間でしばしば議論された.

19) Dīk (ed.), *al-Īqūnāt*, p. 149.

20) *ibid*., p. 152.

21) Migne (ed.), *PG*, t. 94, col. 1357. Anderson (trans.), *Divine Images*, p. 89.

22) Migne (ed.), *PG*, t. 94, col. 1248. Anderson (trans.), *Divine Images*, p. 25.

23) Shaykhū (ed.), al-Muḥāwarah al-Dīnīyah, pp. 408-409.

24) Dīk (ed.), *al-Īqūnāt*, pp. 171-172.

25) Lamoreaux (ed.), Armenians, p. 338. この文章は『聖像画崇敬論』第16章後段に酷似している.『聖像画崇敬論』では，岩や小羊の例は「画像は尊敬に値し，聖像画を見ることによって我らはあたかもキリストや諸聖者を見るようになる」という命題の論証として用いられている.

26) Dīk (ed.), *al-Īqūnāt*, p. 150.

27) *ibid*., p. 206.

28) *ibid*., pp. 157-158.
29) *ibid*., p. 209.
30) *ibid*., p. 106.
31) al-Ash'arī, *Maqālāt*, vol. 1, p. 283.
32) *ibid*., vol. 1, p. 235.
33) *ibid*., vol. 1, p. 290.
34) Dīk (ed.), *al-Īqūnāt*, p. 106.
35) al-Ash'arī, *al-Ibānah*, pp. 18-19.
36) Dīk (ed.), *al-Īqūnāt*, pp. 135-136.
37) Ibn al-'Arabī, *al-Futūḥāt al-Makkīyah*, vol. 3, p. 212.
38) *ibid*., vol. 3, p. 213.

付録1 『ダマスクスの聖ヨハネ伝』

1) 翻訳にあたっては，Bāshā (ed.), *Sīrah* 及び al-Yāzijī (ed.), *Yūḥannā al-Dimashqī* の両者を用いた．刊本の解説は本書第3章の註を参照．12世紀，エルサレム総主教ヨハネⅧ世あるいはヨハネⅨ世によってアラビア語からギリシア語に翻訳された伝記は，ミーニュの『ギリシア教父著作集』に収められている．Migne (ed.), *PG*, t. 94, coll. 429-490. なお，バシャによる刊本が出版された翌年，ドイツ語訳とロシア語訳が現れた．Graf (trans.), Vita, pp. 164-190, 320-331. Vasiliev (trans.), Арабская Версия. Graf, *GCAL*, vol. 2, pp. 69-70. Nasrallah et al., *HMLEM*, vol. III, t. 1, pp. 334-336.
訳文中，[ ] は一部のテキストにのみ現れるが訳出が適切と考えられる語句，また〔 〕はヤージジーの版で付加された小節の見出し及び文法・文脈上テキストを補うことが必要な語句を示す．
2) アンティオキアのシメオン修道院は，柱頭行者シメオン（390頃-459年）が40年間暮らした石柱の場所に皇帝ゼノン（*Ζήνων* 在位474-91年）によって475年から491年にかけて建設された．アンティオキアの北東約50km（現シリア領）に，その遺跡がある．
3) バシャの版では，[敬虔な人々の中の我らが高貴な神父，選ばれた聖者たちの間で高名であり黄金の流れと綽名されるダマスクスの司祭聖ヨハネの，集めることが容易であった彼の物語の典拠からなる伝記の説明．彼の祈りによって神が我々を助け給わんことを．アーメン.] とある．なお刊本の異読は，以下バシャの校訂本を「B」，ヤージジーの校訂本を「Y」と略記する．
4) セルジューク朝の初代スルタン，トゥグリル・ベク（Ṭughril Bek 在位1055-63年）の従兄弟の子．セルジューク族として初めてアナトリアを支配し，ルーム・セルジューク朝を開いた．彼は領土を拡大してニケアを併合するに至った．1084年，東進してフィラレトス・ブラカミオスからアンティオキアを奪った．1086年，第三代スルタン，マリク・シャー（Malik Shāh 在位1072-92年）の弟トゥトゥシュの軍とアレッポの近郊で戦って敗死した．Zakkar, *Aleppo*, pp. 212-217.
5) al-Qīthāqīl, Y: al-Fīthāqīl.

6) 西暦1084年．東ローマ帝国で用いられた天地創造暦は，ユリウス・アフリカヌス（Julius Africanus 160頃-240年頃）による紀元前5500年ないしは5501年を元年とする太陰暦に基づく．テオファネスの年代記では天地創造が紀元前5508年であると誤算されたが，以後この編年が一般化した．
7) B：「修道司祭」なお，修道士には俗人に留まる修道士と，聖職に属する修道士の二種がある。
8) アレッポ近郊の堅固な城塞．Yāqūt, *Mu'jam al-Buldān*, vol. 1, pp. 140-141.
9) al-atrāk, ここではセルジューク族を指す．
10) ニコメディアあるいはヘリオポリスの異教徒の娘に生まれ，キリスト教に改宗した後処刑されたとされる殉教者．彼女の伝説は，6-7世紀頃創作されたと考えられている．
11) この文章はバシャの版にはない．後代に加筆された要約と考えられる．
12) B：「栄光」
13) B：「地位と階梯において最も栄光ある」
14) 聖歌作者として知られるコズマーは675年頃ダマスクスに生まれ，ヨハネの父サルジューンの養子になった．734年頃ガザ近くのマーユーマーの主教に就任し，その地で752年頃没した．
15) 実際はヨハネの世俗における名がマンスール，父の名はサルジューンであった．
16) *βασιλικός*, 第3章の註参照．
17) カラブリアはイタリア半島の東ローマ帝国領であり，680年頃までは半島南部全体の呼称であった．ロンバルド族による北方からの侵略に伴いカラブリアの領域は半島南端に局限され，1060年にはノルマン人に征服された．
18) B：「総主教か」
19) B：「総主教でも首長でもなく」
20) Y：「バシリク」
21) B：「マンスール」
22) B：「すべて」
23) Y：「通暁し」
24) al-amīr, ここではウマイヤ朝のカリフを指す．amīr al-mu'minīn と解して「信徒の長」と訳出した．
25) B：「すべての」
26) B：「文法，哲学，天文，幾何」
27) B：「主人マンスール」
28) B：「自らを我が神のために清め」
29) B：「至高なる」
30) B：「その国の」
31) この節ではレオンIII世について記述されており，コンスタンティノスV世の治世であったという冒頭の一文は唐突である．ただし，レオンIII世は720年に息子コンスタン

ティノスV世を「共同皇帝」に任命した事実はある．アッズブリー al-Zublī とは，ギリシア語の *Κοπρώνυμος* という聖像画擁護論者のつけた渾名の直訳．

32)　B：「名」

33)　B：「〔主教の〕座」

34)　カイサレイア主教（在位370-79年）．引用文は彼の『聖霊について』に見える．Migne (ed.), *PG*, t. 32, col. 149.

35)　B：「〔信徒の〕長」

36)　Y：「大臣の地位」

37)　B：「栄光ある」

38)　B：「美徳」

39)　Y：「猊下が」

40)　B：「想念」

41)　B：「前で」

42)　B：「〔ヨハネが籠を携えて〕ダマスクスに来た時，」

43)　B：Ṭrūbārīyah, Y: Uṭrūbārīya. *τροπάριον*, 正教会における最も初期かつ基本的な形式の聖歌．Wellesz, *Byzantine Music,* pp. 171-179.

44)　ギリシア語訳の伝記には，次の句が引用されている．*Πάντα ματαιότης τὰ ἀνθρώπινα*,...（すべて人の世のことどもは虚しい...）Migne (ed.), *PG*, t. 94, col. 468.

45)　B：「〔ヨハネの〕問題を見過ごして」

46)　B：「修道院」

47)　Y：「神父たちは長老のところへ」

48)　B：「浚って」

49)　B：「聖」

50)　B：「をもって答えられたのです」

51)　B：「〔ヨハネは〕素早い服従の心と完成した円満な人格を持っていたので彼らに答えた」

52)　B：「行動と大いなる服従心を」

53)　B：「泉をせき止め，それが溢れ流れるのを妨げるのですか」

54)　Y：「昼」

55)　B：「ヨハネは」

56)　「復活祭のカノン」はダマスクスのヨハネが作った聖歌の代表作で，「黄金のカノン」，「カノンの女王」と呼ばれる．Wellesz, *Byzantine Music*, pp. 206-216.

57)　B：Istīshīr, Y：Istibshār. *στιχηρόν* トロパリオンの一種．朝禱と晩禱の時に聖詠の章句についで歌われる．*ibid*., pp. 243-245.

58)　B：「幸福なる」

59)　B：「偉大なる」

60)　新ステファノス（713頃-64年）はコンスタンティノスV世の聖像画破壊に抵抗した修道士である．彼はヒエリア会議の決定を拒絶したため皇帝から迫害され，コンスタン

ティノープルで殉教した．新ステファノスの挿話は，彼が聖像画擁護の立場からダマスクスのヨハネを賞讃したため付加されたと考えられる．次節は，輔祭ステファノスが806年頃著したとされるギリシア語の『聖新ステファノス伝』からの引用であり，聖像画破壊運動の地理的分布を示した文章として夙に有名である．Migne (ed.), *PG*, t. 100, coll. 1069–1186.

61) B：Ūrubah, Y：al-Urūbī, *Εὐρώπη*. イタリア半島の東ローマ領とシシリア島を指す．

62) B：al-Bīzanṭīyah, Y：al-Bizanṭīyah, *Βυζάντιον*. コンスタンティノープルの古名．

63) B：al-Bithinīyah, Y：al-Bīthiniyah, *Βιθυνία*. 小アジア北西部，コンスタンティノープルの対岸にあたる地方．

64) B：Ubrūṣīyā, Y：Ubrūsīyā, *Προυσιάς*.

65) B：「重鎮」

66) Y：「その聖者」

67) B：「攪乱」

68) Y：「言葉」

69) B：「求めない」

70) B：「事柄あるいはそれに付け加えたこと」

71) B：Ūksintiyūs Bunṭūs, Y：al-Bunṭus, *Εὐξείνος Πόντος*. 黒海のこと．

72) Sharṣūnah, *Χερσών*. クリミア半島の古名．５～６世紀には東ローマ人の植民都市として繁栄した．７世紀末，ユスティニアノスII世が一時皇位を追われた際，この地へ流された．８世紀にはハザル人の支配下にあったが，聖像画擁護論者を庇護したという．

73) B：al-Bartānīqūn, Y：al-Barnānīkūs, *Παρθενικόν*. シシリア島の一地方．

74) al-Khalīj al-Qiblī, *ὁ νότιος κόλπος*, シシリア島からナポリにかけての湾．

75) B：Tībariyūs, Y：Tībāriyūs, *Τίβεριος*.

76) B：Lūkiyā, Y：Lūkīyā, *Λυκία*. 小アジアの南西部．

77) B：「高位の」

78) B：「ローマ，アンティオキア，エルサレム，アレキサンドリアの〔総主教の〕座にある人々」

79) B：「〔それらの者どもの考えを〕論破する書簡を送り，この汚れた考えを持つ偽善，異端の皇帝を罵り」

80) B：「高貴さにあふれる」

81) B：「暴君」

82) al-mumazyar, 修道衣を揶揄した表現．ただし，『聖新ステファノス伝』には「マンスールと呼んでいた」とあり，アラビア語の写本でManṣūrの綴りが崩れた可能性がある．Migne (ed.), *PG*, t. 100, col. 1120.

83) B：「心清らかな聖者，神学の体現者」

84) B：「この聖ヨハネ」

85) B：「皇帝」

86) B：al-Bāstīlas, Y：al-Bāsbīlās, *Παστιλᾶς*. 粒状の香の意．

87) B：al-Trīkākāfās, Y：al-Atrīqāfānas, *Τρικάκαβος*. 直訳すれば，「三つの鼎」. パスティラスとトリカカボスはコンスタンティノープルでの競馬の隊伍の名であるという.

88) Nāqūlīyah, *Νακώλεια*, レオンIII世の治世のナコレイア主教コンスタンティノスは聖像画破壊論者として知られる.

89) B：Adhshuqiyūs, Y：Adhstīnūs, *Ἀτζύπιος*. レオンIII世の父の名で，アラブ系であったとの説がある.

90) ゼエブ，ゼバ，サルムンナは詩篇83：11に見える. 彼らはミデアン人の首長であったが，士師ギデオンに敵対して殺された. 士師記7：25, 8：21.

91) ダサンとアビラムの一派はモーセに逆らって神の怒りに触れ，地震によって滅ぼされたという. 民数記16：1-35.

92) B：「心を満たす多くのこと」

93) B：「神父たちは涙の離別を行い」

94) B：「神聖なる」

95) B：「章句」

96) B：「あらゆる必要に対しあらゆる意味が見出され，それらは明瞭，明確に説明されている」

97) B：「高く」

98) B：「集めた」

99) B：「仕事」

100) B：「哲学と熱意」

付録2 『聖像画崇敬論』

1) 翻訳に際しては，Dīk (ed.), *al-Īqūnāt* を底本とし，Arendzen (ed.), *Abū Ḳurra* を参照した. また，次の文献の訳文・注釈を参考にした. Pizzo (trans.), *Trattato*. Griffith (trans.), *Treatise*. 本文中の〔 〕は文法・文脈上テキストを補足する語句を示す.

2) 「論考」maymar，シリア語のmimrā/mimarに由来する語.

3) この文章は『聖像画崇敬論』全体の要約であり，書物の表題をなしている. 書写の過程で付加されたと推測される.

4) ヤンナについては，本書第6章一（2）参照.

5) エデッサのアラビア語名.

6) man yaddaʿī anna bi-yadi-hi kitāban munzalan min Allāh. イスラーム教徒，ユダヤ教徒を指す表現と考えられる.

7) 各章の冒頭には，その内容の要約がある. これも表題と同様，後世の加筆である可能性がある.

8) マタイ伝27：46.

9) コリント前書1：18.

10) 同上1：20-21.

11) 同上2：6-7.

12）　同上３：19.
13）　同上12：3.
14）　ヤコブ書３：13-15.
15）　コリント前書２：12－14.
16）　創世記１：3，コーラン２：117.
17）　創世記２：21-22.
18）　同上３：1.
19）　民数記22：28.
20）　創世記19：26.
21）　出エジプト記４：3.
22）　創世記18：11-12，21：2.
23）　出エジプト記14：16.
24）　同上17：6.
25）　同上３：2.
26）　ダニエル書３：24-25.
27）　ヨナ書２：1，２：11.
28）　列王記下５：14.
29）　同上６：5-7.
30）　ヨシュア記10：12-13.
31）　man yaddaʿī al-īmān min ghair al-yahūd. イスラーム教徒を暗示するアブー・クッラ特有の表現.
32）　創世記３：8.
33）　同上８：21.
34）　同上６：6.
35）　同上11：7.
36）　同上18：20-21.
37）　同上28：13.
38）　出エジプト記19：20.
39）　同上33：20.
40）　同上33：11.
41）　同上40：34.
42）　申命記４：24.
43）　同上23：14-15.
44）　ダニエル書７：9.
45）　エゼキエル書１：26.
46）　同上１：27.
47）　アモス書になく，ダニエル書８：15-17，10：4-6，12：6との混同であると解される.
48）　エゼキエル書16：8-53.

49) ホセア書 2：21-22との混同であろう．
50) ghair-ka min-man yaddaʿī al-īmān. イスラーム教徒を指す．
51) コーラン10：3．
52) 同上 3：73，30：38．
53) al-jusdānīyah
54) Dhiyūnīsiyūs. ディオニュシオス・アレオパギテスは 1 世紀の人でパウロにより初代アテネ主教に任命されたと伝えられる．6 世紀初め頃，彼に仮託された著作が出現した．ここでは後者の偽ディオニュシオスを指す．
55) Iqlīmis. アレキサンドリアのクレメンス（150頃-215年以前）は，アレキサンドリア学派の基礎を築いた．
56) Īrūthāwus. 偽ディオニュシオスが自らの師としてしばしば引用した神学者．Griffith (trans.), *Treatise*, p. 40, n. 82.
57) コリント前書 2：13．
58) Anṭīyakhus al-Arkūn.
59) アレキサンドリア大主教（在位328-73年）．アリウス派と論争し，5 回廃位され流刑に処せられた．本章では，彼の名を冠した偽作から引用されている．
60) Migne (ed.), *PG* 28 (Ps. Athanasius, Quaestiones ad Antiochum Ducem), coll. 597-709.
61) 創世記47：31，ヘブライ書11：21．創世記の当該箇所は，「杖の柄」ではなく「寝台の枕元」と訳される．七十人訳聖書では，ヘブライ語原文の「寝台」mittah を「杖」matteh と誤解して *ἐπὶ τὸ ἄκρον τῆς ράβδου αὐτοῦ* と翻訳したもの．ヘブライ書のギリシア語原文と同文．Sophocles, *Greek Lexicon*, p. 966. Pizzo (trans.), *Trattato*, p. 96, n. 126.
62) sūṭilah, *στήλη*. 石碑，墓石の類．
63) 『霊魂の楽園』からの偽アタナシオスによる引用．ダマスクスのヨハネも『霊魂の楽園』を引用し，エルサレム総主教ソフロニオス著と記しているが，実際はソフロニオスの師イオアンネス・モスコスの著作である．
64) ディークの校訂本に al-mujtanīn とあるのを al-mujtanibīn と解する．なお，アレンゼン校訂本には al-mujtanibūn とある．
65) Migne (ed.), *PG* 28, col. 621.
66) 現在伝わっているエウセビオスの『教会史』では第18章．
67) フェニキア人がパネアス Paneas と呼んだローマの都市カイサレイア・フィリッピ．現在のシリア地中海沿岸のバニヤス．
68) ʿaẓīm をアレンゼン校訂本に従い ʿajīb と読む．
69) Eusebius, *History*, vol. 2, pp. 174-177. 但しエウセビオスは，引用部分の直後で画像を「異教の風習」と批判している．Griffith (trans.), *Treatise*, p. 46, n. 88.
70) Migne (ed.), *PG* 36 (Gregory of Nazianzus, Oratio XXXVIII), col. 332. 但し，石についての言及はない．Griffith (trans.), *Treatise*, p. 47, n. 89.

71） グリフィスは，「二人の教師」が明らかにアタナシオスとエウセビオスを指すのであるから，グレゴリオスの引用はアブー・クッラより後の加筆であると指摘している．Griffith (trans.), *Treatise*, p. 47, n. 90.

72） コリント前書12：28.

73） 出エジプト記20：4-5，申命記５：8-９.

74） 出エジプト記20：2-5.

75） 第二の律法 al-nāmūs al-thānī とはギリシア語の *δευτερονόμιον* の直訳で，申命記のこと．Pizzo (trans.), *Trattato*, p. 101, n. 157.

76） 申命記６：13.

77） 創世記23：7.

78） 同上33：3.

79） 同上42：6.

80） 同上47：31.

81） 同上48：12.

82） 出エジプト記18：7.

83） 同上15：25.

84） 列王記上１：16.

85） 同上１：23.

86） 同上１：31.

87） 同上１：53.

88） 同上２：19.

89） 歴代誌上29：20.

90） 列王記下２：15.

91） 創世記27：29.

92） 同上49：8.

93） 詩篇72：11.

94） 同上96：5.

95） ghair-ka yā yahūdī min-man yaqūlu inna-hu lā yaḥillu an yusjada illā li-Allāh 婉曲な表現でイスラーム教徒を指す．

96） コーラン２：34.

97） 同上12：100.

98） 出エジプト記20：4.

99） 同上25：8-9.

100） 同上25：40.

101） 同上25：18.

102） 同上25：20.

103） 歴代誌下３：10-13.

104） 民数記21：8-9.

105) 列王記上 7：19-36.
106) エゼキエル書41：17-20.
107) イスラームのハディースへの言及. 本書第四章一参照.
108) 出エジプト記20：4-5.
109) 創世記47：31.
110) 出エジプト記25：22.
111) ヨシュア記 7：6.
112) 出エジプト記25：22.
113) 詩篇 5：8.
114) 同上28：2.
115) 同上132：7.
116) ダニエル書 6：11.
117) 詩篇132：13-14.
118) ディーク校訂本 p.143には 3 行ほど文章の脱落がある. これをアレンゼン校訂本により補った.
119) 出エジプト記33：7-10.
120) 創世記47：31.
121) エゼキエル書 1：10, 1：28.
122) サムエル記下 6：14-15.
123) 出エジプト記33：20.
124) イザヤ書 6：5.
125) ホセア書12：11.
126) 出エジプト記28：9-12.
127) 同上28：15-21.
128) 同上28：21.
129) 同上28：29.
130) 同上28：30.
131) イザヤ書49：14-17.
132) エゼキエル書 4：1-3.
133) エレミア書51：59-64.
134) 出エジプト記32：7-14.
135) 創世記18：16-33.
136) 列王記上17：1, 18：1, 18：41-46.
137) ダニエル書 3：35.
138) ルカ伝11：20.
139) マタイ伝12：28.
140) 詩篇132：8.
141) マタイ伝 2：13.

142）詩篇132：6.
143）イザヤ書19：1.
144）ヨシュア記24：26-27.
145）コリント後書３：14-16.
146）列王記上８：9-10.
147）レビ記９：24.
148）歴代誌下７：1.
149）マタイ伝26：26-28，マルコ伝14：22-24.
150）コリント前書10：4.
151）ヨハネ伝19：36.
152）出エジプト記12：46.
153）創世記２：10-14.
154）同上２：8.
155）詩篇99：5.
156）イザヤ書66：1.
157）アブド・アルマリクがその上に「岩のドーム」を建てた岩で，かつてユダヤ教徒が巡礼していたという．Griffith (trans.), *Treatise*, p. 76, n. 102.
158）創世記２：10-14.
159）同上２：8.
160）出エジプト記20：4-5，申命記5：8-9.
161）ダニエル書12：4.
162）イザヤ書56：11.
163）創世記１：31.
164）テモテ前書４：4.
165）ヨハネ伝７：38.
166）同上７：39.
167）申命記６：13.
168）列王記下18：4.
169）民数記21：6-9.
170）マルコ伝10：5-9.
171）エゼキエル書20：25.
172）同上20：21.
173）出エジプト記20：3.
174）創世記６：21，９：3.
175）ヘブライ書５：11-12，５：14.
176）マタイ伝15：11.
177）出エジプト記20：4，25：18-20，民数記21：8-9.
178）列王記上６：23-29，７：23-29.

179) 歴代誌上28：11-19.
180) サムエル記上21：4-7.
181) マカバイ記一 2：41.
182) アンティオコスⅣ世エピファネス，在位 B.C.175-B.C.164年.
183) マカバイ記二 6：18-31，7：1-41.
184) イザヤ書58：13.
185) 出エジプト記24：18，34：28.
186) 列王記上19：8.
187) ダニエル書10：2.
188) 出エジプト記31：12-13.
189) 同上31：16-17.
190) 列王記上18：30-39.
191) レビ記17：8-9.
192) 同上17：7.
193) コロサイ書3：10.
194) 列王記下13：21.
195) hayūlā, ギリシア語 ὕλη の音訳.
196) ガラテヤ書 6：14.
197) 箴言19：17.

The Iconoclastic Controversy and Islam

A study on the life and literature of Theodore Abū Qurrah,
with translations of two Arabic texts:
Michael of Antioch, *Vita of St. John of Damascus,*
Theodore Abū Qurrah, A *Treatise on the Veneration of the Holy Icons.*

by

Hirofumi Wakabayashi

TOKYO

CHISENSHOKAN

2003

若林啓史（わかばやし・ひろふみ）
1963年 福岡県北九州市生，1986年 東京大学法学部卒・外務省入省，2001年 山梨県警察本部警務部長．
〔業績〕「正教会エルサレム総主教座のアラブ信徒」『イスラム世界』42，1993年，所収，『世界民族問題事典』平凡社，1995年，新訂増補版2002年（項目執筆），『岩波イスラーム辞典』岩波書店，2002年（項目執筆）．

〔聖像画論争とイスラーム〕 ISBN4-901654-14-4

2003年 5 月10日 第 1 刷印刷
2003年 5 月15日 第 1 刷発行

著 者 若 林 啓 史
発行者 小 山 光 夫
印刷者 藤 原 良 成

発行所 〒113-0033 東京都文京区本郷1-13-2
電話(3814)6161 振替00120-6-117170
http://www.chisen.co.jp
株式会社 知泉書館

Printed in Japan 印刷・製本／藤原印刷